宕渠印痕

档案里的那些事儿

戴连渠 著

成都时代出版社
CHENGDU TIMES PRESS

图书在版编目（CIP）数据

宕渠印痕：档案里的那些事儿 / 戴连渠著 . -- 成都：成都时代出版社，2024.5
ISBN 978-7-5464-3346-2

Ⅰ．①宕… Ⅱ．①戴… Ⅲ．①渠县－地方史－文集 Ⅳ．① K297.14-53

中国国家版本馆 CIP 数据核字（2023）第 239133 号

宕渠印痕：档案里的那些事儿

DANGQU YINHEN DANGAN LI DE NAXIE SHIER

戴连渠　著

出 品 人	达　海
责任编辑	李卫平
责任校对	张　巧
责任印制	黄　鑫　曾译乐
书籍设计	成都惟文文化传播有限公司

出版发行	成都时代出版社
电　　话	（028）86742352（编辑部）
	（028）86615250（发行部）
印　　刷	成都市昇华印务有限公司
规　　格	170mm×240mm
印　　张	18.75
字　　数	310千字
版　　次	2024年5月第1版
印　　次	2024年5月第1次印刷
书　　号	ISBN 978-7-5464-3346-2
定　　价	88.00元

一部从档案妙笔再现宕渠近代史影的佳作

马 强

　　大约一个月前，收到四川渠县作家戴连渠发送来的书稿《宕渠印痕——档案里的那些事儿》，稍后又收到他长长一段对书稿写作的说明，希望我能为他这部新著写个序言。与此书作者结缘于 2023 年 5 月达州市委宣传部与巴文化研究院举办的"达州巴文化名家培养启动仪式"，我有幸与川渝地区段渝、白九江等学者被聘为培养计划的导师之一，并且给我分配了几个"编外研究生学员"，承担"培养"任务。记得当时开幕式上从主席台望去，会议大厅坐满了不同年龄段的男女学员，个个神采飞扬，充满期待。据主持人介绍，三十多个学员是从两百多个报名者中筛选而出的，大多是达州市及其各县有一定研究成果的中青年文化、文物、教育工作者，戴连渠应该就在其中。当天晚上，主办方领导还特地安排了导师与学员的交流茶话会，谈笑风生中虽然不断有青年学者不时询问某些问题，但是大多没有自报家门，并没有确认这些学员姓甚名谁，自然也没有记住戴连渠的外貌形象。会议结束回到重庆两月多，这期间连渠不时谦恭地请教问题，行师生之礼，感觉他既勤奋努力又虚心向学，其印象才逐渐从模糊到真实起来，直到索序于我。我本不善为人作序，但感其一片坦诚，却之不恭，也就应下。但今年春各种学术讲座与学术会议接踵而来，加之课题任务紧逼，又要频频外出田野考察，写序之事就一直拖延下来，迟迟未能动笔。以致近日连渠再次微信敦促，且考虑到书出版在即，不能再延迟，于是终于推开其他诸事，专门花费两天时间阅读书稿。

地方档案，特别是县级档案是构成地方史的重要文献。晚清至民国，由于战乱、灾害及新旧鼎革等原因，这一时期的县级档案能够较完整地保存下来者寥寥无几。现存清代县衙档案，全国一千多个县的县衙档案比较完整地保存下来的也只有巴县档案、南部（县）档案、冕宁（县）档案及台湾新竹（县）档案四部。俗话说物以稀为贵，清至民国县级档案如此稀罕，自然无疑成为地方文化之珍宝，为当代学人所珍重。几年前的一个秋天，应邀前去四川南充参加"南部档案"学术研讨会，进入新落成的南部县档案馆大楼所感受到的震撼仍记忆犹新。崭新的档案大楼雄伟庄严，里面恒温，灯光明暗有致，收藏设计堪称豪华高级，而这一切都是为了收藏保护十分幸运保存下来的四大国宝级文献——清代县衙档案之一的"南部档案"。国家花费巨资修建这座或许可以称之为川中第一的县级档案馆，反映了当代对清代县衙档案保护的重视。那一天，南充市档案馆领导给我们很高的礼遇，特地允许我们零距离接触部分清代档案。当我们戴上白手套，小心翼翼摩挲那些纸张已经发黄的顺治、乾隆年间的契约、邸报原件，心中的激动与震撼着实是难以言表的。

渠县历史悠久，文化底蕴深厚，属于古代巴赛文化的腹心地带，在春秋战国汉晋南北朝时期曾经以巴賨国政治中心名扬九州，幸存至今日之七座古朴的汉阙就是渠县历史的见证，渠县也因此被当今学者誉为"中国汉阙之乡"。而正在考古挖掘的城坝遗址则昭示了渠县作为曾经的"賨国都""宕渠城"中心历史的真实存在。即使到了清代、民国，渠县仍然是一方风云际会、人才荟萃之地，晚清著名外交家杨宜治就是渠县籍人，而今人却知之甚少。戴连渠《宕渠印痕——档案里的那些事儿》一书内容取材于清代、民国渠县档案。作者从数以千卷的档案卷宗中做了颇具匠心、合理有序的梳理与归纳，以"名人贤达""朝花夕拾""温故知新"三个板块构建了书稿的主体框架。"名人贤达"中，陈独秀与渠县金石家杨鹏升（1900—1968）的四十封书信（原件被中央档案馆收藏，复印件赠送渠县档案馆）无疑是鲜为人知的中共早期领袖人物文献，对于研究陈独秀晚年的生活处境与心态有重要史料价值，殊为珍贵；1939年，梁思成、刘敦桢在渠县的汉阙考察与记述，重要的科学史价值也不言而喻；至于从渠县走出的早期外交家杨宜治事迹则可以补充清末、民国外交人物的传记；1932年做过半年渠县县长的共产党员任炜章在国共之间艰难活动，最后却被张国焘错杀于南江赶场溪，其事迹与经历可歌可泣，反映了早期四川革命者严峻的生存环境与艰辛奉献而义无反顾的可贵精神；而民国时期四川风云人物范绍增留下的一份报告原件，则对认识民国时期四川乡村的横征暴敛状况有重要的意义。对于晚清渠县籍外交家杨宜治，《从渠县走出来的清末外交达人杨宜治》一文颇费心血，洋洋万言，作者结合档案并多方面搜集史料，对这位渠县籍晚清外交名人的生平事迹，特别是在错综复杂的晚清国际外交风云中力争国权的爱国事迹与坎坷经历进行了全面的复原。"名人贤达"这一板块虽然每篇长短不一，但皆条分缕析，表述流畅，朴实而不失生动，既勾勒出一个个与渠县相关的历史名人的风采与神韵，又形象地折射了那一动荡岁月的风雨影像。

"朝花夕拾"一编则根据渠县清代、民国档案，披露了鲜为人知的清代土地契约、房产禁碑、乡里办学、刑律诉讼、创办电灯厂、办报纸、修阙亭诸事，反映了民国渠县民生环境与社会变迁，既有故事性，又是真实的历史记录，从一个侧面体现了档案故事的魅力。这一编两篇叙述渠县办乡学过程中的纠纷案，反映了晚清地方官员与乡绅推行基层乡村教育的艰辛与复杂的社会关系。而《天礼节》则通过渠县档案馆保存的清代关于天礼节的官方文书，还原了地方行政长官及道尹知县知事南郊祀天礼节的程序、方法等，对于了解我国官民共祭的民间节日礼俗在清代的演变提供了难得的真实个案。

"温故知新"一编收录的记述民国渠县抗日救亡运动始末的文章，对于发生在偏僻山区民众的抗日斗争进行了详细叙述，以小见大，读之仿佛置身于20世纪三四十年代群情激昂的县城街头，听到爱国民众抵御外侮、团结抗战的义愤与呐喊。最后一篇文章《档案文化的资政育人正风功效探索》，则属于对历史档案价值认知与现代开发的理论探讨，对时下进行的主题教育与文化传承政策宣传无疑也有重要的参考、借鉴意义。

　　档案作为历史上不同时期留存下来的原始文献，表面上看似乎杂乱无章且没有艺术吸引力，但换个角度看，档案并非只是冰冷的契约、账簿、公文、统计数据等文字材料，实际上每份档案都是有热血生命，有温度激情，有真实感人故事的文字载体。目前普遍的现状是人们对档案的利用大多只是做课题时查阅与数据引用，真正将档案故事作为纪实文化文史散文加以传播者尚属鲜见。戴连渠的《宕渠印痕——档案里的那些事儿》打破了人们对档案利用的固有模式，专注于20世纪初至40年代大巴山麓一个县域的历史风云，从民国年间渠县档案中梳理出了包括革命人物与文化人物的革命斗争故事、教育救国的非凡经历，及清代、民国时期渠县地理风物、地名掌故、轶闻趣事、民俗时尚等档案，以朴素而优美的文笔娓娓道来，将尘封于故纸堆中的冰冷档案变成了有温度、有鲜活生命力的文化散文，让人不禁对渠县历史上先辈前贤的风范与事迹感慨，为智者学人的报国献身情怀而动容。《宕渠印痕——档案里的那些事儿》从尘封档案中钩沉出来的近代渠县风云往事，有一定史料价值，可读性也较好，应该说是一部近年来给人清新感受的反映地方文化历史的社科散文佳作。

　　但书稿中也有一些可商榷之处，当然这也与一方面既要忠实于档案文献的真实性，又要有一定文学艺术想象张力以突破档案史料的束缚有关，也是两难的选择。从史学工作者角度看来，主要问题是引用史料文献语言与个人叙述往往混杂，这种情况以任炜章、杨宜治二篇较为突出。特别重要的档案史料应该用仿宋小五号分段排列，以区别于作者自己的叙述文本，而某些篇章往往混在一起，可能导致读者产生阅读中的混淆与错乱。全书没有文献出处，使人难以确认所叙述故事的真实史料来源。另外，书名过于空泛。本来在与作者微信中我建议将书名改成《档案史影：宕渠近代人物史事侧记》，但作者回答说已申报选题，书名不能再变，也就无须再说了。

平心而论，阅读书稿，作者对档案材料的驾驭与点化能力与文学表述功力，我是深自称许的，而更加深切感动的是作者对于乡邦文献的熟谙与乡土历史的深沉情怀。传承中华优秀传统文化离不开对乡土历史文化传统的发掘与赓续，用优美清新的文笔讲述档案故事，揭示其中珍贵的史料价值与文化神韵，或许是这部书的最大特点与价值。我也从中学习到不少清代、民国时期一个偏远县域发生的历史故事与历史人物的感人事迹，感到颇有收获而为之欣然。有道是，前贤渐行渐远，精神长存人间。薪火传承有来人，振兴地方共新篇。

是为序。

2023 年 7 月 6 日于西南大学

马强，西南大学历史文化学院教授、博士生导师，四川文理学院巴文化研究院学术委员会主任，国家社科基金"蜀道文献整理与研究"首席专家。

目录
CONTENTS

■ 温故知新

名人贤达

MINGREN
XIANDA

宕渠

中共党员任炜章：民国廿一年的渠县县长

任炜章，又名任秉杰，字用丰，清光绪十九年（1893）出生于四川省南部县石泉乡广川庙村，家中排行老二，又叫"杰老二"。1910 年，任炜章进入南部县高等小学读书，与李载溥、张逸民等一批正派热血儿郎为友，受到他们进步思想的影响。1911 年，辛亥革命爆发后，县高小毕业的任炜章回到老家接过父亲的教鞭当起了乡村教师，深受乡民们喜爱，不久后被推选任大桥场团总。1915 年春，任炜章组织群众打死了逼死佃户陈中礼的本土恶霸王南清后到成都避难，在一家裁缝铺当学徒，时常与在成都读书的、从南部县走出来的优秀青年李鸣珂、李载浦、李春畅、李仕修等一起交流。1920 年，任炜章考入杨森进驻泸州后兴办的讲武堂，一年后毕业，并顺利进入杨森部队当见习排长，跟随杨森一路南征北战，1927 年升迁为第九师第十八旅旅长。

1929 年 1 月，杨森来到渠县防区，因没钱没粮便以招兵买马的借口打发任炜章及其手下回南部老家谋生。此时，已是中共四川省委军委书记的李鸣珂正深入川军中大力开展兵运工作，得知任炜章回到南部县，便亲自上门游说。于是军委军运干部李载浦、特工队长汪治国等中共地下党员潜入任炜章部开展兵运工作。同年冬天，李载浦、汪治国又介绍任炜章加入了中国共产党。任炜章所在的十八旅计划于 1930 年春节发动起义，杨森听到一些风吹草动，而任炜章又救过他的命，于是将任炜章调到第六混成旅当旅长。当时，川军内部的起义运动愈演愈烈，杨森害怕任炜章跟风，又进一步削减他的兵权，将其直接降为第四混成旅副旅长，1932 年 2 月底委署其在渠县担任县长。

重视地方建设

任炜章改任渠县县长，其在就职演说中表示将"对上不阿谀奉承，对下讲民主平等"。他一边悄悄干革命，一边兼顾民生，又坚守当年当大桥场团总时的原则，清廉为官，公正处事，心向百姓，短短几个月时间，颇有政绩，在渠县人民心中树立起务实能干的形象。

任炜章从小就在对其要求十分严格的父亲任登瀛的亲自教育下学习，身处书香门第，一直接受良好的中国传统式启蒙教育，在诗文、书画方面都很出色。1932 年 3 月 7 日一上任，他就组织续修已经编撰了七八年之久而未成的《渠县志》，想办法筹钱、印刷、分发。郭奎铨在于 1932 年 12 月所作的《续修县志叙》中说：

> 本年春，县令任炜章拟付印刷，制预约券一千有零张，发各镇购买，共计洋六千八百余元，又需数月始克收入，建议续修，开会表决。从十四年起至今二十一年止，期五月成事。

民国《渠县志》脱稿于民国十四年（1925），未刊印；至 1932 年 5 月，前后经过三次补充完善，于当年底成书付印。全志计 12 篇，共 66 卷，60 万字。竖排铅印无标点，分十二册线装。可惜后来其书存世不多，县内仅档案馆存足本一套，是为特藏。该志对民国以前的记载十分全面，为社会各界了解、认知渠县的古賨文化、秦汉文化、三国文化、科教文化、兵备制度、特色民俗文化等提供了翔实的文献资料。

任炜章不仅重视文化，还锐意振兴实业，为民谋利，创办了渠县第一所职业中学，为地方培育人才。1932 年 7 月，他向县教育局局长周人杰下令："立即筹办职业中学一所，限在明春开学。"手令中直接任命当时中共渠县有庆区区委书记、有庆小学教员王致伟为职业中学筹备主任。

任炜章任上专门惩治那些豪强霸道的土豪劣绅，严厉打击土匪，不时出巡区乡，为民申冤，亲审案件，不畏权贵，并搭救了一些被国民党诬陷为"匪"的青年（实为中共地下党员和进步青年）。渠县有一位开明乡绅的独生儿子被仇家诬陷为盗匪，接受了仇家贿赂的前任县长将其关入狱中。任炜章上任后，开明乡绅抬来银圆，跪着求他做主。任炜章扶起他说："你放心吧，黑的说不白，白的也说不黑。如果你儿子是冤枉的，我一定还他清白，钱嘛，我一分也不要。"任炜章通过周密调查，终于使开明乡绅的儿子无罪释放。

为十九路军捐款

1931年"九一八"事变后，日本很快占领了东三省。是年11月，日本先后在天津、汉口、重庆、上海等地进行挑衅。翌年初，日本僧侣5人在上海三友实业社总厂大门外向正在操练的工人抛石挑衅，导致冲突，日僧1死2伤。事后，日本驻沪总领事馆向上海市政府发出抗议，提出通关、惩凶、赔偿和取缔抗日运动等要求。经过双方交涉，上海市政府于1932年1月28日下午答应了日方要求。不过这并没有改变日本蓄谋已久的侵略意图，当晚，日军在闸北进攻驻上海的十九路军，该军奋起抵抗，淞沪抗战开始，这就是"一·二八"事变。

1932年，日本进攻上海之后，更加激起全国的反日、抗日运动。渠县县长任炜章支持各界宣传抗日，在他带头募捐之下，渠县爱国人士随之踊跃捐献钱款，共筹得200元大洋汇至十九路军。民国《渠县档案》记录了1932年3月任炜章发出的抗日宣言。

> 迳启者，溯自沪变发生来，倭寇恃其机舰枪炮精利，侵占我繁荣地域，屠杀我亲爱民族，全仗我十九军大好健儿，牺牲头颅，喷洒热血，拼命与之搏击，阻其长趋直犯之势，长江流域赖以保全。惟我十九路军以血肉身躯当惨酷弹丸，苦战日久，疲劳异常，凡我后方赖其安全者，□当缩衣省食，抽出金钱，输送前方，聊作犒慰。兹拟凡属本县在口人员，其月薪二十元以上者，捐纳百分之五，月终汇齐由中国银行汇交十九路军以资接济，用制勤劳，各机关现任职员景明大义，谅能同表热忱，共纾国难。

3月28日，渠县县政府发出县长任炜章署名的第69号训令，命该县各机关、法团、各区公所、各场团督的各办事人员，每月在薪资项下抽捐百分之五，共计二百元，输送到抗日前线。从 4 月 1 日起，由第三科代交重庆中国银行，汇至十九路军验收，并召集各机关法团会议，酌定抽捐数目，按月将捐款缴至渠县县政府庶务处，收齐归垫。

计抄抽捐数目单一纸：

十区二公所每区每月一元、四十六场团总督练每月各共一元、十区区教育委员每区每月一元、十区区建设委员会每员每月一元，商会、财务监察委员会、路政委员会、公安局、女中校、第一高小校、渠县日报社、统捐局、典狱署、电报局、邮政局、谢□便、□□□、王洁澄各每月一元，农会、工会、教育会、县指委会、本城船帮公所、慈善局、教养工厂各每月五角，保卫团办事处、教育局、建设局、第三科、三汇商会、三汇船帮公所、中学校各每月 2 元，烟酒局、三汇硝磺局、本城硝磺局、禁烟局、三汇县佐署、账务特派员各每月四元，任县长每月 50 元，县府职员每月共十八元五角。

同时，任炜章还致十九路军总指挥蒋光鼐、军长蔡廷锴电文，称：

南京转十九路军总指挥蒋、军长蔡及全体官兵各同志均鉴：自沪变发生来，……惟我十九路军苦战日久，疲劳殊其。炜章亦军人之一，现因环境关系不克，力效前趋，共尝甘苦，谊当省食缩衣，抽出金钱，输送前方，聊作犒慰。兹同所属各职员在应得薪资项下月捐百分之五，从四月份起交中国银行汇至十九路军，以资接济，尚祈于汇到时俯赐验收，藉展微忱。第二十军四混成旅副旅长兼渠县县长任炜章叩。

民国《渠县档案》中还保留了任炜章给重庆中国银行的电文，其文曰：

重庆中国银行鉴，渠县县政府同人每月募捐洋二百元作十九路军慰劳费，由贵行汇至沪上，从四月份起，另函交汇，特先电达，尚希知照。

捐资一事，由任炜章发起，并相继做了大量准备和联络工作，充分显示了任炜章作为中国军人、共产党人的一腔爱国热情。

建立人民武装参加红军

1932 年 5 月，任炜章凭借自己县长兼渠县保卫团办事处处长的身份，安排侄儿任碧辉出面，暗中拉起了一支 200 多人的武装，先取名为"平民军"，自任司令，司令部设在西充槐树场西禅寺。6月，任炜章的部队由南部取道阆中、广元到南江，7月份，老战友李载浦秘密潜入渠县，任炜章更是如虎添翼。加之部队劫富济贫，维护、帮助贫苦百姓，受到群众的拥护和支持，参军的人很多，"平民军"队伍迅速壮大到了2000余人。任炜章一边扩建部队，进行军事训练，一边向士兵宣传革命道理，整顿军纪。领导升钟寺起义的张友民在起义失败后，受共产党组织的派遣来到了任炜章的部队。

8月初，李载浦以护送任炜章未婚妻到渠县完婚做掩护，密商起义事宜，却不慎泄密。杨森知道任炜章暗组"平民军"的消息后就要除掉他，于是以召集麾下骨干到南充庆江楼开会为由，准备暗中抓捕任炜章。由于任炜章早有准备，一面叮嘱李载浦立即将部队转移到西充槐树场西禅寺一带集结，一面带两个便衣手枪连提前到达南充。当天傍晚，任炜章先派侦察员入城侦察杨森防务，并与旧部好友取得联系。第二天天不亮，任炜章便带一个手枪连入城，另一个手枪连负责接应。一大早就闯入庆江楼的任炜章，搞得杨森措手不及。任炜章三言两语后就与杨森作别，并在昔日队友们的掩护下钻小巷、走捷径，迅速撤出南充城，与接应部队一起直奔西充，顺利到达"平民军"驻地。任炜章就此离开渠县，后在桃园寺发动了桃园起义，并以桃园寺为中心建立革命根据地。任炜章见到红四方面军七十三师师长王树声、政委张广才时，恳切地表达了参加红军的愿望，王树声等同意接收其领导的"平民军"为正规红军。

参加红军后，任炜章率部配合红四方面军主力夹击南江。1933年1月19日，红四方面军代表在南江高壁庵宣布将"川北民军"改为"红四方面军独立第一师"，任炜章任师长，李载浦任政治部主任，张逸民任参谋长，原红十二师政委刘祀任政委。1933年2月1日，任炜章率部从南江城东迎晖门攻入，解放了南江城。在反三路围攻战役中，任炜章率部于旺苍普子岭击败了田颂尧部两个旅。1933年2月19日，任炜章与三千官兵共同签署了参加红军宣言："我们要想翻身，只有坚决起来，打倒帝国主义和国民党的统治。炜章等出身穷家，久历行伍，自愧二十年来在军阀统治下奔走牺牲，无非受人驱使利用，每欲参加革命又未得到良好时机，当此工农痛苦益深，民族国家益危，以及红四方面军到来的时候，故特坚决宣布脱离反革命二十军系统，加入红四方面军，在中国共产党与中华苏维埃中央政府领导之下，誓追随广大工农群众之后，推翻帝国主义、国民党的统治……"中华苏维埃临时中央政府向任炜章等发来嘉勉电，电文称赞任炜章等："英勇觉悟，坚决果敢地打碎了锁链，脱离了军阀的压迫，站在苏维埃旗帜之下，成立工农红军，为推翻帝国主义国民党的统治，为本阶级——工农阶级——的解放与拥护苏维埃政权而斗争，这是中国革命史上光荣的一幕。"当天《红色中华》第1版刊登了由任炜章签署的《参加红军宣言》和中华苏维埃临时中央政府的嘉奖电。

1933年3月的一天，张国焘在"肃反"中以"改组派"的罪名将独立师营以上干部全部逮捕，任炜章等人于4月被错杀于南江赶场溪。1937年，

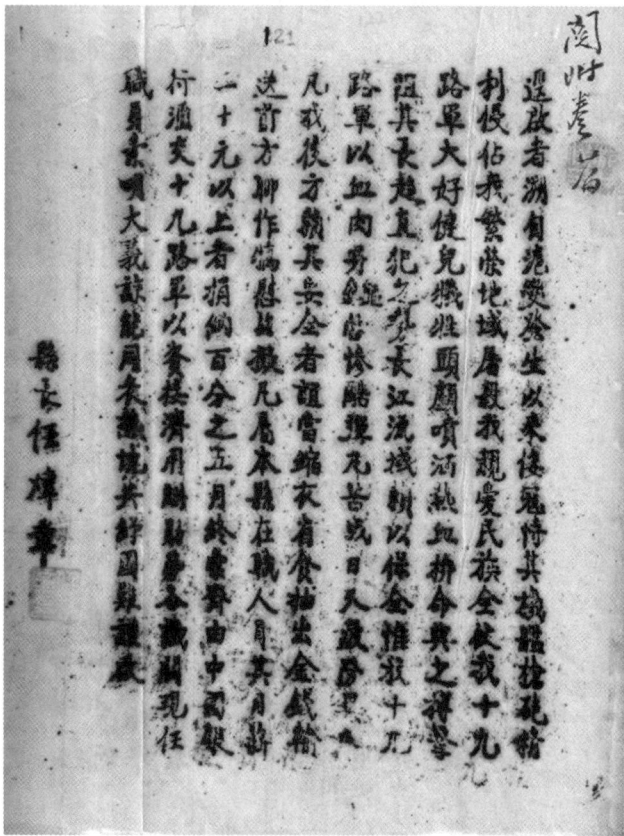

县长任炜章抗日宣言

党中央在延安深刻批判张国焘的错误，为独立一师平反昭雪，追认任炜章、刘杞、张友民、李载浦等人为红军将领，并将他们列入革命烈士名录。党的十一届三中全会后，四川省委、省政府为任炜章恢复了名誉，颁发了烈士证明书。《解放军烈士传》有记，徐向前元帅在其回忆录《历史的回顾》中也曾追忆任炜章："……该部两千余人被编为红军独立师，由任炜章任师长，张逸民（张友民）任参谋长，李载浦任政治部主任，为解放南江作出了贡献……任炜章、张逸民在后来的'肃反'中被张国焘下令逮捕杀害。"

从渠县走出来的清末外交达人杨宜治

清华大学图书馆馆藏有一本《交轺随笔》，北京大学图书馆馆藏有一本《惩斋日记》和一本《俄程日记》，这三本日记均出自晚清同治、光绪年间一位中层京官。他去世前虽仅为正四品的太常寺少卿，但长期兼任总理衙门章京，在总署任职长达 14 年，熟悉清朝的对外事务，是当时体制内最通外交的官员之一。他以总理衙门章京的身份，起草了历年重要的中外交涉文书，参与中法战争后的中越勘界，又在中日甲午战争的紧要关头前往俄国联络邦交。他将这些经历以日记的形式记录下来，成了晚清史研究不可多得的宝贵资料。书写并留下这三本日记的人，就是清末外交家杨宜治。

杨宜治，渠县人，字虞裳。民国《渠县志》中载有清贡生、四川高等学堂优级师范毕业生、1910 年任渠县教育行政主任的郭奎铨撰写的《杨宜治列传》。

青年初成主讲渠江书院

杨宜治的祖父杨立之，与张之洞的父亲张瑛（字春谭）先生同为嘉庆十八年（1813）癸酉科举人，善于写诗，曾游历大竹东湖后留下《东湖闲吟》四首；道光元年（1821）任江西泸谿县令，任上出游经过九江登庐山留下《望庐山》；道光六年（1826）与出任贵州清平县知县的张瑛均奉清廷诏令运铜差，赴云南买铜同寓一室，互赞能干，杨立之《使滇日程记》记录了此事。可能是祖传，杨宜治也喜欢记日记。杨立之第一次看到苗寨写下了《长相思·苗寨》。民国《渠县志》录有其《山花四首》《调笑令·暮春》《如梦令·梦梅》《忆王孙二阙（春恨）（望秋）》《送晓山二兄南游还蜀四首》等诗词。杨立之后来在成都购房，入住浣花溪畔。杨宜治的父亲杨龙伯天生喜欢兵略，在太平天国洪秀全起兵后，前往苏松镇总兵王钟华幕府做军事参谋。杨宜治生于1845年，4岁时母亲去世，三弟宜瀚尚在襁褓中，杨宜治就随祖母生活。杨宜治聪敏好学，先附学生员，后补廪膳生员，同治六年（1867）举于乡。

原配去世后，杨宜治于同治七年（1868）在渠邑耆宿余胜蛟的撮合下与渠贡生张鹏飞的女儿定亲。由于父亲杨龙伯长期在军中，又音讯全无，于是杨宜治"便因公车"东下江浙寻找父亲，心神不宁的他写下《哭书》："思乡万里路，掩卷五更余。"一路辗转，北涉河朔，南浮淮泗，溯于大江，遍访诸营垒，叩川人之从戎南北者，才知其父于同治四年（1865）从提督杨鼎勋与洪军战，伤重不治死于镇江，葬于丹徒郊外。他找到此处，只见荒冢累累无法辨认，于是"露宿荒郊，冀求感通者凡数月，又知当日长沙刘庆龄实主葬事，驰诣吴会以请，庆龄慨往指示，卒得扶柩溯流归葬于渠"。江苏巡抚李鸿章知道后，奏赠杨龙伯道员，并荫一子以知县用。清廷传旨对杨宜治的孝行给予了嘉奖。杨宜治寻父过三峡，写下了《峡中杂诗六首》，如之一："朔风吹古木，落叶下荆门。一悼巉崖际，空山啼暮猿。江色千丈碧，波涛惊我魂。明月不下然，星斗乌可扪。舟中四五人，酌酒倒金樽。虽此身逼仄，气若云梦吞。晓起向东流，举目珠乾坤。茫茫大江上，万派明朝暾。"

杨宜治寻得父骸归，却已家贫无法安葬，张氏变卖完了她的嫁资才得以将杨父安葬。在华阳知县王宫午（字介卿）的资助下，杨宜治于同治十三年（1874）七月以举人身份参加春官试考取内阁中书。妻子张氏的父亲去世后母亲生病、哥哥又去世，杨宜治请假从京城送妻子回家，张氏就一直住在渠县侍奉母亲直至1884年母亲去世。于是杨宜治在京城、渠县两头奔波近十年。

1874年9月，贵州金竹人杜瑞征，由吏员加捐知县，署渠县。在渠九年，一直到光绪九年（1883）离任，政声很好。民国《渠县志》载："专心实政，规摹远宏，以少遭闵山，育于寡嫂，锡类推恩，尤励节烈。"杜瑞征一到渠县，就邀请回渠的杨宜治在金榜山侧的渠江书院担任主讲，一直到离任。杨宜治担任内阁中书接近十年。杨宜治善诗书，渠人以之比尤善诗与书法的北宋文学家石曼卿——石曼卿曾对出"天若有情天亦老"之下联"月如无恨月长圆"的佳句。欧阳修有《祭石曼卿文》，梅尧臣有《吊石曼卿》，蔡襄有《哭石曼卿》等。

杨宜治在渠江书院讲课和探亲回渠期间，培养了不少人才，也留下许多诗文。光绪三年（1877）大旱，从山西、陕西到四川通江、南江、巴中、达州地区，一直波及渠县，导致渠县受灾收成不到二三成。杜瑞征想尽一切办法，向富绅募捐、没收走私的物品，向上建议缓征、免津捐、发帑助赈等，赈济极贫者一万七千多户、五万多人，还用余钱资助陕西、山西等地抗灾。杨宜治据此写下《渠邑赈荒记》。光绪四年（1878）秋，经历大旱过后的渠县丰收在望，流溪场出现了双穗稻，大家认为是祥瑞之象。杨宜治在讲课间隙也前往观之，对嘉禾一事有了新的认识，于是写下《渠嘉禾考》。

咸丰十一年（1861）发生李永和、蓝朝鼎为首的滇川起义。十月二十六日，逆军周姓和朱姓两名伪统领由广安进入渠县新市镇，开始了在渠县的战争。十二月，朱姓伪统领和伪统领曹粲章带人围攻渠县，渠县县令向贵州求援，贵州同知颜佐才从广安奔赴渠县，与曹粲章部在中滩桥激战，打败了逆贼，保卫了渠县。

渠县人充分展示了宕渠賨人崇文尚义正直的品质，光绪五年（1879）十月，渠县民众听闻颜佐才去世十分悲痛，商议在渠县文峰山下的祥符寺东侧建三楹祠堂进行祭祀，永记他的恩德。祠堂建碑，杨宜治受命作《颜司马祠堂碑记》。杜瑞征曾劝杨宜治在渠江书院多种植树木，杨宜治想到了种树与育人及文运的关系，写下《种树说示同社生》，勉励全县学子。杨宜治课余，经常外出欣赏本地人文。光绪七年（1881）春，杨宜治的弟子跟着他在本县望溪场故地重游关夫子庙，众弟子请他作文《望溪补修关夫子庙序》以纪。同年夏季，渠江洪水退去，坡岸露出了一块石碑——宋故幸寅娘子墓碑。杨宜治亲自考察，对其姓名"幸寅"及"娘子"的称谓进行了考辨，写下《宋故幸寅娘子墓碑铭》。光绪八年（1882），根据朝廷设学要求，邑举人刘读藜（后任龙安副教授）等倡置学田，励文风，经知县杜瑞征核准募捐，杨宜治代官方起草了《创办学田公启》，募银二万余两，置田业三十契，年收谷三百二十二担，佃钱二千八百八十串，汇存杨达斋（渠人，监生，捐银三十两，钱五十五千文，九品顶戴地方名士）创立的嘉惠局（渠县教育局前身）。民国《渠县志》同时还收录了杨宜治《中州杂感八首》《嘉隆八咏》《博望城怀古》《女甥涂簏始守贞叙》《邓仲岷遗稿叙》《杜羲甫司马〈有闲斋诗〉序》《杨虞裳喜得李眉生廉访佚诗记》等十余篇文章。

交趾勘界据理力争

光绪九年（1883），杨宜治报名参加了总理衙门章京的考选，于光绪十年（1884）七月提前传补英国股章京实缺，入署办事。十二月，杨宜治甫入总署就向总理衙门大臣递上针对当时法军封锁台湾北部港口、攻击基隆，清军以主要兵力扼守淡水、基隆的形势，建议总理衙门奏派军队防守宜兰、苏澳一带，只要苏澳防守能与淡水遥相呼应，基隆法军将不战自退的条陈。光绪十一年（1885）二月，杨宜治由内阁中书传补起居主事。正因为杨宜治对中国南方事务的关注，八月二十九日，总理衙门大臣、鸿胪寺卿邓承修（字铁香）推荐其作为随从前往两广，办理中法战争结束后的中越勘界事务。杨宜治得知消息后，高兴极了，认为"治国安邦，睦邻友好，虽只几字，却是意义深远之事"，遂逐日记载出行、踏勘、谈判的全过程。于是成就了《交轺随笔》（"交"，即古交趾、交州，今属越南北部和中国两广的部分地区；"轺"，即使者的车驾）。

同年九月九日出发一路向南，过上海、停留广州，过南宁、驻龙州，在驱驴、文渊、镇南关与法国使臣浦理燮正式会谈七次，小范围交流五六次，直到光绪十二年（1886）三月十五日达成广西西界勘关协议。三月二十日先勘南关外，二十一日后分勘东西界。约定王之春、李勉林同狄塞尔、卜义内诸人由外界先勘洗马关至南关，再勘西界，至水口关止；李秉衡由内界与狄、卜诸人会于洗马关画押，邓承修与浦理燮等会于水口关画押签字。三月二十四日，杨宜治随同邓承修自南关启程，当夜宿凭祥，第二天行四十里宿海村，第三天行二十五里宿彬桥，第四天至上、下冻土州，第五天行四十五里抵水口关。四月十三日，邓承修与浦理燮终于在书约上画押签字，东西勘界完成，皆画有图。另外约定两国公使即日离开，中历九月相会于钦州、海宁之间，从广东界再勘起。

光绪十二年（1886）十月十七日接总署电，法国派狄隆云南勘界事毕来广西，海士先到海宁。十一月二日，张之洞、邓承修两人商定东界办法，"必须处处完我旧疆，其自分茅岭历丈二河而下至海宁入海，原属我国土，期不失尺寸，以上答朝廷，下无贻天下后世口实。"十三日 7 点半到北海，二十日至钦州。十二月十六日杨宜治来到防城，二十一日赴东兴，二十五日狄隆到海宁，委员黄长龄同绘测人员由东兴西界测绘，杨宜治也单骑跟行，溯江而上行数十里。"26 日由江那起程，江湄纤折，峦深峻，诸人分路测量，乱石森峭，徒步扶掖而行，还有人马俱坠崖谷，人幸不伤。"二十七日各员由百打先后绘至那良。接总署电，奉谕旨按图划界。

广西东界勘界简直就是一场拉锯战，从光绪十三年（1887）一月三日开始，一直到四月八日，进行了 17 次会议。主要是法方无理至极，既不按《云南条约》商议，也不按《接办勘界条约》定界，还不认中法英三方所刊相同中越界图和历史志书画线，甚至先承诺后反悔、反以手抄口述为凭。杨宜治等照《一统志·廉州府》《钦州志图》《廉州志图》反驳，后在接总署转电谕旨"要求速勘速结，一律校图画押，无庸请示"和"中法界使先速校钦西及全桂之图，合者即定，不合者由恭与署商办"的指示后据理力争。三月二日起校北市以西及至隘店隘之图，据此，争议中的十万大山、三不要地、分茆岭俱在中国版图。接着，杨宜治以《分茆岭铜柱考》载："马援既平交趾，立铜柱以表汉界。"在钦州西贴浪都古森洞，杨宜治查此出于《通志》，又查《后汉书·马援传》注引《广州记》曰："援到交趾，立铜柱为汉之极界。"又查江阴六氏《历代史地志沿革图》，东汉地尽合浦；《郡志沿革表》，汉时钦州为合浦余地。又载，古森洞有唐节度马总立铜柱，铜柱条下亦引此。查《旧唐书·马总传》载："充岭南都护，本管经略使，敦崇儒学，长于政术。于汉所立铜柱之处，以铜一千五百斤特铸二柱，刻书唐德，以继伏波之迹，志皆未详及，反疑为在安南。"又查《安南新志》，确认分茆山在十万山、那良江发源左右无疑，又争取到嘉隆河、八庄七十二村、王光等地归华。〔杨宜治没举到的例子是，出生于东汉建初七年（82）十一月二十五日、去世于东汉汉安元年（142）六月二十五日的东汉渠县老乡沈府君沈稚在交趾做过都尉，此地当归中国］三月二十日张之洞来电，分茅即在十万山之内，考据详明，对杨宜治的细致工作给予高度赞扬。二十五日，邓承修遣马铁崖平舆图进京投呈总理衙门并信件。二十九日，邓承修偕同人赴芒街会见法国公使，立清约、校清图、画押。法方宴请邓承修及同人。

　　当晚发总署电两广界，分四图：第一图起竹山至隘店隘口，嘉隆河、八庄、分茅岭、十万山、三不要地、派迁山均归我界；第二图起平而关至水口关外，至八里外越之那通关为界；第三图起水口关外至那岭岜赖之西南；第四图起岜赖外至各达村外止，与滇界接。

　　四月八日，海界勘界也完成，只是法方要求先画海岛界之押，才更正前面所议争议地界。这可害苦了杨宜治，为了寻找证据，他用了8天时间沿途走访。杨宜治等十日起自东兴早发十万山，寻分茅铜柱古迹。当日下着小雨，杨宜治等住在那良山。"距去年来游，瞬逾三月光景，仿佛犹能记忆。暮宿那良墟。"十一日，杨宜治循嘉隆河西北行。

　　自竹围过小河，经尖山岭望东北，有危峰峭耸，半在云雾，土人说即北仑隘也。十点钟过那巴长岭，横亘由西北绕流向北仑。十点钟至高龙，有鸢姓具鸡酒焉，与广西相接。再过板捧，下丘振岭，有两大山对峙，西北里罗东后有墟叫南碑。南叫考新，有水出焉。考新之南，即里火隘。再过利合那敏，宿板拔项姓炳兰宅。北山高者叫平坦山，再西叫捻碑山，图讹为淰捷。沿途登高涉下，水则南北随流，易向山，亦杂沓。

　　这一日，杨宜治因登山足乏，脚下虚浮，夜晚踩踏台阶时跌倒，伤到了筋骨，以熊胆涂之，痛才止。十二日，杨宜治3点就出发，此时，正山雾霏微。

　　至板蒙一竹围中早饭。中午到栳栳岭，四山高峻。有瀑布流泉，叫深沟。博都第二重戍辛上为丈二岭，岭脊分水，左叫里宜，直流大勉山，至北仑东三十里，与王光扶龙相接，经北仑隘下，汇大勉山。来水为那良江，达东兴古森河口入海。脊右叫峒水，渐西行，汇南来之坤浪山水，北来之补都岭水、北岩水，同注峒中，出越之平寨，经先安入海。丈二分水源，独长应为经水，右支纬水已见前明。其左支纬水，南出黑山，北经那蒙，入经水称黑水。又南出白鸽岭，北经那贡，入经水为坤浪内流水。又南由马鞍山分脊，其北源一支由西而北，过那涯入经水，称那涯水。八庄中干山，出文达利合者叫文利水，出其那者曰其水，出招蒙岭者曰蒙水，出利兰沟曰利兰水，若淰湾水、元枢岭水、那扣岭水、里楞水悉北来，皆入经水。里楞尤长，马鞍山南源一支，向东经里火隘、高蒙村至加隆，与经水汇曰加隆河水，合那良江出古森口。由考邦西南行二里许，即丈二岭，山势稍平，中脉蜿蜒，而字大开平旷，依辛山乙向，对面朝山，下脉如眠木，体正在乙字，盖即马鞍之背也。黑山尖峰高耸，在巳丙上，坤琅星峰特起，在午丁上。隆然层铺而下，背西面东，大开平麓，面前横一山，蜿蜒数十里，即马鞍山之阴。东南则黑山，峭拔云表，正南为坤琅，高横峙，辰然加屏。土人拟在丈二之麓重建伏波庙，志分茀古迹。盖考邦岭旧有伏波庙址，移此取其阳也。近山肉葱厚，独山腹有石二。一形方，高丈许，阔倍之，可作勒铭摩崖之用。时有村女数百人，沿山络岭自南北去，皆青衣、白缘领、红绫裤。盖是日为峒中墟歌会初散，峒俗如此。南行过坳为板兴，田畴平衍，丈二水东北来，自此始见。又南为板典，遂步至峒中墟侧而返。宿板典黄文厚家。余仍不良于行，屡起屡跌。夕间，卢姓携有蚺蛇胆涂之，甚效。询其购自安南，因以原价鬻得之。

十四日，杨宜治3点起行，又经过板蒙那巴，到达北仑墟，看到了流水在丈二岭汇合。后又步行向前观察北市河的源头。沿河东南行，至板心东岸，再观嘉隆合水处，循径至那良，已暝烟在树矣。十五日，杨宜治同黄立赋入山。

东北行，树木溢，流泉漪曲，湍者若奔雷。约三十里许，至大勉山，山势面南，中峰尖耸，高五百丈。两翼平开，各有峦头十数。右翼另起圆峰，名定六。其后五尖峰，相连为伏龙隘。又右数峰蜿蜒为白鸡隘，与大勉脉络相连，故众鋆之。水皆经白鸡隘而落于北仑墟，前土人以为发源北仑也。大勉西南有瀑布流泉，秋冬不涸，故汇诸溪涧水渚，而注于那良。居民节节为沟，引激筒车灌溉田畴亿万，则泽庇者多矣。山右为贴浪峒界，山左为澌凛峒界，山后为如昔峒界。登高四望，那梭、防城在东北，江平、白龙、海口在东，皆历历可数。惜宜治足病，未登绝顶。晚住那良中约路西许义和间壁黄三名德华店内。

16日上午9时起程，晚宿江那宋子涛宅。钟镇海来见，送法绘海界图一幅。峒中由界外行三十里依次到达平寨、银珠沟、板桂、思陵、隘店隘。十七日早上7时返东兴。

为安置失业流民，政府选出在近江平、竹山之间名马路燠的一段空地，宽广二十里，供流民开垦安插。

杨宜治等人连接总署三电，询界图何时到京，以便开议并改正，系何地名，应如何办理等。邓承修复三电，陈近日情形，并请商恭使电告狄隆，与中方速议更正。

等待，一直在等待，直到五月二十三日晚，接五月二十一日总署电：界务将定。

等待，还是在等待朝廷旨意。六月十三日接总署电："奉旨界事将竣，即日立约，邓承修等准其暂回钦州候旨。李兴锐（勉林）病如就愈，着即来京预备召见。"二十八日邓承修奉电旨，界务、商务续立条约，已派王大臣与法使画押，所有照绘钦界图、照录条约，由总理衙门发交委员赍回。应行设立界碑事宜，由地方会同驻越法员办理。邓承修着即驰驿回京。

杨宜治在日记中这样记述办理此事的艰辛：

> 此事办理三年，艰难万状，上遵朝旨，下恤舆情，内辑有司，外联与国，争则全局无补，不争则责有攸归，轻之则诮为无能，重恐贻忧君父。故甘瘴疠、乐穷荒，九死一生，尚且虚与委蛇，以求稍有所得，以奠流民。但令边塞少匪亡，即国家多一良善，此中委婉曲折，上不可显陈奏牍，下不可明谕官民。办理之难，盖无过于此事者矣。

九月四日，杨宜治得知自己此间转任刑部主事并兼职总理各国事务衙门总署英国股章京，专职办理外交事务，十分高兴。又得悉光绪十二年（1886）四月，都察院左副都御史吴大澂、珲春副都统伊克唐阿奉命会勘中俄边界，既竣事，立铜柱，兴奋写下《题吴清卿中丞吉林铜柱铭》以自勉。

九月十一日，邓承修自惠州回广州，杨宜治二十一日一早乘"蓬州海"随邓承修赴香港，二十四日随邓承修搭"广利"轮船于二十八日到上海。

十月三日，广东折差由都回道沪，九月十五日，邓承修发朝廷谕旨。

> 本日军机大臣面奉谕旨：邓承修等另片奏出关勘界各员请加奖励等语，王之春着交军机处存记，杨宜治着以户、刑二部员外郎升用，廖锡恩着以知县选用。其余出力员弁，准其择优酌保，毋得冒滥。

杨宜治得此消息，颇感惶恐，不觉一时悲欣交集。当晚，随邓承修搭"海晏"船，四点钟展轮。秋月波光，澄清一色。来时光景，仿佛如斯。十月七日到紫竹林。八日赴相师李鸿章宴邓承修于署，杨宜治与李枢仙、为介、于惠若同座。宴上，李鸿章言及河南决堤郑州，盖陕州上游水势建瓴所致，言下甚有忧色。杨宜治于是举洪亨九之论，谓"治河不若因之"之一法，被灾者赈之。

> 宁费于赈，不费于工，盖工愈兴，则患愈甚。禹之行水也，顺水之性也，行其所无事也，皆不与水争地耳。近年直隶水患及目下黄河之患，议者多归咎于山东，盖山东缕堤、遥堤，筑坝减水，纷纷之论，无非束之驱之，水固不任趋束也。

李鸿章说："顺水之性，禹时人少地旷，可以利导。今则动辄窒碍，行所无事，听其自然最妙，但恐百姓不答应耳。"杨宜治回答道："东堤兴而西怨起，西堤始而东讼兴，岂百姓之答应乎？"李鸿章辗然一笑。杨宜治又说道："《禹贡》全经无堤防字，只有陂字，盖泽始用陂耳。贾让治河之策，亦以疏浚为首务，余皆末也。"李鸿章给予再三肯定。

杨宜治行程中不忘写诗，先后写下《七月二十四日（农历）闻命恭纪》《八月一日（农历）随临桂、归善两星使出景运门恭赋》《八月初六随邓星使出都夜宿通州》《挽湘阴相侯》《虎门戍》《越台览兴》《望中宿峡》《过肇庆感明永明王事》《梧州秋泊（四首）》《过平南白马墟吊袁督帅（崇焕）》《留别平南令曾远如同年》《读望眉集柬苍梧颜大令嗣徽》《越寨四首》《获越象》《获法马》《和王爵堂观察丙戌元旦四十六自寿原韵》《游碧云洞》《呈短韵纪游见后诗缀录》《袖海楼记》《那良墟》《题吴清卿中丞吉林铜柱铭》，尤其杨宜治连续几天亲自考察索据历经千难万险，诗意难消，心潮难平，于是提笔写下《嘉隆八咏》《春会歌》《重过那良江》《三过那良》。

京宦生涯

光绪十三年（1887）十月十七日是杨宜治自中越勘界归后第四天，赴起居注署（中国古代记录帝王的言行录）销差，离开自己的"惩斋"室拜谒麟大司寇。随后一个月左右，杨宜治的大部分时间都在拜谒、接受宴请，在觞筹交错和品蜀学、金石、书法、堪舆、医学等学术、社会、政治交往中过日子，公务倒不甚繁忙。

十一月九日，吏部知会签掣刑部，杨宜治担任刑部司官。14日杨宜治终于有了重要工作，处理河南水灾。据两江督呈奏图：

> 流入洪泽湖分为两支，一趋东南，经扬州，历高邮、宝应入江，一由东北入黄河故道云梯关入海。又见倪抚军奏报称：黄河漫溢，由石桥口奔腾泛滥，直注东南，经过开封、陈州两府属，旁及归德属鹿邑县境，郑州则由东北两乡、东姚等堡流入中牟县市王庄出境，被水淹者一百一二十村庄。中牟县城被水围绕，漫水所及三百余村庄。由中牟而入祥符县境，大溜趋向朱仙镇南之闹店，及于西南之赵店、正南之井腰铺、东南之西市等保。水趋尉氏，围绕县城，由正北歇马营折向正东，直趋扶沟县境，计长一百余里，城垣四面皆水，漫水及于鄢陵县之部村等处，共淹浸四十余村庄。其通许之吴台、邸阁等处数十村庄亦有漫水，深至七八尺不等。而太康县境水由雀桥至长茔挟河出槽，直趋东南，入于鹿境。其西善县惟沙河以南三十余庄不受水害，西善与淮宁、商水两县接壤之周家口北寨为淮宁地面，亦被水淹。淮宁县境水由柳林集会贾鲁河、大沙河之水，散漫靡常，致淹一千五百数十村庄，南流入于项城县，由李村等牌流赴沈邱县纸店等处，遂从槐店出境，至归德府属之鹿邑一县，亦经黄水漫及，由西南乡冈冢集等处，流入洺河、黄沟河，东流入于安徽太和县境云。又摺言，鄢、杞、通许、太、鹿水深三四尺及六七尺，毙人不多，大溜经行，有深至一二丈者。房屋人口，无从查悉，各处难民赴赈所，有一二万及数千不等。

于是钦派礼部尚书李鸿藻往查赈工，并改前河南巡抚李鹤年署理河督。光绪十四年（1888）五月二十五日电旨发向河南，追责任事者，以江淮数百万生灵悬之待命，苟有万分之一尚可为力，断无停工之理。追责有了效果，六月十五日得到电章说："郑州决口现余不及百丈，惟料款两缺，进占固难，保险尤不易。"朝廷又下旨饬令主事不可延缓，要加紧办理。到光绪十五年（1889）一月二十八日河督来电说："中河、下南两厅新筑砖石坝十四道，涂灌洋土、挑溜，均甚得力，正溜由中泓直下，河心沙滩，刷去不少。"山东电："黄水廿二日至上游寿张，廿三日至濮州，廿五至东阿，廿六过历城境东，下游甚畅。"

光绪十三年（1887）年十一月十五日，杨宜治接到四川总督刘仲良制军函查覆英公使请查藏蕃在隆吐山西金设卡一事。

> 卡设于藏之属帕克哩界外百余里，系哲孟雄北境，哲不阻者，以哲固藏之属部也。廓尔喀在哲孟雄西，印度在哲孟雄南，按方向计，则英人所言，似属夸大之词。哲部已附于英，故藏商有㳠番人往独脊领通商之举。

十一月十九日得报驻藏使臣文硕（字淑南）函来，廓尔喀现集万人以拒英，英欲入藏通商不果。光绪十一年（1885）夏，税务司赫德说洋药税项漏口过多，改为厘税并征，如果在中国漏税，中国有稽查之权；如果发生在香港、澳门，则地虽华而华无由查问，遂于光绪十三年（1887）秋天由署奏派邵小村观察偕赫德赴港，与英国官员协商。当年夏天，由赫德遣金登干在西洋葡国里斯本定约四条，允许葡萄牙人在澳门永久居住，但不能出让澳门与别国。葡萄牙人允许我方协助调查医药偷税漏税问题，要求杨宜治二十八日完善澳门契约。根据《中葡会议专约》中有关规定，葡萄牙强迫清政府接受关于鸦片贸易的补充条款，十二月一日为澳门约成画押之期，钦派庆郡王及工部孙侍郎与葡使葡萄牙参赞官斌德乐签于北京。十二月五日，英公使华尔身来照会，称以藏蕃在后藏界外哲孟雄属之隆吐山设卡驻兵不撤，英国王威胁说印度节度欲自行办理，中国切勿见责。杨宜治心想这就是欲开边衅之言，所谓"哀的美敦书"。六日，庆郡王、总理各国事务衙门大臣奕劻、户部右侍郎、兼管钱法堂事务曾纪泽到署会英国使臣华尔身，我方再催驻藏大臣速撤隆吐蕃兵。华尔身表示同意，但称以前驻藏大臣办理未妥，今中再派一个驻藏大臣必能办妥，切勿妄动等。到了十日，华尔身又到署，曾纪泽用英语接谈数刻，华尔身才允电印度大臣称新任驻藏大臣升泰不日可到前藏，必能办好，嘱其不要称兵妄动。十三日，杨宜治接到安徽贵池人，出使英、法、德、比、俄等国的驻英大使、人称"刘钦差"的刘瑞芬（字芝田）从伦敦来电，称藏事已告英外部，请电印度大臣从容办理，外部已允。

时间转到光绪十四年（1888），杨宜治一月六日接到川督刘制军转驻藏大臣文硕电，说驻兵之地离界尚有百余里，中隔草场，与英印全不相属，请勿信那些危言耸听的话。英印藏事刚上报，华尔身又来照会，又说请清廷委派兵员护英商轮由宜昌向上驶入重庆，并严饬地方保护，已文行川湖两督。工部右侍郎、总理衙门大臣徐用仪当即以"《烟台条约》关于轮船上驶的规定并未说一定允许轮船前往重庆"回复华尔身。同时，以"民意和地方官不同意"答复华尔身，回绝轮船上驶的要求。总署其他大臣亦表示反对，故照会英国公使，拒绝发放准许轮船赴渝的手续。杨宜治作为川籍人，对该事件尤为关注，在这一问题上态度比较明确。重庆通商事件可追溯至《烟台条约》的签订。光绪二年（1876），英国公使威妥玛借清朝处置"马嘉理事件"不力而扩大事态，向清朝提出数条与事件处理本身无关的要求，希望获取咸丰十年（1860）年修约时未曾取得的商业和政治利益。最终，英方通过《烟台条约》迫使清朝增开宜昌、芜湖、温州、北海四处通商口岸。继《天津条约》之后，长江中上游地区进一步向列强开放。为保留将来向四川盆地扩充商务的机会，威妥玛还要求允派英员考察四川通商事宜。不过，《烟台条约》也规定："轮船未抵重庆以前，英国商民不得在彼居住、开设行栈。俟轮船能上驶后，再行议办。"条约签订后，为开辟宜昌至重庆的轮船航道，英国商人立德曾以小帆船考察过该段江面，他考察的结论是只要轮船在吃水和马力方面达到要求，即能克服川江险滩，扩大洋货销量。光绪十三年（1887），立德注册"川江轮船公司"，资本1万英镑，并特制轮船固陵号。光绪十四年（1888）二月由上海驶往宜昌，并通过英国公使华尔身向总署要求发给固陵号"准单"，即行驶执照，以便持照上驶重庆。由于清廷的软弱，杨宜治七日转电旨饬驻藏办事大臣文硕，须劝令藏蕃[①]与印通商，速撤卡兵，此并不

---

① "藏蕃"是对西藏地区及当地藏族的一种称呼。在西汉、东汉时期，西藏属于西羌人的一支，以很多部落的形式发展。直到7世纪，赞普松赞干布统一各部落，唐宋时期称其为"吐蕃"，宋元明初称"西蕃"。到了明代，西藏被称为"乌斯藏"，清代则称为"唐古特""藏蕃"。为尊重档案原文，本文使用原档案表述。

关界内界外之事。

光绪十四年二月初，杨宜治风寒感冒一直未愈，但还是随庆邸、曾彻侯赴英公使华尔身署，商议西藏撤兵一事。各大臣争之甚力，华尔身方同意电告英政府请缓至来年五月。当夜，杨宜治病得不能进内，还托人代班。

三月二日，杨宜治在署中参议西藏事，驻藏大臣文硕因坚持藏事与英印无关被软弱的清廷催其回京候旨，又另派满洲正黄旗人伊犁副都统长庚任驻藏大臣。七日，杨宜治偕吕镜宇赴英使馆商交照会印度缓期出兵之事，英大使华尔身接下照会。十一日，公署接到驻英大使刘芝田从伦敦来电，说西藏原定三月十五日之期已商外务电印度总督，印度总督不同意暂缓。三月二十日，印度兵已逼退隆吐山藏蕃，毁其炮台。英国东西两线紧逼，二十七日，英使华尔身来递国主维克利亚谢书，询英轮船上驶事。堂宪一再阻止，并诘问其以不等新任升泰大臣抵藏就用兵，殊负我朝廷撤换文硕大臣及屡次严旨促办之意，华尔身才有惭色。

六月一日接刘芝田大使自伦敦来电，称藏蕃攻击隆吐山英国兵营，互有伤亡。十一日，华尔身来署，咄咄逼人地告知藏蕃攻英印兵营。总理衙门堂事说："此事甚大，须凭你国政府，你不能管。"接着华尔身又催小轮上发往重庆的准单，邸堂、枢堂、徐堂力驳拒之。

十月四日，驻英公使刘芝田来电称藏复有战事，藏兵已退入边境毕微。你方唱罢我登场，俄国人来署又议电线之约，大略说中国电线若到瑷珲，即可与俄海兰泡连接，中俄只隔黑龙江一水，约三四里宽。若到珲春，可与俄之海参崴接，旱程只十里。还说各国电会从前系在德国柏林立约，丹国承办，原议本不准和瑷珲附水线，幸相去尚远，可以照行。彼又欲我国水、陆线价同一律，我方言水线易而陆线难，若一律办理，各国均愿就水线便易，陆线岂不虚设？俄拟再商。九日，杨宜治处理两件事：一是英使来文，上年"万年青"被"你泊尔"碰沉案，定英公司依断赔银十万两；二是高阳相国回都请安，皇上见面奏河工情形，知数百丈口门现只余三十余丈，东西两坝一律平稳。十七日，杨宜治得知藏事已平，新任驻藏帮办升泰与印度官员和平商办，不用兵事了。只是轮船上驶川江一节，定要先给立德准单。后来驻藏帮办升泰有疏分析印度与我西藏结怨，源于边界之不明，边界之不明，由于文卷之失考。所以升泰将数百年来卷宗调齐，耗费三十余昼夜检出档案作为依据。二十九日，杨宜治得烟台电："俄库使拟恰克图电线分六年造，所索一法郎允减。"烟台官员回复，恰克图电线之事不难，一年即可造成，但是要将沪福厦三口海线五分之一分与我方。库使没回复。

光绪十五年（1889）一月二日接报升泰副使于光绪十四年（1888）十一月十九日由西藏向印度起程，十一月二十二日抵纳东，与英官保尔相会。为西藏之事，总税司官、英国人赫德十一月二十五日请派其弟赫政前往。轮船上驶一事，赫德又属英公使华尔身函，请派税务司与议，邸堂就是坚持不允。光绪十五年（1889）二月二十五日接四川电报通知，英商轮船驶入重庆这件事已经与立德商议暂停，我方用十三万元购买英国的轮船设备，七年之后再议此事。

七月十日，杨宜治得报驻韩委员电禀，述韩廷照会，以图们江一事与俄立约，系自中国所立界碑以南，碑为勘界，使臣所立之三十里至海口止，允俄行船，而于上游以西，吉林处中朝旧界不致有碍。这边，英国驻京使臣华尔身与赫德于十五日先后到总署，商讨拟定轮船行驶重庆的章程及发给立德航行准单之事，赫德针对该问题提出了自己的解决意见。得到孙堂、许堂逐层反驳后，华尔身意沮色变，说："外边梗阻日久，贵署又一力坚持，明明是内外均不愿意，此事显然与条约相背。现在商人已经回英国，我今再将此情告诉我国便了。"各堂齐说："那即请电罢。"赫德说："我想了一个法子，英人不过是要重庆通商而已，若允其通商，轮船便可不行。告以此事关系甚大，总须外省察看民情，非署中所能主也。"三天后，总署致电李鸿章，并转致川督："川江行轮议未成而事难已，彼盖注意重庆通商，故先有此请。或云若允通商，约明专用华船，不用洋轮，似可转圜。因思行轮患在坏民船、激众怒，通商患在夺商利、损厘金。然既行轮必通商，则兼两害；仅通商不行轮，则止一害。两害取轻，当是中策。"对总署的这一策略，杨宜治并不赞同。

到了八月，英国公使华尔身来函催促川江轮船上驶事。另一边德国公使克林德来催结台湾樟脑案，称自光绪十二年（1886）起至今，瑞兴洋行之案均久悬搁。一读《申报》，有张之洞复奏修铁路全稿，提议暂缓修筑天津到德州的铁路，先修通卢沟桥到汉口的干线铁路，方便内陆九省粮运征调。二十六日，英国公使华尔身又来东署，催发轮船入川准单，不得已，准咨湖广给予。

九月三日商议给英轮入川准单。接着杨宜治给他的主考官、刑部尚书、总理衙门大臣孙毓汶上一条陈，阐述他对轮船上驶事件的观点，并提出了自己的解决方案。即暂时发给立德准单，但之后以行事"窒碍"，打消英方继续行轮的念头，同时让英使用照会保证，如果之后章程未定，则将通行的准单撤销。对赫德提出的开放重庆，但却禁止行驶轮船这一方案，杨宜治坚决反对，认为英国会援引此例要求开放各省内河。对于交涉策略，杨宜治提出，以《烟台条约》将轮船上驶和藏界通商两事绑定为由，要求两事并议，借此反对英国速定轮船上驶重庆的要求。按《烟台条约》原文，轮船上驶重庆与英人入藏分属第三端"通商事务"及"另议专条"，没有任何两者"为一事"的明示或暗示。纵然总署大臣和杨宜治义愤填膺，轮船上驶事件最后仍以中英签订《新订烟台条约续增专条》终结。

十一月五日，赫税司再来署议藏事，要求以咱利山口为界，亚东通商。在川江行轮这件事上，仍然要求中方买回他们的轮船，让其轮船以"华船"名义在重庆通行。十八日，伦敦来电提及西藏事务，将以四条议结。三十一日，西藏定界通商委任总税务司赫德协调两端，赫德遣其弟赫政任谈判翻译官。赫德最初说，英官欲在藏界与升泰大臣定议，继而又说叫升泰赴大吉岭会议，后又说，叫升泰到加尔各答参加会议。杨宜治认为，清朝代表前往加尔各答签约事关体制与尊严。但尊严挡不了圣旨，光绪十六年（1890）三月十七日，升泰和兰斯顿在加尔各答签订了《中英会议藏印条约》。

1887年十二月月底，杨宜治遭遇了太多悲事，先是接到前妻的弟弟洪和甫来信，称自己妻子亡故，儿子子仪在渝。接洪兰揖太丈信说：五姑太、洪召臣太丈的夫人、洪兰揖太丈之妾均去世，洪兰揖冬月初启程北上。接妻弟洪慎甫之子马子骧信，托安其父之枢。又代何云帆与刘沅卿借市平高银一百两。

第二年二月十五日，杨宜治妻子张氏生病了，邀请李新圃诊脉。到三月六日请第三位医生北柳巷李姓诊治，服用其药后竟然全好了，心头之患才除。

二十八日张氏病情突然加重，再请三位医生诊病。到四月中旬末，张氏服许济川旋覆代赭汤方，病才稍减。当月天气极热，杨宜治流鼻血了，也服用许济川解热剂。农语有谚：赵匡胤流鼻血，正在红。果然好事来了，四月三十日，总署王大臣专折请奖章京供事，杨宜治列保，以本部员外郎无论题选咨留遇缺即补，这是四年来的第一次。杨宜治第一次获保，就得到了"无论题选咨留"的花样，难得。

杨宜治一边忙公务，一边不断找人为妻子治病。可能是心有灵犀一点通，说来也怪，张氏病了，其丫鬟——现已成婚在外的窦姬——也跟着病了数月，更换数医不愈。

杨宜治连请好几位医生为妻子诊治，却并未见效。七月五日，杨宜治的妻子张宜人病逝。张宜人，四川渠县人。生于道光二十七年（1847）四月十九日。当初，渠贡生张鹏飞晚年没有后代，到六十岁时，夫人卢氏连生一女一子，女即宜人。先生去世后，卢夫人慎择婿，因邑耆宿余胜蛟之夫人嘱余先生代为择婿。杨宜治是余先生旧足。余先生写信给杨宜治让他到渠县相亲。双方同意了这门亲事，杨宜治纳采后就离去，辗转淮扬燕赵，与张氏阻隔音闻达三年。后来余先生也去世了，同里的威信人家很多都劝卢夫人另选女婿，而张家女子闻之，申陈大义，决不另择，这种议论才平息。杨宜治送父亲骸归，家贫无法埋葬，张氏等其归来后，变卖了自己的嫁妆才安葬了杨父骸骨。张宜人虽生产多次，只养大一女，彼时年才十一。宜人性清廉耿介，好施予，敦信义，治家尚严肃，处事有断制。张氏去世当天夜里，窦姬也病逝。七月六日，杨宜治为妻子花银五百金购棺，殓衣百余金及金玉器。十九日，出张恭人殡枢，停南横街东南口外三圣庵甲山庚向，窦姬并附停庵中南院。二十五日，杨宜治偕王直斋、刘慎五凌晨出永定门看阴地，看到马家庄一处尚可。

九月二十四日杨宜治办公西署，奉正堂张公、麟公，左右堂桂公、绫公、徐陑公、徐用仪公点出，以杨宜治拟补江西司员外郎缺。此时距离他返京后由起居注主事挈分刑部还不到一年时间。十二月十二日接西署知会，张中堂单派杨宜治总办秋审处行走。杨到署才年余，自觉公事毫未历练，资浅才疏，得差甚觉惶悚。

光绪十五年（1889）三月十五日，杨宜治前妻胞弟洪尔诚（字和甫）的二儿子子俨从重庆来。今天和甫遵母命遣子俨回家，杨宜治为子俨易姓杨，俗所谓"押长"，稽之古人，亦有周紫之事。同治六年（1867），洪和甫长子子仪出生，杨宜治领乡荐刊试卷，岳丈洪信侯名钟公叫杨宜治在子女辈下刊子仪名，说这就是你的儿子。后来，杨宜治连娶屡产皆不育，诸昆弟亦无先余举子者。光绪六年（1880），杨宜治携眷归家乡，继室张宜人很喜欢子仪，想携之同至京城，因子俨还幼未成行。子仪、子俨的生母死后，张氏连书三信促子仪归。光绪十四年七月，张氏也去世了，杨宜治遂以子仪的名义讣电，书令成服来京。这时，洪和甫才来信，说子仪是老大且兼宗室重任，更不如子俨能读书，不如将子俨过继。杨宜治一听，十分高兴，立即召子俨赴京，改名继慈。所以杨宜治于光绪十五年（1889）三月十九日携继慈扫其母墓。因家中不需要人侍奉，杨宜治于三月五日遣散仆人张福、白瑞。

　　夏至好事至，杨宜治接到表弟陆孙瑜和金芃生的信。表弟孙瑜有女，杨宜治想下聘为媳。金芃生信上说舅母已同意。11月9日，金芃生来信说孙榆胞弟媳不愿女远嫁，杨宜治即日复函，不必勉强。接着大侄女来为儿子杨继慈做媒，议豫令袁君之女，俟商。但好事在后头，杨宜治十一月二十四日值守东署，酉戌之交，看到西南方有光屑然乍开乍合，俗名天笑。果然好事来了，杨宜治没有消极等待总署保奖，他同时另辟蹊径，即考选御史，二十五日由署诣保和殿恭应御试御史，辰正读钦命题"居敬行简论""同律度量衡策"，二十六日就有人传阅卷名次，六十三人参考，拟定杨宜治在第八名，并获得记名。按制度，记名御史逢御史迁转、出缺，则依次传补。十二月四日翰林院、部属考取御史者在乾清宫引见，记名三十八人，杨宜治第八。

　　这期间，杨宜治不时为乡人、亲人记书。光绪十四年（1888）四月一日，同门人郑兆兰捡到同乡四川大竹县人邓仲岷遗箧，得其诗遗稿数十卷。赵寅臣嘱杨宜治为之审定，于是杨宜治为同乡写下《邓仲岷遗稿叙》以纪念。光绪十五年（1889）九月十六日晤李眉生令嗣李远辰，第二天李远辰过舍，观眉翁书及杨宜治庚午赠眉翁四律，第三天杨宜治回看李远辰，观眉翁旧藏，有右军真迹《千文手卷》，晋唐以来的名人印章、题跋。南唐刻澄清堂祖本，眉翁有校勘六纸，杨宜治录于重摹本之后，又见赵吴兴墨迹《道德经》小楷，用笔如疾风骤雨，笔画平横，锋颖毕露，还有苏东坡所书中楷《温公碑》，最初之拓纸墨古厚，点画新显，皆绝品。杨宜治当夜写下《喜得李眉生廉访佚诗记》。

日子就这样慢慢过着，到光绪十八年（1892）二月，杨宜治补刑部河南司郎中。这距他上次由主事升员外郎，亦不过四年时间。

光绪十九年（1893）三月，杨宜治获"拟请俟补御史作为历俸期满并俟截取知府得缺后以道员补用"奖名目。杨按照次序，传补御史。

杨宜治于光绪十年（1884）进总署，到此时已有十年。在这十年中，他从额外章京做起，经过两次升补，最终成为二十名额内章京之一。按照他的发展趋势和总署大臣对他的器重，他很可能升任总办章京，然后经由保奖外放海关道；或升迁四五品京堂，借助总署保奖，逐步升至三品京堂。但如果杨宜治传补御史，成为言官，则必须开去章京，离开总署。这样，他之前通过保奖积攒资历的努力将会白费，以后也不可能再次利用总署的保奖晋升。考选御史原本是杨宜治担心总署保奖不可靠而设计的另一条发展路径，不料，在总署良好的发展使得这条路径成为他最佳晋升路径的障碍。此时，如果杨宜治希望继续留在总署，须由总署大臣上奏，请求扣传御史。权衡得失，1893年春，杨宜治扣传御史之奏，得到庆邸的首肯，更得到恩师孙毓汶的慨诺，"京官虞裳现有庆典差使，若注销御史，可望庆典告成之日保举京堂，是栽培虞裳一人，即系栽培四川一省，此等事宜乐为之"。于是总理衙门大臣于光绪十九年（1893）五月四日递上奏片，使得杨宜治避免传补御史，仍留在总理衙门当差，积攒资历和名望。

使俄兼考欧洲国制

甲午战后，国力衰竭，清政府决定结一强援而立，"联俄拒日"的外交方针由此而生。

光绪二十年（1894）农历十月，王之春到京师祝贺慈禧太后六十寿辰，及三年俸满奏请先期陛见，被派以头品顶戴湖北布政使身份前往俄国吊唁沙皇亚历山大三世逝世及贺尼古拉二世加冕。总理各国事务衙门奉旨："着派湖北布政使王之春赍书前往俄国唁、贺。"于是王之春特使具奏请旨，派令杨宜治同往襄赞，钦奉俞允。折内有宜治"前充中越勘界司员，得与昕夕共事，因深悉其为人"之语，录稿见示给杨宜治。时东日甚恶，海疆戒严。

光绪二十年（1894）十一月二十五日，杨宜治在总署值守时，听到了旅顺失守，被日本占领的消息。

十一月二十八日上午杨宜治出城，即将任陕西兴平知县的三弟杨宜瀚送至东便门。五点到通州，与王之春会合，住恒裕栈。

十一月二十九日早上7点上船，午后解缆，九日晚抵上海登岸，住天后宫。十一日香山人、招商沪局总办郑观应（号陶斋）来晤，赠杨宜治《盛世危言》四卷，该书于这一年春天写就付梓，表达了全面学习西方以变法自强的主张，为杨宜治此次出访提供了重要参考。

时间来到光绪二十一年（1895），一月三日，中国驻俄、德、奥、荷4国公使许景澄（字竹筼）电告王之春，以此次专使赴俄，俄廷已预备照头等公使优待。五日，杨宜治一行登法国公司游船，同行者有潘慎初司马、徐尧阶广文、冯蔚农贰尹、蒋寿霖刺史、魏伯琴贰尹、翻译官李叔耘和联渥轩。下午四点开船，八日早上至香港。香港设立领事之议，发于曾惠敏，后薛叔耘奉使英都，杨宜治遂援惠敏前议与之函商，反复数万言，薛叔耘深然之，商之英廷，已画诺同意设立。十二日过西贡，杨宜治睹景思远，想起光绪十一年（1885）以译署司员参与中越交趾勘界，与法员浦理燮、狄隆等先后研商，以钦州界外之白龙尾、八庄、十万大山、分茅岭、板兴、峒中，龙州界外之岭怀七隘地划归于我国。盖至光绪十三年（1887）夏间，始克藏事。光绪十九年（1893）冬，立下界碑。十五日至新加坡。中国在新加坡初无领事，光绪十八年（1892），薛叔耘大使与杨宜治函商成熟始奏设总领事，又详陈堂宪多次，始定折稿终成。十六日过马六甲，然后西行印度洋，入红海，过苏伊士运河，抵地中海之亚力山大城，二月七日抵马赛，驻法参赞庆霭堂奉龚仰蘧大使命，来见王之春，照料一切。遂登岸住历任钦使传舍乃弗客栈，每客每日二十五法郎。使臣一行为节约经费，九日重检行李，以三分之二寄存客寓。当晚六点钟乘火车，十日早上抵巴黎，午刻见龚仰蘧大使。第二晚九点钟乘火车出行，第三天至柏林，晚见驻俄、德、奥、荷4国公使许景澄（字竹筼），第五天游武备院，观历代所铸炮位，列国枪炮、普法战图、法国地图、皆德君臣力图复仇时所制。晚十一点钟赴俄。

二月十五日下午至威尔波罗窝，入俄国界。俄宫廷派武官二人和外部司员罗达诺甫斯基，陈设酒馔，以最高礼节、御用火车来迎王之春特使，第二天午刻至俄都城圣彼得堡。俄廷派统禁军大臣花尔、礼部卿廓尔察诺甫斯基、外部总办笃骆斯基及翻译官柏百福以御用大车来迎接王之春特使，四马驾车，四马前导，材官校骑皆红绸绣金衣，车高大，黑漆金饰，白缎裹。从官车稍次，无马导，以业弗斯街也弗来别斯格邪尼者为行馆，即店名欧罗巴，书"中国头等钦差寓馆"几字。十七日晚，俄翻译官柏百福以俄廷命，请王之春特使及同人观剧《鸿池》。

二月十八日未刻王之春特使赴俄廷，呈、唁贺国书，杨宜治为次宾跟随。王之春入见俄皇、俄后于太子宫，呈书读颂辞，俄翻译官宣俄皇答词。俄皇询倭事，神色颇忧愁不安。王之春特使及从官礼成而退。俄皇名尼格赖本第二，生于同治七年（1868）五月，年二十八岁。杨宜治对俄国历史做足了功课，知道：康熙二十八年（1689），俄国与中国立黑龙江界约；康熙四十年（1701）与彼得罗立约；雍正五年（1727）与中国立《恰克图界约》；咸丰五年（1855）亚历山大第二即位，益求西国善政，踵行之，如立报馆、兴学校、释随夫诸端，皆其创制；同治十年（1871），又采普国军制，人尽为兵，俄之强盛遂冠欧邦，亚历山大第三在位十四年，息兵安民，国益富庶，可毗汉之文景。

二月十九日许竹筼公使告诉大家：外交部覆俄皇意，关切中国事甚真挚诚恳。当晚，俄礼官导观马戏。二十日到俄翻译官柏百福家、罗达力斯家会谈，阅俄国欧洲舆图。

二月二十一日下午俄翻译官带领杨宜治一行观赏俄皇宫殿，凡宫皆挂图，绘历代战阵。太皇太后所居皆璧柱，案几器皆璀璨夺目。有金殿，有银殿，有孔雀殿，有将军殿。归馆后，考俄之中亚细亚舆图，共分七省，设总督二。二十二日再游皇宫。二十三日许竹筼公使约王之春特使及同人等赴俄国官宴。俄官主宴者，署外部尚书基斯敬、东方总办格毕尼斯、外部总办柏兰苏，又礼部司员二位。客散后，杨宜治与许竹筼公使详校中俄东边地图，考东三省接境处所，自图们江口起，至额尔古纳河口止。康熙二十八年（1689），索额图在尼布楚定《黑龙江界约》。而咸丰八年（1858），奕山将军在瑷珲、十年（1860）在北京城两次更改。俄之悉毕尔部拓地数千里（东西极阔处十三度，南北极长处二十六度，每度约二百里）。光绪八年（1882），大学士桂良等在天津定《天津条约》。光绪十年（1884），侍郎成琦在黑龙江定《勘分东界约记》。该地址初无出入，惟《天津约》已启北京争界之端，约上说：将从前未经定明边界，由两国派信任大臣秉公查勘。正暗指东疆乌苏里河以东，横至于海之地，故十年约后遂划入俄界，实为后日侵占所借口。盖当时内地多故，不暇与争也。光绪十二年（1886），左副都御史吴大澂、副都统伊克唐阿重勘珲春东界。

二月二十四日游东宫，观哑咧桑德第一次用机器制造钢铁用物，哑咧桑德第三遗物车、马、宝玉之属。午餐后无事，杨宜治复译《中俄界图》。其北段自额尔古纳河口起，至沙滨达巴哈止，雍正五年（1727），尚书图礼善在恰克图所定。乾隆三十三年（1768）只修前约第十条，非界约事，该地址不相关涉。计划设立界牌，恰克图以东至阿巴海图六十三千米，恰克图以西至沙滨达巴哈二十四千米。凡中俄界务，唯北一段百余年来相安无事，亦险垫形势为之。二十五日复阅界图。

西段自沙滨达巴哈起至浩罕故墟止，同治三年立约，而光绪七年、九年、十年更改。同治八年（1869），《科布多约》约定至乌兰达巴哈之大阿勒泰岭西麓；同治九年（1870），《乌里雅苏台约》约定其地由沙滨达巴哈至柏郭苏克；光绪八年，《伊犁约》经那林勒噶，《喀什噶尔约》过喀克善山，至乌仔别里山口止；光绪九年（1883），《科布多约》西南行至赛里乌兰，《塔尔巴哈台约》逾阿勒岛之喀拉达巴罕。其实，西段界务三十年来每立约一次，俄地必有展拓。盖西鄙诸回部皆历代所征服，值中国多故，往往乘隙跳梁，或径摽掠俄疆，俄遂蕲艾芟除，置为省属。今之中亚洲七省地，北即昔之哈萨克三部，西则机洼、军突、塔什干等地，西南则布哈尔、霍占、浩罕、安集延，皆不能度德量力，与强大争雄，自投虎口。诸部陷没，俄境遂与新疆接连，界上之额尔齐斯河、斋桑淖尔、纳林河、阿母河、咸海各处卡伦之外俄皆驻有重兵。

二月二十六日参观溜冰厂回来后，杨宜治等人与许竹筠公使交谈，详论帕米尔旧档，并校图说，观其新著《帕界凡例》，颇为详细。27日参观博物院和蜡像馆。

二月二十八日参观武备院水师学堂各轮船式样，有一门中国铜炮，上刻"癸卯年直督额尔精额按察使陆建瀛造"。午正观校阅、驰骋、击刺，桓桓然有貔虎熊罴之概。洋枪队悬鹄命中，如中土习射然。其每年大阅，择优异者赏枪式和勋章，能令将帅增加身份，故士卒皆踊跃训练。无疑为清廷可借鉴。

三月一日游藏书院。通国书楼共一百四十五所，藏书凡九十五万三千余册。晚，罗达臣约一外部司员咯司挪撒也夫来照相。二日观铸纸厂兼造银币、织丝、制金银器厂，用工三千六百名，女工八百口，五洲第一大厂。三日到许竹筼公使处交谈，读皇上电俄、德、英、法旨意。午后又观溜冰场。四日随王之春特使赴礼拜堂俄前皇葬所。中旨致唁，以金银造花卉、树叶作圈式，为赠礼。俄历代君主及皇后皆葬于此，以白石砌为坟圹数尺，每坟相离二三尺，新旧花圈大小殆以数千计，金、玉、银、蓊睬不等。又见许竹筼公使传署电令王之春特使于辞行时照前谕旨之意，向俄外部顺便申说倭人已允李鸿章傅相在长崎就近之马关商讲。五日，王之春特使奉谕旨允照给俄大臣等勋章。六日，俄皇遣供奉哑咧桑德诺甫斯基来绘大使及同人像。当天，杨宜治专门考察俄国兵制，其男子年二十一至二十七岁，必令入伍，充额兵六年，期满再充预备兵九年，然后才得以自便。额兵有七十五万，有战事可增至二百二十余万。又有马兵十四万。予田屯垦，优其徭役、租赋，出征裹粮亦私家自给，兵村多在边，徙罪人为奴，执贱役，略不顾惜。七日王之春特使得旨："俄廷所赠宝星，着准其收受佩戴。"九日杨宜治考察俄国筹饷机制：皆借民债，如借一千卢布，出息二十分之五，而抽税二百分之五。俄国库颇富，贵戚巨公皆不知存储数目，唯就每年出入之款核计，大有盈余。

三月十一日酉刻，俄皇遣礼官赍赠王之春特使及同人勋章。王之春特使得白鹰勋章，嵌金刚石，价万金。杨宜治得昂那第二勋章，潘慎初得斯单尼斯那福第二勋章，联渥轩、李叔耘得昂那第三勋章，冯蔚农、徐尧阶得斯单尼斯第三勋章。杨宜治考察俄勋章章程：第一为哑咧桑德，第二白鹰，第三昂那之一，第四斯单之一，第五昂那之二，第六斯单之二，第七昂那之三，第八斯单之三。哑咧桑德、白鹰及昂那、斯单之一皆为一等，杨宜治所得昂那之二勋章即中国二等第一。

三月十二日赴阿雷克塞王殡所会葬，俄皇、俄后、长公主、王妃、王公及各国使臣、各命妇咸集。先数刻，有俄员来迎王星使及从官，往稍憩，俄皇始戎衣异棺，至教士讽经毕，俄皇、亲王躬操畚锸安窆窆。杨宜治对俄的创新制造十分感兴趣，考其"招外国良工，他加邻后接踵前徽，班云集，国人学成一艺就表彰其物品，于是居肆子弟皆踊跃登来，殚精竭虑，以求推陈出新之法。执政者随时考核，择优留用，故工匠精良，货宝璀错，凭此技艺致富的大有八九。然而经商贸易，银行汇兑，德国人占十之六七，大有喧宾夺主之势"。即使威武庞大的俄廷也没办法。原来成语"喧宾夺主"一词竟然是这样来的。

三月十三日渐次开冻，冰车已停。杨宜治偕同人游业弗斯街，见俄主、俄后并乘车北去。西方君后经常一并出游，都市山水清蔚之区，梨园歌舞之地，皆设有御座，或径造勋阀巨家，盘桓宵旦，间延臣庶入宫，茶会宴集，上下欢洽如家人父子。又凡西方国家王公不设苑囿，其苑囿楼阁、琪花瑶草、珍禽奇兽，皆在都城繁会之区，为国家所置，任人游观，微取其门票费。杨宜治认为这就是孟子所说与民同乐。为观察西方人的日常生活，杨宜治十四日晚到哑咧桑德诺甫斯基家，谈其家人，奏雅琴以娱客人，舒弦促节，泛泛宜人。昔曾惠敏曾说："中国宫音失传，惟西国之乐尚有黄钟遗响。"杨宜治也感觉到中国的传统文化逐渐没落，需要发扬。杨宜治对俄国的碑帖也感兴趣，十五日偕柏百福购《阙特勤碑》并俄文欧亚全图、俄德字谱。

三月十六日赴各处辞行，罗达甫告诉杨宜治俄国察吏之法，暗访督查：安排官名"微特若尔"，品秩小而员数多，数月一遣，采访各省及各郡县政治得失、风俗习性、商务盈亏，随时密报，又有专员访察微特若尔所报之虚实，遣派此两等官，外间秘不得闻。以此旦评之好坏，与议局公论之淑忒相钩考，即使远在万里也在堂阶矣。

三月十八日晚六点钟王之春启行，从官均乘俄廷御用火车，俄国文武数十官员来送行，许竹筼公使率各员也话别于车站。十九日四点钟过波兰境，五点钟出俄境，俄国御车驭从至此。饭后，登德国睡车，与俄官罗达甫等揖别。

三月二十日晨六点钟至柏林，二十一日起开启德国考察，杨宜治一路看得很细，思考也多。先赴白雷多观伏尔铿船厂，中国在此订购鱼雷艇二只、快船一只，均将竣工。接着参观唐傲黑特厂，演试行营炮台，演放开花弹、葡萄子各炮，皆中靶。再至格鲁孙炮厂，总办多士满引大家观看大小新式炮台，又观镕铁之法。第三日至克鲁伯厂，观造穿甲、钢板及暗炮台。其钢板厚、台盖大、顶中厚。第四日观炮厂，有九寸口径大炮，又当场演示造尺二口径炮，中国所定购的大小炮及新式快炮均将竣工。又观三次炼钢厂。

三月二十六日到伦敦考察，先赴鱼雷船局观新式曲排筒锅炉生产。第二日参观英国家鱼雷快炮厂，晤总办安得生及前日本水师聘请提督英格尔斯。快炮以机开合，出弹最快。又乘火车至马克新机器快炮厂及罗登飞快炮厂，中国南洋定炮皆在马克新厂。第三日参观英议政院，才知有下议院和上议院，杨宜治与王星使及同人坐楼上旁听，了解外国议会制。晚归后宋芸子、王省三引美国澳商会总绅夹阜来谈。

三月二十九日回到巴黎中国使馆。第二日偕田合通、克劳西、咳尔费尔特游市廛，晚观剧。第三日偕联文泉游布阿得布娄，又游拿破仑第一陵寝地安佛里特院。四月一日考察欧洲学校之制。

> 凡国人七岁至十五为初学，始讲文算，继阅图象[1]，志乘，兼学他国语言文字。期满升中学六年，博稽道书国史、富国学、交涉学、算学、格物学、化学、电学、重学、制造学、全体功用书、动植学、地学、金石学、画学、音乐学、农学、商学、体操学。成法粗通，升入中学六年。此六年中，讲求深邃，覃思创物，能成利用新器者。官办学堂三万三千余所，教师五万余人，学生一百七十余万人。

四月三日接宋芸子、王省山函，总署电购船、借款事。于是四日考察法国兵制，其国人年二十至四十充营兵五年，战兵五年，留兵五年，戍兵五年。与各国大略相同，惟黜免数条曲体人情之至。同中国《史纪·魏公子列传》所述一样：公子遂将晋鄙军，下令曰："父子俱在军中者，父归；兄弟俱在

---

[1] "图象"应为"图像"，因不影响读者理解文意，故保留档案原字。本书所录档案原文中有部分错别字，为使读者阅读通畅，编者在遵从档案原文语意情况下，将影响理解文意的明显错别字纠正。其余皆遵从档案原文实录。

军中者，兄归；独子无兄弟，归养。"随后几天都是落实购船、借款事。五月十七日《新报》言：中国现商三国借大款之法，各国以中国欠债无多，向敦诚信，咸愿代借。惟中国近年入不敷出，将来如何归款，诚不可料。拟劝中国驰地禁、开铁路、通商货、重工匠，一切维新若能次第举行，则比此再加倍之债，亦不难还。购船借款的希望落空。

五月十九日王之春得旨，饬即回国，于二十四日起程，因六月十三日在锡兰岛轮船机器坏了，直到二十二日午后三点钟才修好出发。七月三日抵香港，十三日抵金陵。二十九日王之春交下俄皇答谢中方国礼五箱，并前交俄国覆书一道，令杨宜治送京，又条陈时事正折一封，奏事处公文一角，当晚赴津。八月二日杨宜治从大沽搭火车至紫竹林，四日停泊三岔河口洋行门首，寄总署函及家信。八日下午抵通州，九日四名勇丁护送国礼箱支到东便门，三弟杨宜瀚及总署差弁早已迎候。杨宜治躬赍国书、国礼、折匣、文件，诣总署销差。

仕途猛进，突然患病去世

销差后不久，王之春保奏，杨宜治以五品京堂补用，仍留总理衙门章京一职。

光绪二十二年（1896）初，杨宜治出任署帮办章京，获总理衙门两年一届的保奖，其获保名目为"候补五品京堂刑部郎中，杨宜治拟请开去郎中底缺，俟补五品京堂后，以四品京堂开列在前"。不久，他正式出任正五品的通政使司参议一职，并署理太常寺少卿。

光绪二十三年（1897）五月，杨宜治正式充补四品总办章京，获得上奏权。此时，杨宜治52岁。川东地区出现水灾，通政使司参议杨宜治据实详奏，请求采取赈灾措施，并请停每年派给四川的赈捐，获得赞誉。

是年农历八月初一，通政使司参议杨宜治又以《中国宜铸金钱论》奏请仿照英国币制铸造全国统一的金银货币，并准备进一步发行纸币，以挽回因国际市场银价下跌对中国造成的损失。得到奕䜣和户部尚书翁同龢首肯，虽然最后被户部以阻碍太多及梁启超等人反对的理由拒绝，未被采纳实施，却也体现了杨宜治的相关能力。同时他还上书《收金铸币说》。

光绪二十四年（1898），杨宜治实授太常寺少卿，仍任总理衙门总办章京。自 1897 年德国借口教案占据胶州湾，俄国军舰亦乘时开进旅顺、大连。在德国租借胶州湾的要求得到满足后，俄、法两国分别向清朝要求租借旅顺、大连地区及广州湾，俄国催逼尤为迫切。正当总理衙门为列强无理要求精疲力尽之时，杨宜治主动向总理衙门大臣翁同龢献策：欲乘此时告俄，联德、法、中四国密约，以戢他国贪谋。

接着杨宜治因参与会典纂修，1898 年四月十二日被举荐获得三品京堂花翎。五月十九日，总理衙门大臣翁同龢向杨的上司张荫桓透露杨宜治即将升迁的消息，下一步将一跃成为总理衙门大臣。

天有不测风云，正在此时，杨宜治突患重病，他在仕途上的迁转戛然而止。民国《渠县志》载："外交益亟，宜治竟以忧愤国事不起。"两个月后，杨宜治于光绪二十四年（1898）六月病逝。杨宜治突然病故，让人颇感意外。

《杨宜治列传》结尾说："初，宜治遗榇至，自京师从形家言权厝以待，后于梦寐中，语其弟宜瀚曰'世变亟，吾棺不可久厝'。窀穸既安，渠人颂为生而英，死而灵，以比石曼卿云。子槐柱世其家。"

褒扬孝女罗德芳之经过

渠县档案馆馆藏档案中，为孝道申请褒扬的，只有龙凤场孝女罗德芳一例。1935年5月22日，曾任温江县知事公署知事的刘兆玉病中向4月才任渠县县长的川南人黄功隆写信，请予查核办理褒扬孝女罗德芳一事，信中说：

> 光耀县长仁兄勋鉴，昨函计入青览，兹接罗雅载（现任李部军法长）自遂宁来缄嘱将故妹罗德芳孝行寄呈县府，请吾兄加具考语查照褒扬条例，呈请褒扬，所有呈文及证明书与事实清册五份一并赍呈，用特转恩俯赐查核办理，以励末俗而维孝思，弟病仍不能握笔并以奉闻嵩肃敬请，勋安。治弟刘兆玉再拜。

> 附罗呈文一件、证明书一件、事实清册五份。

李部指李家钰部，驻扎遂宁。

随后6月1日，龙凤场桷子岭乡民王庭五、罗锡武、吴镇藩、袁赞臣、雍联卿、邹平章、宁心一、李善明、李小平、陈禄齐、罗镒安、罗耀奎等十二人联名向县政府上书，请求褒扬孝女罗德芳。

> 呈为呈恩将转请褒扬以彰孝行而励末俗事，窃维立国重叙彝伦，百行原推孝首，是以王祥之冰冻其肤，李勣之火焚具髭，虽背毁伤之义，而史册不贬其愚，况蜀中帼之传，其孝思出于至诚者乎？吾邑治西龙凤场桷子岭地名，孝女罗德芳者，颛顼末胤，关阁名媛，自少于爱亲敬长，内外无间。稍长，则读书通义，动静有则。昆季二人，咸负笈于他邦，孱弱一身，以事亲为己任。盖不以定省治家。稍撄兄嫂之虑，而增父母

之忧也。洎夫时遭锋镝，民满新人疮恙癀。崔符顿起，风鹤频惊，奉亲远徙，何图咫尺而天涯，举目无依，强为颜笑，珍膝下苍泩，俯仰已增添室之悲，烽火仓皇，为避武城之寇。人生至此，天道难测，而况璇闺之弱质，处荆榛之道路哉。而孝女披荆徒步，负母前行，犹且裹腹煮粥，奉甘旨于晨昏，饮泣焚香，呼将伯于午夜，卒能适郊以乐，履险如夷。讵料鸠居甫定，耗惊传。兹亲遭二竖之褉。孝必引毕生之痛，而中间亲奉汤药，不解衣裳，缠绵岁月，罔恤艰辛，更爇烛以乞天，愿促龄而益母。孝女至此，心滋戚而病已伏矣。然忌疾讳医，弗重贻生父老母之忧。茹苦含辛，不离乎病榻、药炉之侧。既而萱帏月冷，梓舍风寒，当其易箦之时，即天殉身之志。乃以椿树年高、荆枝役远，缇萦可法，隐忍几及三年，樊备不支悲痛，感乎五内卒。以忧劳过度，宿疴入于膏中，哀毁逾恒，随母从于地下，其志可悯，其孝堪矜。今者玉树长埋，精魂永渺，念懿行之宣彰。斯未祈之可诏，庭五等或为邻族，或属亲谊，既素知其事实，更凤重其孝，反复查褒扬条例，国典早颁，罗孝女德芳适合褒扬条例第一条第一款之德行优异，允宜表彰。藉资最励，谨将详细事实录列清册呈请钧府，伏乞查核转请褒扬，以维世风而张大本，谨呈渠县县长黄。

计呈罗孝女事实清册五份，证明书一份。

具呈人王庭五、罗锡武、吴镇藩、袁赞臣、雍联卿、邹平章、宁心一、
　　李善明、李小平、陈禄齐、罗镒安、罗耀奎
　　　　　　　　　　民国二十四年六月一日

6月7日，黄县长签发向省政府报告《呈省政府为据情转呈褒扬罗德芳孝行一案》：

呈为据情转请褒扬，以彰至行而慰幽魂事，案据县属公民王庭五、罗锡武，内名全录等呈称：呈为呈照转请云云，……谨呈等情，据此，县长复查该已故孝女罗德芳，孝思不匮，懿德堪钦。虽齐志以止，未蒙楔闾之旌表，尤遗行宛在，宜发潜德之幽光。兹据前情，检同事实清册一份、证明书一份，理合转请钧府鉴核，准予褒扬。指令祗遵。谨呈四川省政府主席刘湘。

四川省政府民字第10395号指令，令渠县县政府呈一件：

民政厅案呈。据该县转请褒扬孝女罗德芳以彰至行由。呈暨附件均悉。据呈该县已故孝女罗德芳，奉亲避匪，转徙流离，幸免于难，其孝思纯笃，洵足励俗风世。核与褒扬条例第一条第一款，尚属相符，惟查附赍证明书、清册各仅一份，不敷存转，仰呈同条例第十二条规定，分别补具四份来府，用凭核办可也！附件暂存。

民国廿四年六月廿七日

主席刘湘

7月3日，指令事由：

据呈请褒扬孝女罗德芳以彰至行等情，该县已故孝女罗德芳，孝思不匮，核与褒扬条例第一条第一款相符，仰遵同条例第十二条规定，补具清册四份，用凭核转由。

4日批示：

转饬原呈人遵照办理。

7月8日，县政府发出《令公民王庭五等遵照省府指令补造清册证明书一案》第1074号训令：

令公民王庭五，案查前据该公民等以"呈恳转请褒扬，以彰孝行，而励末俗"等情，具呈一案到府，当经转呈去讫，兹奉四川省政府指令民字10395号开，"呈暨附件均悉，据呈该县已故孝女罗德芳，奉亲避匪，转徙流离，云云，此令。"等因，附件暂存。奉此。合行令仰该公民等，即便遵照，迅即补造事实清册一份，证明书五份，赍呈来府，以凭转报。此令。

县长黄

于是，渠县政府按省政府要求补呈相关资料，完善手续。

呈为遵令补呈请予鉴核转呈事，案奉钧府政字第一零七四号训令开，据公民等呈请褒扬罗孝女一案，除原文有案邀免冗录外，后开合行令仰该公民等即便遵照，迅即补造事实清册一份，证明书五份，赍呈来府以凭转报，此令。等因，奉此，兹谨遵照分别补具罗孝女事实清册一份，又证明书五份，理合具文呈请钧府俯赐、转呈，实沾德便。

附上事实清册：

姓名，孝女罗德芳；籍贯，四川东川道渠县；生于光绪三十一年冬月十九日，殁于民国十七年七月十五日；拟请照褒扬条例第一条第一款褒扬，德行优异。

事实：一、孝女罗德芳，父罗锦廷，母雍氏。生而淑慧，好读书，通大义。幼依父母，未尝须臾，离年十三，于古今贞烈、孝女传记，多所探讨而治家为人之道。禀承母训，素所娴习，其兄二，长雅载、次天锡，或任法会或游学于外。凡晨昏定省，以及瀚濯炊爨之事，皆德芳一

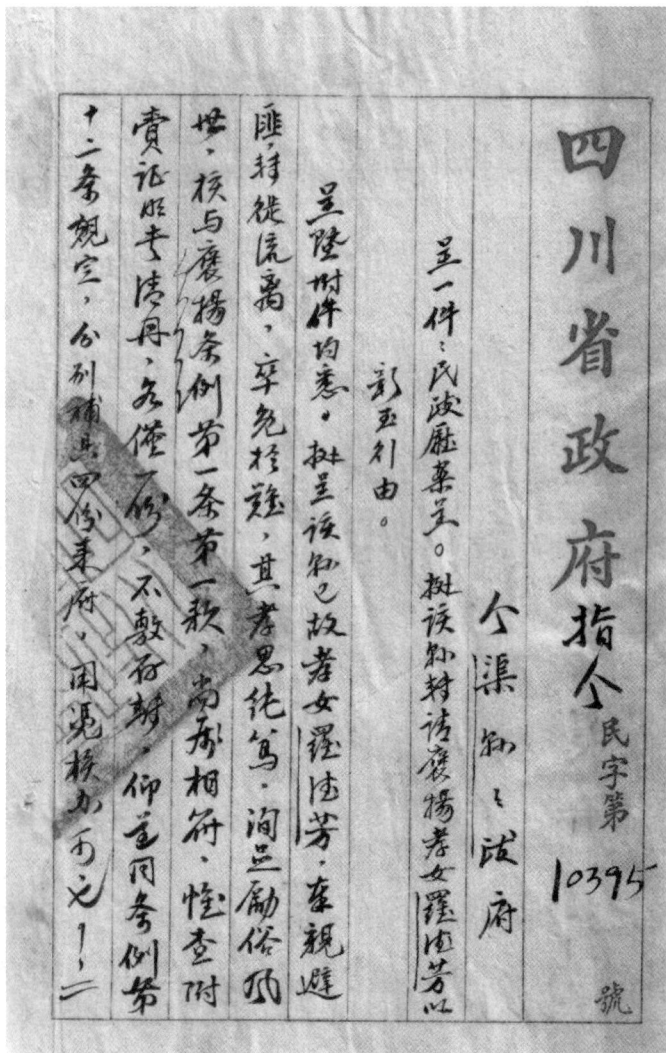

四川省政府关于褒扬罗德芳的批复

人分母劳而代兄之职，不贻父母之忧。而其父母有女若子，亦不自知其子常离膝下也。戊午年考入渠县女子小学校肄业，定省之职，既未稍疏，而课余必操作如常，不因求学而增母累。

二、民国七年棒匪蜂起，同里皆他徙，孝女奉父母避居县城，后因渠不靖，始弃学复奉父母逃往营山及董家沟静边寺等处，六七年中辗转流离，而两兄弟因乱不克归，其父母旅途之饮食、寒燠皆孝女一身任之。中间路费不济，徒步以行，必随父扶母蹀躞山中，又恐其父母之劳顿也，又多方安慰，而独负母以行。途中饮食缺乏，则私典自身之衣而缩食以奉，迨匪平远乡，父母无恙。而孝女以风餐露宿、忍饥号泣之故，一病几不起，然病中仍勉奉晨昏，不以病重而告父母，以增老人之戚。乡族称之，至今不衰。

三、自民国十三年以后，其母氏雍以家口浩繁，忧劳遭疾，孝女举家政钜细代母肩之，然汤药之物仍必躬亲侍奉，不假他人，不解衣裳者一年有余。夜半则焚香顶礼乞天灭己，算而增母寿。年余无间断。十六年春，母以病卒，孝女哀号泣血绝食数日，屡欲身殉，亲族以父在年老相责，始勉节哀事，父如常且多方以慰之，而暗泣者年余，其佐父理家政亦如故，由是精力交瘁，痼疾伏焉。

四、孝女少受聘同里刘氏，自遭母丧，即以父老而侍奉乏人，屡乞解除婚约以终养其父，竟以病久神伤，于十七年七月十五日卒。临殁之前，犹谆谆劝慰其父，而己则以随母地下为遂夙志，并以其父饮食起居托之两嫂，钜细无遗，始瞑目而逝。综一身，德行优异，纯出天性而坚苦不懈，足风世俗核与褒扬条例第一条第一款实属相符，合拼登明。

呈悉仰准具文转呈四川省政府，核转候奉令后，另文饬知，此令。

八月十五日

不久，褒扬下达。而黄县长于民国二十五年（1936）一月也离任了。

从范绍增的一份报告管窥
民国时期的横征暴敛

在渠县档案馆里保存有一份民国二十四年（1935）六月二十一日的"二十四年财字第984号四川省政府训令"，以四川省政府主席刘湘签名发给渠县县政府征收局，文件题为"为据该县旅渝同乡会范绍增等呈为困苦难堪恳祈救济一案饬即并同前案查复由"，对范绍增等提出的四项请求归并为三点进行了回复。

内容为：

> 财政厅案呈据渠县旅渝同乡会会长范绍增等呈以劫后余生、困苦难堪、恳祈救济等情，具呈到府，除以"呈息，所恳各节特分别核示如下：一、关于该县原驻军预增廿四年（1935）粮税暨慰劳费，恳予扣还一节，查旧欠早经豁免，新粮不准抵扣，系属通案，前据该县三汇镇民众代表胡春如，暨该县公民代表雍受康呈请前来，均经先后明白批示并转行饬并在案，所请扣还亏处，仍难照准。二、关于该县原驻军拖走民国精练营特务连人枪暨提去渠广路公共汽车、教育局铅印机，请与令饬归还一节，究竟情形何如，前于该代表雍受康呈请案内，业经令饬该县府查复核夺在案，着崔令饬该县府并案查复，再行核办。三、关于请予分配善后赈款一节，查该县被匪窜扰仅只一小部份，且系廿二年秋间时事，现已将及两年，秩序早复，自不能再按匪区例办理，所请应毋庸议。仰及知照。此批"等语揭示外，合及亟抄发原呈，令仰该县局即便遵照，此令。

原来是范绍增在 1935 年被逼提升副军长（无实权，明升暗降）后，赋闲在重庆成立渠县旅渝同乡会并任会长，请求省政府将原驻军预增民国二十四年（1935）的粮税总予抵扣、归还被杨森部队占用的民国精练营特务连人枪暨提去的渠广路公共汽车、教育局铅印机等资产，以及善后赈款。范绍增本与杨森、刘湘先后交好，而今反目便想要回属于自己或县上的财物。请求虽没得到批准，却从其陈述中了解了当时国民政府及军阀的横征暴敛、老百姓的艰难生活。

缘起：军阀混战尔虞我诈

范绍增，名舜典，号海廷，人称"范哈儿"。1895 年 4 月 1 日生于渠县清河场（1942 年 8 月 1 日划归大竹县，名清河乡），曾受渠县二区管辖和渠县三汇分县辖制。其祖父范守中是清河街场局司，同其他家长一样，也盼孙子范绍增能读书成才。然而"范哈儿"天生不是读书的料，小时候特别喜欢茶馆听书、赌场耍钱。这当然少不了被绑到板凳上挨板子，屁股多数时候承受的是爷爷的拐杖。十三岁时已长得膀大腰圆、五大三粗的范绍增，一次挨打时不小心把爷爷撞到地上，自认为惹了祸便离家出走跑到三汇柏林口（现大竹县柏林镇）帮人看赌场。由于赌技高超，入了赌场老板张作林的法眼，且颇受赏识。因张作林是同盟会会员，又是袍哥人家，在山上还有着一队人马，于是将范绍增介绍给三汇袍哥大爷熊东山。熊东山受其拜，又反推荐他回到张作林身边，受到张老板重用，还成了山上那队人马的头儿，带着一帮土匪兄弟在达、渠、竹边界一线过起打家劫舍的生活。

1915 年底，孙中山发起反对袁世凯复辟帝制的"护国战争"，张作林召集范绍增等一众兄弟成立义勇军，拉起"反袁"大旗。而熊克武成立"四川招讨军"，攻进重庆并迅速向川东北地区扩大战果，张作林被熊克武杀害。范绍增立即拉起兄弟们从邻水回到老地方，再次占山为王。

1917 年底，在川军第六师的招安下，范绍增当了模范营营长，随后当上团长。当了团长没忘本，范绍增带着大洋和人马跑到三汇镇感谢大哥熊东山，然后回到柏林口挨家挨户找当年被他抢过的那些苦主，挨着还钱、道歉。

1923 年，范绍增投靠杨森，当上第九混成旅旅长。1925 年后，范绍增为

第七师师长。部署在泸州的范绍增，在家乡父老的请求下，在地方团练的帮助下将驻防在渠县、大竹一带横征暴敛的第十一师师长白驹打跑，并借势向杨森请求换防渠、竹，引起杨森的不满。

1927年"四一二"反革命政变后，范绍增昔日的好兄弟、共产党员王维舟回到川东老家到范绍增处避难。杨森知道后要求范绍增捉拿王维舟，结果范绍增却送王维舟旅费400大洋，并派人护送其出城，杨森更是大为光火。

1928年1月，蒋介石把收留"被北伐军打得找不着北的吴佩孚"的杨森解职，而杨森立马在万县自行宣布恢复自己的二十军军长职务，并迅速召集起自己的嫡系部队，却把按照他命令在渠县卷硐梨树寺认真招待吴大帅的范绍增部拒之门外。这让刘湘捡了个漏，范绍增归附刘湘后就任第二十一军第四师师长，并与郭汝栋一起发动了"倒杨之战"。

1929年1月，杨森在下川东之战中进攻刘湘失败，所属川东21个县亦被刘湘所占。杨森退入渠县。

1931年5月，四川军阀混战只剩下了势力较大的刘文辉、刘湘叔侄二人。刘文辉为了挖刘湘的墙脚，给范绍增送了30万大洋。范绍增却向刘湘报告："这是刘幺爸给我的30万大洋，我当着弟兄们的面，交给甫公，以表示我忠心不二。"刘湘见范绍增不为金钱所动，十分高兴，回道："既然是幺爸的一片心意嘛，你就拿到嘛，我准你的假到上海去耍一耍。"范绍增拿了这笔意外之财，在重庆修建了一处华丽的庄园——"范庄"，并借机去上海结拜了一帮上海大佬。

1933年，范绍增奉令出川攻打洪湖贺龙部，所属一个团被歼，范绍增受伤，之后，他返川参与对红四方面军的围攻。

1935年1月，蒋介石整编川军，刘湘借机改编范绍增部，免去其师长职务，升其为副军长。范绍增于是对刘湘心生不满，便赋闲在重庆，成立渠县旅渝同乡会并任会长。此间，驻扎渠县的杨森部队加征各种赋税、转移占用公用资产。

吁请事由：披露国民政府及军阀横征暴敛强取豪夺

范绍增为要回自己被强占的资产，向省政府呈文。

呈为劫后余生、困苦难堪，敬陈梗概，仰祈矜鉴，用施救济，事窃川政不纲念载有余，兵灾频兴，匪患迭乘，人民之生机将绝，政府的征收无厌，富皆已贫，贫皆已死，此为一般之现象，而渠县人民尤有不堪言状。皆兹值川政就执，百度继新，将拔斯民于水火之中，而登谐（民）衽席之上，改弦更张，力求民隐，渠民疾苦本会未敢壅于上闻，惟千疮百孔，悉举难周，谨撮数端呈请鉴核：

（一）廿四年粮税总予抵扣。也查渠县粮款现有三千二百余石，前十一师罗泽洲驻防时每年两征，每次每斗征洋贰元五角一仙，预征至卅八年，此以国税一项，言渠县民众每斗已增加一倍之担负，自民国十九年廿军接防以后，对于粮税一年三征，并附征三次，每次每斗征洋十二三元以上，至去年（廿三年）已预征至五十三年，廿军驻防渠县五年有余，以五年计已预征十五年共征粮税洋五百六十余元。若照粮款一年一征计，每斗担负已超过十倍上。其他苛杂如烟苗捐每年征洋八万余元，赌捐每年征洋二万四千余元，户口捐每年征洋万余元，红灯捐每年征洋十三万余元，迷信捐每年征洋万余元，军服费每年征洋二万余元，临时军费每年征洋四五万元不等，五年内共征洋一百五十余万元，尚有各场社考绩庙产会产拍卖殆尽，为数约一百万元以上。正清查中，如肉税每年征洋十六万余元，酒税每年征洋十七万余元，糖税每年征洋七万余元，覆商统捐每年征洋六十余万元，五年合计征洋五百余万元，总计前列各款项共征收一千三百一十余万元。此外

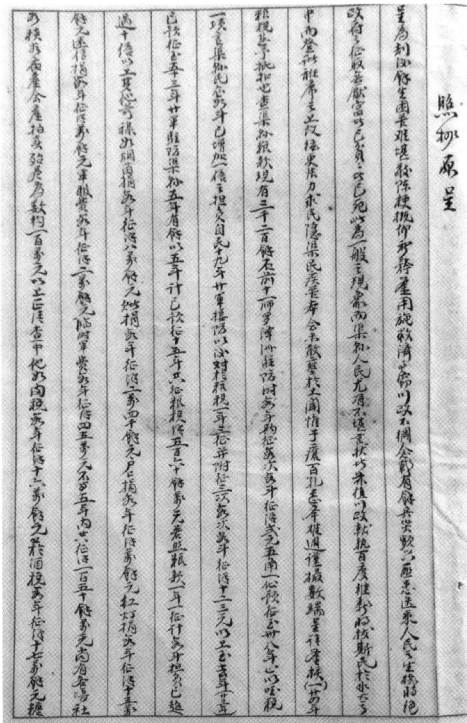

范绍增向四川省政府递交要回物资的呈文

尚有驻军长久挪移地方团款教建及慈善会各款统计有廿余万元未计入上项之内。且渠县并非膏腴之区，民力何能胜此重负？乃廿军军长毫不加以体恤，知川政渐上轨道，防区制行将打破，异想天开，遂将预征年度完全取销，改由廿三年起重新计算，征粮年度欲掩耳目，示未苛征。自钧府成立以后，曾通令各军从本年三月一日起，不准任何驻军自由征收，禁令森严，谁敢玩忽？惟廿军军长从三月一日起开征廿四年粮税征税之令，甫发提款之军队随至，催科既系悍吏，纳款岂容稽延，无何奉令开拔，无粮一斗。又加派洋四元二角，共计十二万余元作为慰劳费，窃我渠县仅属弹丸小邑，人民之困苦情形，谅早邀洞墨。钧府成立以后，渠人应受相当之保护，此廿四年粮税及慰劳各费，应恩准我渠人于应完廿四年度粮税项下照数抵扣，此一。其廿军历年违法征取超过常额之数五百一十九万余元，及苛杂各款合计一千二百七十余万元，应否令饬该军归还，抑于四川善后问题整个解决，案内汇办以示矜恤之处，伏祈钧裁。

（二）廿军骗去团枪一营特务连一连，计枪四百五十支，恩予追还。也查人民固有充当兵役义务，但须正式调集军队，不准骗提民枪，政府迭有禁令，此次廿军开拔，将我渠团枪编成之精练营一营特务连随军调去，不惟蹂躏渠民，毁我干城，且大干政府之禁令，此恩令廿军军长归还我团枪，此二。

（三）渠广路公共汽车贰辆，共计洋万余元，系由罗泽洲师长派渠人公置；又教育局铅印机一部，系收支费文治代购，去洋六千三百元。此次开拔而随军携去，查汽车铅印现留在渝杨军长公馆，此系渠人公物，仍应归还渠县，此恩请归还汽车、铅印机，此三。

（四）善后赈款之分配，查徐匪窜川，自廿二年夏季沦陷，渠境大半所未陷，此不过城池与河东南一小部份耳，因县城未失，剿匪军隐不具报，故迭次赈款毫未惠及渠民，灾区人民无从明晰真相，特请本会代为签恳。现中央与钧府行将分配赈款与善后经费，自不能再事缄默，苦我灾黎，应请查勘被灾情形，从优赈济，此四。

综上四项，请求抵扣廿四年粮税，退还团枪、汽车、铅印机，并请分配赈款，各缘由是否有当，理合具文呈请钧府俯赐矜鉴，核示衹并谨呈。

呈文表明：粮税每斗收税不仅增了四倍，而且一年三征，还附征三次，以至预征到了 1964 年。若照粮款一年一征计，每斗担负已超过十倍。其他苛捐杂税更是名目繁多，花样别出。有烟苗捐、赌捐、户口捐、红灯捐、迷信捐、工商统捐，军服费，肉税、酒税、糖税等。据说某军长见每天入城挑粪的农民不少，于是下令把守城门的士兵向挑粪的农民征收粪捐，否则不许出去。于是就有横批"民国万税"，上下联为"自古未闻粪有税；如今只剩屁无捐"的对联。

范绍增的归宿：起义新生

抗日战争爆发，何应钦、孔祥熙等人先后入驻重庆，与范绍增交好。范绍增投靠蒋介石的国民政府，拿到一个八十八军的番号，被委任为军长，自募兵员准备出川抗日。

范绍增杀回自己川东北的老根据地，在两月之内凑齐 4 个团的兵力。然后把自己建在重庆上清寺的"范庄"以及其他一些房产店铺尽数拿出来抵押变现，凑了六七十万大洋，委派副官罗君彤亲赴香港，购回一大批美式精良武器。在重庆南川整训半个月，1939 年初，臂章戴上"英挺"两字出川进军江西东乡一带同日军作战。

1940 年夏，范部又转移至浙西地区作战；入冬以后，又被调往太湖张渚地区，接防五十二师所担任的太湖沿线防务。

1941 年 7 月，八十八军奉命再返浙江地区，在青云、南涧一线布防。10月 10 日，第三战区发动反攻，范绍增部消灭日军一个大队，成为第三战区此次反攻中唯一攻克一座县城的部队。蒋介石顺势将第六十三师、第七十九师划入八十八军建制，升格为甲种军。可是，何应钦玩了一手"明升暗降"的把戏，以军功之名把范绍增擢升为第十集团军副总司令，然后把他自己的侄儿何绍周派过来接替了范绍增的位置。

1942 年 5 月，日军为打击国民党第三战区主力，在浙江、江西地区发动浙赣会战。

范绍增以第十集团军副总司令身份亲领八十八军，正面对抗臭名昭著、南京大屠杀制造者之一的酒井直次郎率领的日军陆军第十五师团。恶贯满盈的酒井直次郎最终被炸死。

1942年的初夏，抗日战争的形势愈来愈严峻，范绍增随顾祝同率第三战区长官部撤退至福建崇安。1942年夏天，范绍增挂着"副总司令"的虚衔回到重庆来龙巷公馆过起了纸醉金迷的豪奢生活。

1945年8月，日本帝国主义宣布无条件投降，历经艰难险阻的中国人民迎来了抗日战争的伟大胜利。第二年春天，范绍增便腰缠万贯，将重庆的复华银行开到了上海。蒋介石则单方面发起内战。

范绍增在上海成立了一个"四川旅沪救济委员会"，他本人任主任委员。

1947年4月27日上午，"上海市益社"在上海麦特赫司脱路的丽都花园正式成立，范绍增担任理事长。会址设在上海广东路545号，共有社员1012人。成立当天，行政院院长孔祥熙、上海市市长钱大钧、上海警备区司令宣铁吾、社会局局长吴开先，以及杜月笙、黄金荣、杨虎、李济深、贺贵严等闻人要员均亲自前来祝贺。益社公开宣布社旨三条：一是提倡体育、德育、智育；二是研究学术和艺术；三是为社会服务。

1948年，美国举行世界马拉松比赛，中国准备派出的选手是个拉黄包车的哑巴楼文敖（又作娄文鳌）。由于国民政府没有这笔预算，楼文敖迟迟不能成行。范绍增得知此事后，立即拨款5000美元，并派专人陪同楼文敖前往美国参加比赛。最后，楼文敖不负期望，先是获得五千米比赛的冠军，而后又在一万米长跑中以31分57秒的成绩夺冠，最后又在十英里（约16公里）长跑项目中以55分2秒的成绩再次夺魁。

1949年春，范绍增回到重庆，与民革成员交往甚密。秋，经顾祝同周旋，蒋介石委任范绍增为国防部川东挺进军总指挥。范绍增在大竹县、渠县一带成立了纵队。12月12日，渠县解放。12月14日，范绍增率所属官兵二万余人在渠县的三汇镇白腊坪通电起义。

中华人民共和国成立之后，范绍增部于1950年2月整编，范绍增被任命为第五十军高参兼第一百四十八师副师长，后调任湖北省沙市军分区副司令员。

1953年，政务院根据范绍增的特长，任命他为河南省体委副主任。后任全国政协委员。

1977年3月5日，范绍增在郑州去世，终年83岁。

陈独秀与杨鹏升的四十封书信始末

在渠县档案馆里，保存着陈独秀与杨鹏升的四十封书信。

1980年初，中共中央要求各地各单位对革命历史文件、资料、革命历史丛书（包括敌伪档案中发现的革命历史文件、资料）进行一次认真的全面清理，统一交各地档案馆收存。1980年5月在渠县法院清理杨鹏升案件卷宗时发现了陈独秀与杨鹏升的四十封书信，四川省委办公厅指示渠县上交，四川省档案局收到这40封信件后，遵照省委领导意见，于7月14日转送中央档案馆收存。1980年8月27日，中央档案馆用带文头纸的函笺向中共渠县县委致信（打印件），说寄来复印件两份，一份由县委留用，一份由原件收藏单位留用。其原信为：

中共渠县县委：

你县上交四川省委的陈独秀给杨鹏升的四十封信原件，最近已由省档案局移交我馆保存，这些信具有一定的史料价值，可供研究党史参考。你县有关单位把这部分材料贡献出来，这种精神是很可贵的，请代为向他们致谢。

现随信寄去陈独秀这四十封信的两套复制品，一份给县委留用，一份请代转由原件收藏单位留用。

此致

敬礼

中央档案馆

1980年8月27日

抄四川省档案局

陈独秀（1879–1942），字仲甫，号实庵，安徽怀宁（今安庆市）人。中国新文化运动的领袖，中国文化启蒙运动的先驱，中国共产党的创始人及中共一大至五大总书记。年轻时创办《新青年》杂志，高举民主与科学的大旗，被毛泽东称为五四运动的思想指导者和精神领袖、五四运动的总司令。后来由于执行右倾机会主义路线，参加托派，背负"汉奸与叛徒"罪名，几进几出监狱。陈独秀一生犯了不少错误，但他刚正不阿，骨头最硬，仍为一位伟大的政治家、社会活动家，也是一位不可多得的文字学家、音韵学家、书法家。

晚年的陈独秀流落异乡，虽然经受落魄与孤独、疾病与痛苦的折磨，离开政治，但还能静下心来阅读与写作，并与朋友书信交往，也得到许多好心人的帮助，尤其以渠县人杨鹏升为最。

抗日战争全面爆发后，被关押在南京第一监狱的陈独秀得知抗日的消息，欣喜万分。国共两党开始第二次合作，在谈判联合抗日进程中，共产党提出了保释政治犯的要求，在国内外大环境下，迫于人民大众抗日呼声，蒋介石答应释放中国共产党革命仁人志士和在押政治犯，成立全国抗日民族统一战线。

陈独秀 1937 年 8 月 23 日出狱，结束了多年的牢狱之灾，这是他人生中第五次被捕出狱，也是在狱中最长的一次。陈独秀出狱后曾想过前往中共革命根据地延安，可王明、康生等人不断在延安《解放》周刊施放暗箭，造谣中伤陈独秀是汉奸，诬陷他是"每月领取三百元津贴的日本间谍"。最终，陈独秀去延安的愿望落空。

1937 年 9 月 9 日，陈独秀带着爱妻潘兰珍离开南京，逆流而上至武汉。其间，他利用自己的文人本事，继续进行文学创作，在报纸杂志上投稿，以获取微薄的稿费维持生计。

1938 年初夏，陈独秀的家乡安庆沦陷，三儿子陈松年带着祖母及妻儿逃离安庆，一路溯长江而上，6 月中旬来到了重庆。

南京沦陷，武汉朝不保夕，陈独秀又一次迁徙，于 1938 年 7 月 2 日来到四川，进入"陪都"重庆，一路上除了夫人潘兰珍外，又多了 30 年未见的姐姐一家人同行。同时，继母谢氏和陈松年一家人在异乡"团聚"，给疲惫不堪的陈独秀也带来一些安慰。一个月后，重庆的政治气氛更加紧张，经济和物质十分匮乏，再加上重庆"火炉"般的气候，迫使体弱多病的陈独秀携儿带母一大家于 8 月 3 日到达比较闲适、生活成本比较低的江津。在江津住所也不固定，先后住过郭家公馆、延年医院、施家院子、聚奎书院、溜马岗邓家院子、康庄等处。

数月后，江津中学教员杨宾淑为了帮助陈独秀，便让陈独秀整理其父亲杨鲁承的遗著，于是陈独秀举家从江津县城搬迁到 20 余里外的小山镇鹤山坪定居。那是一个偏僻的石墙院，系杨鲁承旧居——"杨氏山庄"，它成了陈独秀这个旷世奇人最后岁月的归宿。

陈独秀在江津石墙院的生活单靠自己撰写文章那微不足道的稿费来维持简直是入不敷出，更多的是靠朋友的关照和帮助。患难见真情，杨鹏升（1900—1968），一位与陈独秀肝胆相照的挚友，给予了陈独秀无微不至的关心和照顾，就连印有"独秀用笺"和"仲甫手缄"的信纸信封，都由他赠予陈独秀。

杨鹏升，原名泰昆、蓬生，号劲草，别号铁翁，四川渠县人，小陈独秀 21 岁。出生于平安寨一个没落的书画世家，自幼丧父，家境贫寒，由伯父收养，在三汇镇过着苦难的童年生活。但天资聪颖，靠自学写得一手好毛笔字，也擅长篆刻，后流落渠县街头以卖字刻章为生，恰逢四川军阀杨森、李家钰等路过，觉得杨鹏升聪明能干，便特招入伍，后又资助其就读北大。北大读书期间，杨鹏升对李大钊、陈独秀、胡适、蔡元培、鲁迅极为崇拜，喜读《新青年》，多次听陈独秀的演讲。在时任北大校长蔡元培的引荐下，陈独秀与比自己小整整 21 岁的四川学生杨鹏升甚是投缘。陈独秀自幼丧父，也是由伯父收养，与杨鹏升有相似的身世和经历。从此两人交往频繁，终成忘年交。

杨鹏升两度留学日本，先后就读日本成诚士官学校步兵专科、明治大学文学系，归国后入军界。"一·二八"淞沪战役时，任八十八师副师长，率部英勇抗击日军。1937 年 9 月，陈独秀到达武汉，杨鹏升时任武汉警备司令部领衔少将参谋，兼任武汉防空司令部筹备处办公厅副主任。陈独秀于 1938 年后流亡江津时，杨鹏升在成都任川康绥靖公署少将参谋，因对国民党不满，寓居成都修建"劲草园"，醉心于书画。园子落成时，郭沫若、张大千、徐悲鸿等前往祝贺，郭沫若当场为其题诗"与人论艺常称公，蜀派印圣一世雄。

味道神韵画两汉，劲草先生知疾风。"而陈独秀也因国内动荡不安，隐居江津"石墙院"。从此两人书信往来不断，书信最长3页，最短仅几十个字。虽曾为师且年龄悬殊，但陈独秀每封信的开头均称杨鹏升为"老兄"，称杨夫人为"嫂夫人"，落款均为"弟独秀"，可见两人感情之深。

陈独秀生命的最后四年（1939至1942），写给杨的信件有40封之多。1939年7封，1940年18封，1941年12封，1942年

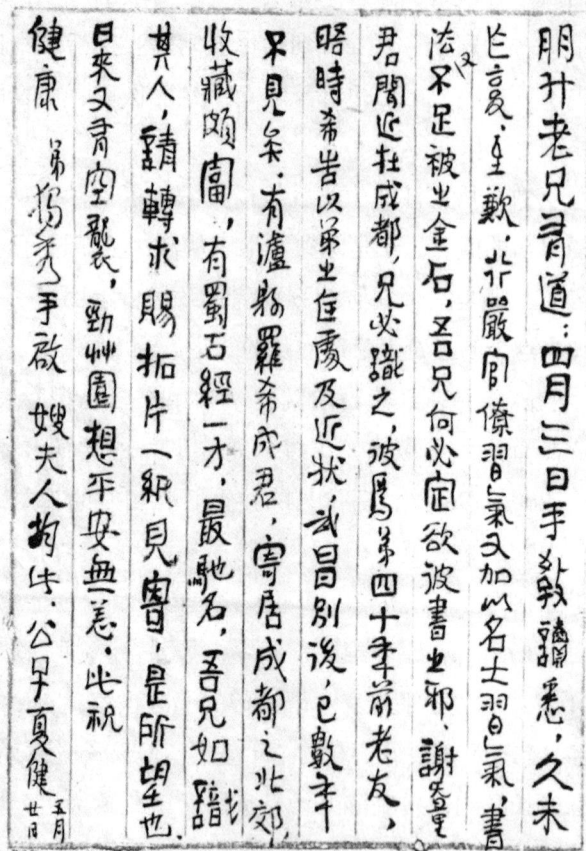

1941 年 5 月 20 日，陈独秀给杨鹏升①的信

3封。寄信人地址多为"江津县西门内黄荆街八十三号""江津县东门外中国银行宿舍"，另有寄"重庆石板街戴家巷宽仁医院一楼二号"者两封。从这些信中可以看出，杨鹏升得知陈独秀自到江津后生活十分艰难，举步维艰，于是先后6次给他寄钱共4500元，这在当时不是小数目。最后一封信是陈独秀去世前两个月的1942年4月写的，对杨多年的资助，陈表示"内心极度不安，却之不恭而受之有愧"。陈独秀辞世后，杨鹏升悲痛不已，在陈独秀所寄信封的背面写下："此为陈独秀先生最后之函，先生五月二十七日逝世于江津，四月五日书我也。哲人其萎，怆悼何极！"

---

① 信件中将杨鹏升之名误写为"朋升"。

1939 年梁思成刘敦桢考察渠县汉阙记

1939 年 8 月 1 日，四川省政府（主席王赞绪）转教育部七月四日字第
一五三六八号令：

中国营造学社二十八年六月十五日呈称：

自抗战军兴中国营造学社自平还湘，复自湘还滇，调查昆明楚雄大
理丽江等处建筑及编著营造法式新释《中国建筑辞典》《中国建筑大事
年表》诸书已一载，现为推进研究工作起见，拟于本年八月起调查重庆
市及四川省中部古建筑遗迹与民居桥梁状况，为此开呈工作人员姓名、
籍贯、年龄、职务与调查地点、调查期限、工作范围、工作方法、行事

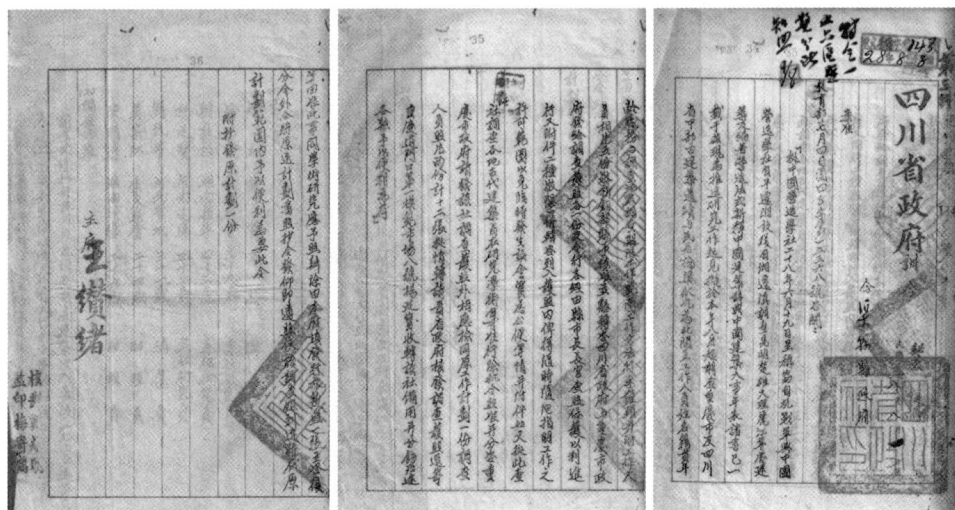

四川省政府关于梁思成等人到川考察古建筑遗迹的指令

种类并附工作人员相片五份，祈钧部赐予核准并急转咨四川省政府与重庆市政府发给调查护照各一份及合行各经由县市长官查照保护顺利进行，又附件二种，敬恳一并转咨列入护照内俾得随时随地指明工作之许可范围，以免临时发生误会。

附件一对调查四川及重庆古建筑计划进行了详细说明，包括工作人员、调查地点、时间、范围、工作方法等均一一列出。

附件一　调查四川及重庆古建筑计划

1939 年 8 月 9 日，1939 年 2 月才上任、中央政治大学毕业、仅 31 岁的渠县县长李旭接令后，由秘书处向全县各区发出指令，为中国营造学社调查重庆市暨四川省中部古代建筑遗迹予以便利，奉四川省政府民国廿八年（1939）八月秘字第〇〇三六五号训令转准中国营造学社函请自本年八月起，调查重庆市及四川省中部古代建筑遗迹与民居桥梁状况并开具工作人员姓名、年贯、职务与调查地名，调查期限、工作范围、工作方法、行李种类等，省府发给旅行护照一张，调查组到达时按原计划书照抄一份，遵照办理。

此前，1938 年 1 月，梁思成一家从湖南长沙到达云南昆明，刘敦桢从湖南老家新宁经广西在同年 3 月份抵达昆明。在对昆明及大理、丽江等地进行短暂调研后，便开始营造学社筹划已久的川康地区调查。原计划从昆明到重庆、成都，再往川北绵阳、剑阁，再沿嘉陵江南下，经重庆、贵阳返回云南，且拟订 1939 年 8 月 26 日出发。可出发前梁思成左脚趾被皮鞋磨破，感染发炎，于是决定刘敦桢按计划先走，梁思成待伤愈后坐飞机到渝会合。刘敦桢 9 月 4 日到重庆，陈明达、莫宗江 6 日到，梁思成 9 日到，几人在重庆待了 20 多天后到了成都，其间不断向当地学者了解四川古建筑情况。在收集到有价值信息后，刘敦桢有了自己的预判，在日记中写道："川中古建筑，以汉墓阙占主要地位，盖数量为全国现存汉阙四分之三也。此外，汉崖墓遍布岷江及嘉陵江流域，其数难以算计。而隋、唐摩崖石刻亦复不少。故汉阙、崖墓、石刻三者，为此行之主要对象。"据此，他们毅然调整了考察计划，增加了雅安、芦山、峨眉、乐山等 15 个县的考察。10 月 18 日凌晨 5 点 15 分，他们起床赴成都南门车站坐上长途汽车，开启了历时几个月的调查之旅。第一站便是他们新增加的考察点雅安，考察了高颐墓阙。然后寻找樊敏阙，可惜只看到了樊敏碑。因樊敏阙早在宋代已坍塌，直到 1957 年才发现了阙石碎片，后被修复，其斗拱层、方斗层、枋子层都是用原石补上，无雕刻。11 月底，营造学社离开广汉前往绵阳，考察了平阳府君阙。再考察剑阁，后从广元沿嘉陵江到阆中、蓬安，于 12 月 24 日晚到达渠县。

12 月 24 日，梁思成、刘敦桢、陈明达、莫宗江四人，从蓬安县前往渠县。他们早上六点半起床，八点出发，行了 6 公里到达新市镇，又行了 10 公里抵达草坝场（现宝城镇），又再行 12 公里半，到达吴家场（现有庆镇）进行午餐。然后循川鄂公路东北行，走了 7 公里半到达中滩场（现中滩镇），又行 15 公里，傍晚抵达渠县城，全程行了 51 公里。晚宿城内鸿盛客栈。

12 月 25 日上午，渠县县长李旭来访。午后一点钟调查渠县文庙（现全国重点文物保护单位），看到棂星门为五间六柱五楼，像普通板楼式样，刘敦桢说不常见。梁思成描画：棂星门建于高台上，五间六柱，柱皆通天式；明间施龙门枋及额枋四层，次间梢间减为三层；其间装花版，刻龙凤麒麟及几何纹样，甚崇丽；但额枋以上，俱无檐楼，故其形制介乎牌楼与棂星门之间。清乾隆初知县萧宏建。

看完文庙，顺着北大街出北门，约行半公里到达冯公祠。冯公祠南向偏西。他们在冯公祠考察了北宋崇宁三年（1104）重刻的《汉车骑将军冯君之碑》（现存于渠县博物馆）。

12 月 25 日晚，宿归去来旅馆。县长李旭带着《渠县志》来见梁思成和刘敦桢。梁思成一行根据六处七尊汉阙的具体位置，制订了一套周密的计划，准备用四天时间完成考察和往返。

12 月 26 日一天都在路上。他们六点起床，用过早餐，八点乘坐滑竿出北门一路向北，过讨口子湾湾，在高岩头过流江河，走盘天丫，过大石桥、平桥，翻马山背，行了 28 公里，中午到达三板场（现三板镇）吃午饭。午后又行五公里抵达金家场（现岩峰镇月光社区），再行五公里抵达岩峰场（现岩峰镇），晚宿此场。

岩峰场至土溪场十多公里的路段，就有渠县六处七尊汉阙。梁思成描述：

> 自县治东北五十里之土溪场，折西北，至岩峰场，三十里间，有石阙七座，散布于官道附近，数量之众，环顾国内，仅此一处，足称甲观。惟冯焕、沈府君以外，其余诸阙，皆无铭刻，足资考证，是否墓阙，无从逆定。其制作年代，冯阙属于后汉中叶。沈阙与拦水桥阙虽无正确年代，然据题记及阙之形范，要皆汉制。惟赵家坪与王家坪无铭阙，所雕人物服饰，显然较晚，疑建于晋或南朝初期，只能谓为汉系统之阙耳。

12 月 27 日 8 时，由岩峰场东南行，约行一公里半，考察道左侧有砖墓一，其砖纹与砌法，类六朝物。又发现石墓，梁思成描述：

> 县治北七十五里岩峰场东北小溪旁，有古墓四座，散布塍陇间，露出墓门上部，现以巨石塞之。门外左右石柱，向前突出，上加横楣。楣之上缘，若圭首形。正面浮雕饕餮，股周特征丧失殆尽，意其年代，不能超逾六朝以前，然据现有资料，省内石墓形制，尚无早于此者。

再行一公里半，过拦水桥，道左有汉阙一基。原名拦水桥无铭阙，现名蒲家湾无铭阙。梁思成描述：

> 拦水桥位于土溪场西北二十四里，距岩峰场仅六里许。官道北百余公尺处，有石阙一座，孤立田陇间，南向，微偏西。据遗迹推之，知现存部分，乃东阙之阙身，但其旁子阙与西侧之阙片石无存。此阙之面阔、进深、高度，与沈府君阙异常接近，面结构层次，与雕饰之题材构图，亦大体符合，几疑出于同一石工之手。惟局部手法，与沈阙微异处，亦有数端。（一）阙身收分略小。（二）朱雀形制不侔。（三）斗栱部分，

石面斜出不若沈阙之甚。（四）侧面斗栱，改为S形弯形栱。（五）背面蜀柱间，浮刻独轮车一具，为汉代车制极罕贵之资料。阙无铭刻，不审其为基阙，抑建于祠庙前，迄无可考。依形体判断，当亦东汉时物。

又行半公里，至燕家场，访沈府君阙，在此停留两小时。梁思成描绘：

> 沈府君双阙，在土溪场西北二十三里燕家场（旧名沈家湾），东西二阙，相距二十一公尺余。其神道中线，南向，略偏东。下部石座平整无雕饰。自座面至阙顶正脊，高四公尺八十余公分。阙之面阔进深，俱视冯阙稍大。

> 阙之正面，于方柱间，上镌朱雀，下刻饕餮，其间勒铭记一行。阙身外侧，据榫眼及下部之石座，知原有子阙，现已崩毁。内侧（即东阙之西面）刻苍龙及璧，秀丽道劲，为川东诸阙特有之作风。阙身以上雕炉斗及枋三层，四隅刻力神，正面中央，复琢饕餮一。枋上薄石一层，浮雕人兽，形态简约，略近图案化。再上，石面向外斜出，刻蜀柱枓栱，正背面各二朵，侧面一朵。其正面结构，先于二蜀柱上各以栱头挑出，上施弯形栱，左右相联，若后世鸳鸯交手栱之状。至转角处，复刻蜀柱一，撑于栱外端之下。侧面则易栱头为枋头；其上之栱，略似正规栱，而栱身较长，两端微微下垂，疑非木建筑所应有。栱上再施散斗、交互斗、枋头等与挑檐枋相交。其蜀柱两侧，所饰人物数种，姿态生动，而富幽默，汉刻特征流露无遗。阙顶四注式，所琢檐椽瓦脊，大体与冯焕阙相近，惟出檐较大；饯脊未反翘；及正背二面之瓦陇，上下二叠，互相参错，未与冯附一致耳。此阙铭记，东阙镌"汉谒者北屯司马左都侯沈府君神道"，西阙镌"汉新丰令交趾都尉沈府君神道"，而名与字，悉付缺如，平生事迹，无从稽考，然据阙之形制雕饰，其为东汉遗物，固无可疑。

复东南行一公里半，登上王家坪，有无名阙一处。梁思成描述：

> 自土溪场经赵家坪至王家坪，为程约二十里。官道北二百公尺处，有石阙一座，南向，略偏东。阙顶与子阙已毁。据残存部分，显与赵家坪二无铭阙同属一系。惟阙身正面方柱间，于朱雀上，刻横枋一层，上施中柱，为最奇特。西侧所琢苍龙与沈府君阙，颇为接近。上部枓栱，

载于枋头上，正背二面，各刻一斗二升栱二朵，侧面弯形栱一朵。所雕人物，袖及下裳，皆尖端向外，略呈反翘，已启南北朝造像服饰之渐。故疑此阙建于晋末或南北朝初期，为国内石阙年代较晚之一例。

行八公里半过赵家坪，当天梁思成一行还看了冯焕阙和赵家村两处无铭阙。两处无铭阙一在赵氏宗祠之南，一在其东。再行一公里半至土溪场。当晚住宿土溪场。

12月28日6时10分起床吃早饭，7时40分前往赵家坪，测绘冯焕阙与二无铭阙。冯焕阙虽然比高颐墓阙、平阳府君阙"瘦"点，但极为挺拔、隽逸、精神，又最为朴素，是一座完整准确地还原了木结构的石阙，橡子、枓栱、枋、立柱，每一层都流畅地连在一起，给人一种高大的纪念性建筑才有的殷实感。同时，也体现了冯焕一生勤俭节约、志欲去恶的风范。

梁思成描述冯焕阙：

其位于赵家坪之西南隅，距土溪场仅三里许。现存部分，系双阙中之东阙，全体形制，简洁秀拔，曼约寡俦，为汉阙中惟一逸品；而局部雕饰，以几何纹与枓栱人物参差配列，亦属孤例。阙下之座，现为土所掩，经发掘后，知未施雕镂。自座至顶，以砂石五枚构成，约高四公尺四十公分。第一层石即阙身，比例耸秀，微具收分，表面隐起柱枋地栿。正面方柱间，镌"故尚书侍郎河南京令 豫州、幽州刺史冯使君神道"隶书二行，首行九字，次行十一字，下刻饕餮，已漶漫难识。阙身东侧，石纹较粗，似原与子阙或围墙衔接，特意为之者。第二层石雕栌斗及枋三层横直重叠，而第二层枋于阙之四隅，雕平面四十五度之斜枋，故无余地再刻汉阙常用之力神。第三层石较薄，表面阴刻斜十字纹。第四层石微微向外斜出，下刻列钱纹，上施蜀柱斗栱。栱之形制，分二种。位于正背二面者，栱身颇高，两端仅一瓣卷杀，上置散斗二具；侧面之栱，则系S形弯形栱。后者中点，有枋头伸出，但无齐心斗：其上复刻挑檐枋一层，至角十字相交。第五层石即阙顶。最下雕圆形之橡，前端具卷杀。其配列方式，自每面中央，向翼角作放射状。屋顶四注式。正脊甚短；脊上留有长方形之平台，台上应尚有一石，琢鸱尾或其他装饰，但已无存。战脊前端，微微反翘。瓦陇刻成上下二叠，若梯级形。瓦当镌蕨纹，如汉世常式。冯君汉中叶人；安帝时任幽州刺史，建光元年，为怨者诈作玺书，下狱死，帝赐钱十万，以子绲为郎，见《后汉书·冯绲传》，则其归葬宕渠，营造此阙，应在安帝延光中，或其后不久，殆与嵩高三阙，约略同时也。

刘敦桢对冯焕阙也给予很高评价："诸阙中以冯焕阙之比例、雕饰最为无懈可击。色伽兰著《中国西部考古记》中，称此阙为渠县诸阙之代表作，颇为中肯。"

赵家坪南侧无铭阙（现称赵家村西无铭阙），位于赵氏宗祠南侧官道旁，南向，偏西，现存东阙之阙身，及其上枓栱。阙下石座，延至阙身外侧，足证原有子阙，业已崩毁。阙身隐起方柱地栿，但柱之上端，未刻有横枋，其间亦无朱雀铭文。阙身以上，雕栌斗及枋三层，横直相压，虽如常式，但其正面饕餮，已类兽首，足为年代较晚之证。其上施薄石一层，无雕饰。再上，于正背二面，琢一枓二升栱二朵，侧面弯形栱一朵。栱身比例单弱，其下以花蒂及束竹纹代替蜀柱。自此以上，复有一石，向外斜出，表面刻人物车骑，大都泐蚀。

赵家坪北侧无铭阙（现称赵家村东无铭阙），在赵氏宗祠东北半里土冈上，南向，微偏西，现亦阙顶倾坠，子阙无存。阙之形范与面阔进深，与前述赵氏祠南侧无铭阙几无轩轾，唯阙身略高，正面刻朱雀，西侧面刻璧及苍龙，而龙身凸起较高，形态手法与当地诸阙稍异。上部蜀柱颇高耸。枓栱仅弯形栱一种。栱下杂饰人物，有双髻娃，立蜀柱旁，极婉妙，但非汉刻范畴，当亦晋代建。

他们在赵家坪附近还发现有两石墓，梁思成考证：

其一面阔约五公尺，规模甚伟。墓之四面，周以石壁，上覆短檐；而正面中央，略为凹进，以中柱分为二间，嵌碑于内；上加挑檐一列，较两侧之檐，略为提高；其上再建小亭三座；视他墓之构牌坊或碑亭者，可谓特辟蹊径矣。另一墓稍小，下部中央嵌砌碑石，外施华板，上构挑檐。自檐以上，极似复兴式（Renaissance）建筑之Gable。此虽无意巧合，亦足窥川省封墓艺术之千变万化，莫可端倪也。

又至西北一公里处，观色伽兰所云汉代石兽。刘敦桢记录：

兽共三躯，倒卧官道侧，其一似六朝物，其一较晚，另一压于他兽下，无法辨析，然俱非汉器，可断言也。

正午在土溪场用餐。一点钟启程南返，行十公里经李馥场，再行十五公里时日落西山，又坚持行二公里半，来到渠江岸边老码头。然后乘小船，行约三公里，驻泊东门外，上岸入城，重返归去来旅馆住宿。

12月29日，梁思成、刘敦桢一行赴县政府交流考察情形，然后到邮局电告考察结果。下午到理发店理发并采购杂物。当晚，县政府秘书李少华及包宴华二人拜访，索取汉阙图稿、照片，以充实县志。还讨论道：岩峰场与土溪场间，汉阙如此众多，疑古賨国及宕渠郡必在其附近。如有机缘，还想再度来渠，以作详细考察。

12月30日，考察组一行六时起床吃饭，八时启程出发，乘滑竿出县南门。沿渠江西岸南行十公里到达李渡场对岸，过渠江，再沿渠江东岸行七公里半，再买舟顺流而下。两岸风景清幽，驶出嘉陵江之上。船行三公里，到达鲜渡场午餐。县长李旭早派出护送者，已先期到达，大家甚觉感动。又行十公里，到达萧家溪，就进入广安县境了。

营造社自此考察结束离渠，但他们的研究成果都有抹不去的渠县汉阙身影。梁思成的《中国建筑史》、刘敦桢的《中国古代建筑史》、陈明达的《中国古代木结构建筑技术》无不如是。

留下的思考：

第一，刘敦桢的疑问逐步得解，但还需要考古证实。面对渠县如此集中、保存完好的汉阙，刘敦桢充满疑问，在考察完六处七尊汉阙回到渠县城后，于12月28日晚在日记中写道："论及岩峰场与土溪场间汉阙如此众多，疑古賨国及宕渠郡必在其附近。如有机缘，当再度来渠作详细考察也。……窃意研究渠县汉阙以前，宜先阐明当地之史地沿革，则一切文物设施，不难迎刃而解矣。"刘敦桢极具前瞻性的预判在2018年得到了印证。土溪镇城坝遗址发掘出土了几十枚"宕渠"文字瓦当，直证宕渠县治所地在此。而据史料记载，早在新石器时期，渠县就有了人类活动；殷商时期賨人在城坝建立了賨国都城；秦灭巴蜀后设立宕渠道、宕渠县；在汉代成为整个川东的政治文化中心，辖区达5万平方公里，涵盖达州、巴中、广安三市及营山、蓬安、邻水、苍溪、城口等地，兴盛八百余年。其賨国都、賨城还待考古证实。

第二，渠县汉阙对四川其他汉阙建筑的传承影响。2000年，芦山县姜城遗址发掘出土了一块东汉建安十三年（208）刻的赵仪碑，上面记载有位名叫刘盛的石工，是从渠县到芦山的，是不是他将渠县汉阙的技艺和样式风格带到了芦山和雅安呢？因为宕渠县在东汉时被称为"太守之乡"，这里走出过冯焕、冯绲、沈稚、王平、庞雄等太守，芦山樊敏阙的墓主樊敏也在这里做过宕渠令，渠县的冯焕阙、沈府君阙和蒲家湾无铭阙，是否影响到了樊敏阙的设计呢？樊敏阙是否也是出自宕渠工匠刘盛之手呢？樊敏于建安八年（203）去世，建安十年（205）在芦山入葬；且4年后，高颐也去世，建安十四年（209）葬在离芦山30多公里外的雅安，而高颐阙借鉴了樊敏阙的样式，是否也是刘盛的杰作呢？这是值得研究的。

第三，梁思成、刘敦桢、陈明达等对渠县三处无铭阙的建阙年代认定是否会改写？梁思成、刘敦桢、陈明达都曾判断渠县王家坪、赵家村东西三座无名阙为晋阙，但北京大学文化遗产保护研究中心主任孙华先生通过类型学的类比方法以及文献研究发表论文，认为它们应是东汉末期至蜀汉时期的石阙。东汉尚厚葬，而三国时期因战争的持续、佛教的传入等对注重厚葬的儒家传统带来了冲击。魏国首先革除厚葬积习，曹操更是薄葬的重要倡导者，人们开始更加注重服丧。西晋司马炎下诏书反对厚葬、取缔墓阙，立墓阙的传统终止于两晋，后来才逐步恢复城阙和宫阙。

"少愚乡"来历

更名缘起

1942 年 4 月郑少愚牺牲，8 月，为纪念郑少愚，中共党员、隐蔽在国民党四川省党部主任委员黄季陆身边的党部秘书胡春浦同志，在四川渠县郑少愚家乡为郑少愚召开了隆重的追悼会。会前在全县举办了"少愚杯"篮球排球比赛。8 月 14 日，追悼会当天，各界人士都来参加，形成了一次青年力量声势浩大的检阅。会上展出了郑少愚的遗物及照片，黄季陆送了花圈，特务骨干、县长唐锦柏也到会，恭恭敬敬向烈士鞠躬致哀。

当时渠县正在圈定"渠县临时参议会"，据胡春浦回忆，将刚成立不久的渠中校外同学会的一些成员，打入临时参议会。谢济安任议长，杨达纲任副议长，毛良行任秘书长，他还让毛良行参加国民党，安排他当党部执行委员。掌握这些权力后，在临时参议会上顺利通过了改"鲜渡乡"为"少愚乡"的议案，胡春浦回到成都后到省政府活动，议案经省政府正式批准执行。

1942 年 9 月 4 日，渠县临时参议会在县城上正街参议会会场召开第一次大会。当日共召开了四次会议，在下午 2：30 召开的第四次会议上，最后一项议题就是审议参议员罗白等人的提议：

> 请改鲜渡乡为少愚乡，以资永久纪念郑烈士案。议案称本县鲜渡乡郑少愚烈士，服务空军，选建殊勋，军甫而立，已晋上校总队副，年前保卫重庆空战，总裁特召见嘉奖，匪特增我渠县人荣光，亦实中国

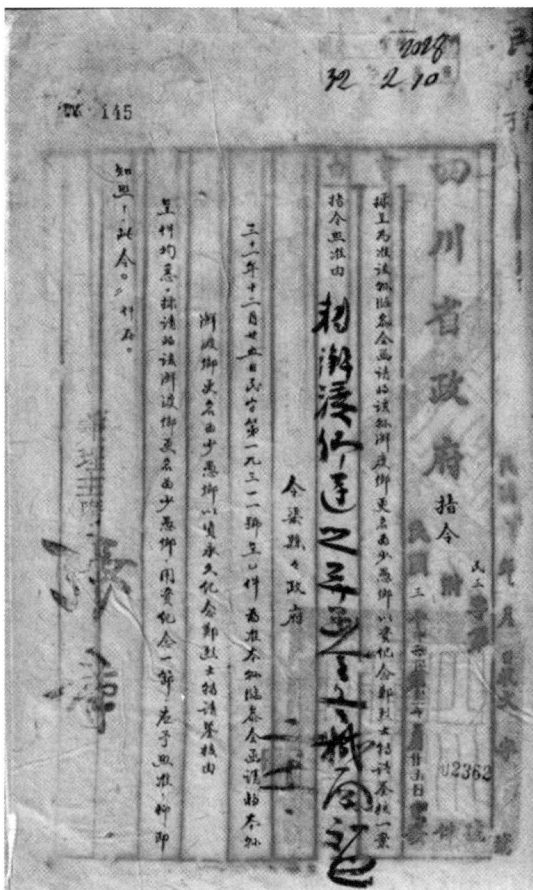

四川省政府同意更名少愚乡的批复

空军之干城也。不幸本年远征南洋与印度加尔各答，为奸细所害，机毁殉国，噩耗传来，薄海同悲。本县各界为表彰英魂，激励来兹，曾于本届空军节举行追悼大会，以资纪念。窃思烈士效忠党国，竟以身殉国，此种爱国爱民族之精神，处有永久纪念之价值。拟函请县府转呈层峰将本县鲜渡乡改为少愚乡，以资永久纪念，而励来兹，可否？请大会公决。

1942年12月14日，渠县临时参议会向渠县国民政府公函：

本年9月5日本会首次大会第五次会议参议员罗白等提请改鲜渡乡为少愚乡，以资永久纪念郑烈士一案，当经决议照原案通过，函请县府查照办理记录在卷，相应抄送原提案函请贵府查照办理，并希赐复为荷！

议长谢济安、副议长杨达纲

名人贤达

县长唐锦柏 12 月 17 日批示：

> 函复并呈请省府核示！

一边向县参议会回复：

> 名称早经省府核定，不敢专断，已转请省府核示，俟奉令再行函达。

一边向省府呈请：

> 案准本县临时参议会卅一年十二月十四日参议字第二六号公函，请将本县鲜渡乡更名为少愚乡，以资永久纪念郑烈士等由，并附送提议案一份，准此查核。方案以鲜渡乡之郑少愚充任空军上校总队副，武汉抗倭战争迭建殊勋，陪都遭遇空袭，败敌神速，七七事变以来，每次参加空战，无不与敌人以重大损失，击毁敌机多架，曾蒙总裁召见，特誉嘉奖。本年请予远征，不幸于印度之加尔各答为奸宄所乘，机毁殉国。是此成仁取义，自宜有以纪念而励来兹。

空军"中共"第一人

郑少愚，1911 年 8 月诞生于渠县鲜渡河，原名士玺，字少愚。其父郑学万，家庭贫寒，以木工为业，技艺精湛，是有名的郑二木匠。在家排行老五的郑少愚小学就读鲜渡乡小，毕业后于渠中校读书一期，于 1926 年考上南京爱国主义浓厚的"五卅中学"，高中未毕业，家遭不幸，后改入南京黄埔军校第八期，才解决其学费困难问题，亦满足其报效国家的愿望。后因在该校第一个假期乘火车帮受宪兵欺侮的同学打抱不平而被开除。1931 年，重新振作的郑少愚考入上海大同大学，不久，与上海持志大学读书的渠县籍同学胡春浦成了莫逆之交。同年 9 月 18 日，日本侵略东三省，郑少愚毅然投笔从戎，报考浙江杭州笕桥中央航空学校，未被录取。1932 年下学期回达县绥定联中补习高中课业。1933 年春，郑少愚再考中央航空学校第三期，被录取。1934 年毕业考试总分排名第三，飞行技术第一。毕业典礼邀约家属观光，其父和三哥郑若愚应邀出席，观看郑少愚飞行表演。校长蒋介石出席典礼，特与其一家人合影留念。学校当局留郑少愚为航校教练。

1935 年，中国工农红军长征，国民党军队前堵后追，空中轰炸扫射，红军损失惨重。中央保卫部门指示中共党员胡春浦在国民党空军中发展中共党员，以掌握突袭情报。两人本是至交好久，郑少愚不久就成为中共党员，成为空军"中共"第一人。

郑少愚努力学习马列主义，准备一展抱负。他与朋友相约：30 岁前不谈恋爱，事业无一定基础不成家。

1937 年 2 月，面对日本帝国主义的不断侵略，郑少愚主动向校方申请上前线，学校批准他第四大队担任二十四分队队长。

1937 年 7 月 7 日，日军开始全面侵略中国。8 月 13 日进攻上海，14 日派出其王牌空军木更津、鹿屋两个中队 18 架飞机偷袭杭州。早已待命的中国空军第四大队从周家口起飞迎敌展开第一次空战。郑少愚所带 24 分队最后起飞，发现一架日机向钱塘江方向飞逃，猛追到曹娥江口时，射击敌机，一排子弹未放完，敌机右发动机冒出火花，一会儿又熄灭，于是又从右上方射击，敌机终于拖着浓烟，坠入江中。此次空战 20 分钟结束，击落敌机 6 架。郑少愚初战立功，被同事和朋友称赞为"熟练的飞行员，凶猛的战士，准确的枪手"。

1937 年 9 月，第四大队驻南京。4 日晨，郑少愚奉命单机前线侦察，结果当天未回。战友说郑少愚侦察途中被四架敌机围攻，孤军作战，从罗店战斗到昆山，最后着火了。大家清理着他的物品。第五天，接苏州前线陆军部来电："该日我机一架，在昆山东方上空，为四架敌机包围，战斗多时，我机着火坠于火线内，我前线士兵奋勇救险，人已重伤，现已送苏州重伤医院治疗。自伤者身上所携名片获悉，该勇士为中央航校第□期毕业、现空军中尉郑少愚。"后郑少愚转至芜湖重伤医院治疗，为保护中枢神经，坚持做手术不让医生用麻药，显示了一个中国军人罕见的气概。

1938 年 2 月，郑少愚在医院获悉苏联援助的飞机到了，立即要求提前出院。2 月 18 日上午，38 架日机偷袭武汉，郑少愚追击两架敌机至后湖，敌机欺侮我机一架，回马来攻，几个回合，敌机两架先后中弹坠地，郑少愚座机中弹尾旋，其强忍身痛，以高超的技术，驾机安全着陆。这月，叶剑英从李克农处接转了郑少愚党组织关系，此后由南方局周恩来直接领导。具体组织活动仍由胡春浦传达。（胡春浦、龚仪宣回忆）此后，郑少愚升任二十二中队副队长。

在县档案馆里保存有国民党空军第四大队二十二中队 1938 年 6 月 18 日

给渠县政府公函，要求照顾副队长郑少愚之兄迪光，给予抗战军人家属优待：

> 兹有本队副队长郑少愚，其家属兄迪光，现居于贵县鲜渡河。现本队因担任抗战任务，驻防无定，照料家属诸多不便，拟请贵府按照慰问出征军人家属办法及优待抗战军人家属之各项规定，赐予慰问，自应妥慎优待保护，一面仍请转饬乡镇长保甲长等善为照料，以免该员有自顾之忧，而期增强战斗效率。

同时要求复文书明汉口大正街四号谢懋忠收，不可写部队名称，以保空军作战部队驻地机密。

1939 年至 1940 年，第四大队担负保卫重庆任务，郑少愚由副大队长晋升为大队长。郑少愚以绝对劣势对付敌机绝对优势，保卫重庆安全，一靠研究战略战术，二靠加强爱国主义教育，坚持抗日民族统一战线，以身作则，多方做出榜样。

1939 年 1 月，敌机开始重点轰炸重庆。15 日，27 架敌机轰炸，被击落 1 架。5 月 3 日，54 架"九六式"敌机大编队偷袭重庆。第四大队郑少愚获悉情报后，用 9 架飞机组成 3 个编队迎敌，初战 2 分钟，先后击落 3 架敌机，激战 20 分钟后结束战斗，共击毙敌机 10 架，自损 4 架。1939 年 5 月 20 日至 6 月 16 日 28 天中，敌机先后飞出 1177 架，被第四大队击落 99 架，伤 180 余架，敌人飞行人员死亡 203 人。中国飞机损失 4 架。

1939 年底，日军进攻桂南。12 月 26 日，郑少愚率队支援，创造了"对头攻术"。30 日 10 时 30 分，第四大队接空袭警报称：敌轰炸机 9 架、战斗机 18 架向柳州飞来。郑少愚率一个小编队 3 架首先起飞，与敌机对撞，敌机惊慌，一个回合后敌机坠落。经过几次冲击，敌机大败。此战以 6 机对敌，击落敌机 8 架。

1940 年 5 月 19 日，敌机一个大队轰炸梁山机场，连续两天两夜后，于 22 日凌晨派出两架侦察机侦察破坏情况。郑少愚将计就计，佯装示弱，等敌机飞走后立即升空待敌。随后果然敌机一个大队飞赴而来，埋伏在高空的第四大队小分队俯冲拦截，一阵猛烈开火，共击落敌机 7 架，我方无伤亡。9 月 13 日，敌机 27 架轰炸机，在 81 架歼击机的保护下，从宜昌偷袭重庆。在第四大队和铁鸟大队夹击下逃向璧山方向。郑少愚率队追击，共击落敌机 6 架，打死敌少佐一人，中国损失 2 架，郑少愚第 5 次负伤住院。其间，郑少愚借此机会复习功课，考上高级参谋深造班，1941 年底，以第一名成绩毕业。回到空军，先后被任命为空军第□路司令部高参，不久改任驱逐总队队长兼第四大队大队长。

1941 年底，中美组成空军联合指挥部，美方著名飞虎队陈纳德将军任总指挥，中方派郑少愚任副总指挥。1942 年 3 月 29 日郑少愚去印度接领美国新型飞机回国。周恩来等中共领导人，一直关注着郑少愚的成长。在武汉，在重庆九龙坡郭沫若家中，周恩来先后几次接见郑少愚，每次谈话都要求他重视安全。本次去印度前，周恩来派专人传达指示"争取不去印度，另派人前往"。郑少愚要求"就这一次"。

1942 年 4 月，郑少愚在接机返回途中于泽波尔上空，因飞机发生故障而遇难，遗体埋在印度。

更名落实较顺利

1943 年 1 月 25 日，由省政府主席张群、民政厅厅长胡义签发的四川省政府指令于 2 月 10 日到达渠县，指令上说："呈件收悉。据请将该鲜渡乡更名为少愚乡，用资纪念一节，应予照准，仰知照，此令。" 2 月 11 日，县长唐锦柏在此件上批示："转鲜渡仰遵照，并函令各机关。" 2 月 12 日，县政府向县临时参议会公函告之："省政府已批复鲜渡乡更名为少愚乡，请查备。"同日县政府向鲜渡乡指令："转令鲜渡乡更名为少愚乡，遵照执行，并转饬所属保甲民众一体遵照此令。"同时向县司法处、县田管处、县党部、县土地陈报处、渠河办事处等县级机关公函告之，向第三区署、各区指导员、各乡镇公所、县银行、县经收处、警察局、民教馆发出训令告之。

4 月 24 日，县政府向省政府呈报"为造呈刊刻本县少愚乡各级机构铭记图记经费预算书"，称：

> 已遵照省令将鲜渡乡更名为少愚乡，惟应将前颁鲜渡乡各级机构铭记图记一律收毁，另颁少愚乡各级机构铭记图记以便启用，共应刊刻五十二颗，每颗价值廿元，合计一千零四十元，拟在本年度预算费用动支。请钧府鉴核。并附预算书一份。

5月17日，渠县政府在未接到省政府指令下就向鲜渡乡公所下令，谎称按照省府指令已刊刻好新机构单位铭记图记准备启用，要求立即承领并转送该乡乡民代表大会及各保民大会，告诉启用日期，连同铭记图记印模各二份送到县府，并将原各级机构铭记图记一律截角缴销。计发铭记二颗图记五十颗。

6月12日，省政府给渠县刊刻少愚乡新铭记图记预算费用回复："呈件均悉，查铭记图记刊刻工费应一律减为十五元，合计为七百八十元，即另具预算呈核附件发还。省主席张群、民政厅厅长胡义。"

渠县县政府于6月28日接到四川省政府12日回复，一看预算费用减少了260元就慌了，连忙于29日再次向省政府呈报费用预算，言明理由：一是现时百物昂贵，工价高涨，虽每颗减为十五元，工匠即不为刊刻；二是各图记铭记业已刊发在案，其经费一千零四十元早经垫支清楚无法挽回，奉令前因理合连同原预算具文呈报。

7月1日，少愚乡乡长柳柏敬、乡民代表会主席熊昌干向县政府呈报该乡于7月1日启用新乡公所和乡民代会铭记印章，旧铭记已截角作废，连同启用日期及铭记印模各二份呈报县府，其余各保办公处及各保民大会新图记启用日期及印模另行报送。标志着少愚乡正式更名。县政府在接到此报告后，于7月8日作出指令："要求抓紧启用各保新图记并回缴各保旧图记。"7月27日，少愚乡乡长柳柏敬向县政府呈报各保7月1日启用新图记并将旧图记截角回缴，共50颗。

经费及人事几经波折

1943年8月底，省政府回复县政府6月28日呈报无法核减刊刻少愚乡各机关铭记图记费用，"既据陈明，姑予照准，仰即将该各机关铭记图记呈本府备查并检据报核。"

8月28日，县政府下令刚任少愚乡乡长的柳柏敬调任望溪乡乡长兼中心学校校长，所空出的乡长一职由副乡长马永贵代理。指派指导员邓泽干监督工作及经费收支清册移交，并出具清结证明书。同日，向马永贵下达少愚乡代理乡长委任状；向望溪乡指导员邓泽干指令监盘柳柏敬工作移交给马永贵。

9月10日，因少愚乡副乡长马永贵任乡长，指导员邓泽干向县民政科长写信推荐少愚乡民政干事彭德贵任副乡长，说其经验能力均堪胜任，并取得马乡长同意。

9月10日，县政府向省政府呈报少愚乡各机构铭记图记印模共26份。

9月11日，少愚乡乡长马永贵向县政府呈报自己9月11日起任职视事。县府回复"准予备查"。同日向县政府推荐民政干事彭德贵任副乡长，称"彭德贵本县旧制中学毕业，曾任万县地方法院书记员及本县教职员等职，经历丰富，人望亦孚，堪以充任副乡长"。同日，县政府任命彭德贵为少愚乡副乡长。

9月16日，曾任小学教员十余年、法院书记员三年、保长二年、民政干事一年、41岁的彭德贵到任，乡政府向县政府呈报其到任日期及资历表备查。

9月底，少愚乡乡长马永贵向县政府呈报：提请经济干事王载懋继任民政干事，前文化股主任田忠肃任经济干事。9月28日，县政府下发二人委任令。

10月5日，县政府向省政府呈报少愚乡各机构铭记图记经费会计报告。附现金出纳表二份，支出凭证簿一本。

12月10日，省政府收到渠县政府呈报少愚乡各机构铭记图记经费会计报告后同意向渠县政府发出审核证明书，同意刊制少愚乡各机构铭记图记费一千零四十元。

1944年3月20日，县政府收到少愚乡卸任乡长柳柏敬、新任乡长马永贵、渠县县政府监盘交代委员邓泽干三人联名报告"按照移交清册所列各项，逐一交接清楚，中间并无匿节不清之处"后，批示"呈及清册收悉，准予备查，惟卸任取得新任清结证明书报府查核"。

至此，少愚乡走上正轨。在少愚乡街口建立少愚碑，少愚乡之名一直用到1949年渠县解放。

1981年11月27日，渠县人民政府追认郑少愚为革命烈士。

朝花夕拾

ZHAOHUA
XISHI

宕渠

渠县保存最早的土地契约

在渠县档案馆留存的卖地契约中，最早的一份契约是清嘉庆十年（1805）水口场的出卖街基熟土契约，至今已有二百多年历史。

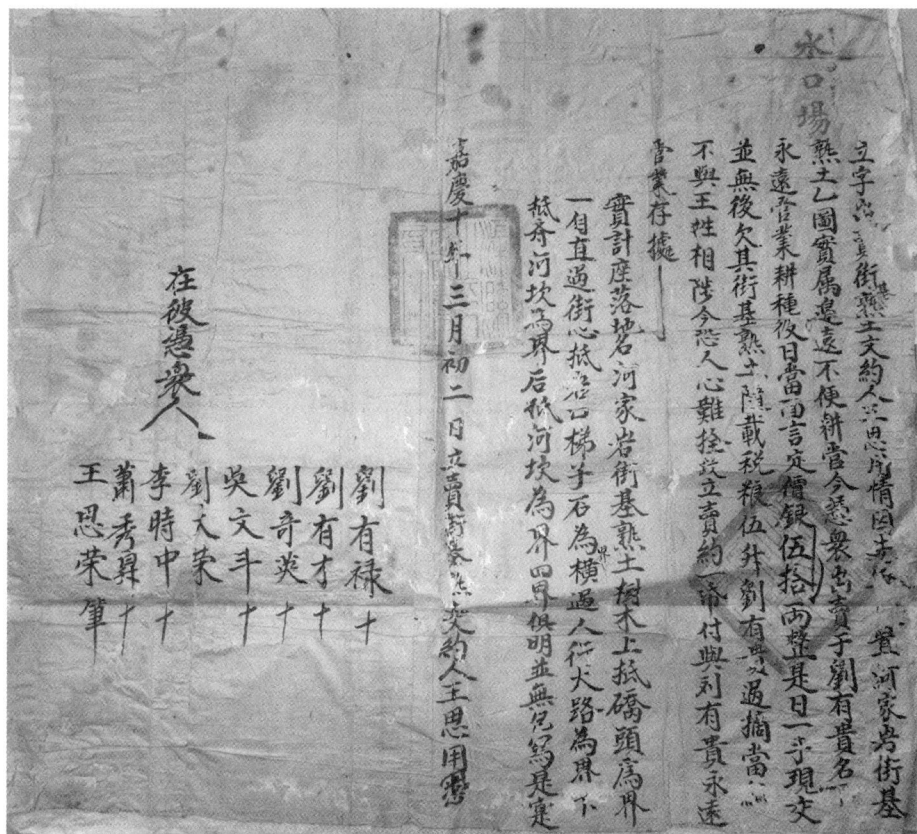

渠县档案馆馆藏最早的土地契约

契约是凭证性文书，其内容与当事人的切身利益甚至整个家族的兴衰荣辱紧密相连，所以备受重视和呵护，因而得以长期留存。中国古代契约制度经历了萌芽、形成、发展、成熟、定型五个阶段：西周是契约制度的萌芽阶段，到秦汉时逐步形成，晋唐时得到发展，宋元时基本成熟，明清时相对定型。现存最早的契约，是近三千年前镌刻在青铜器皿上的《周恭王三年裘卫典田契》等四件土地契，将契约文字刻写在器皿上，就是为了使契文中规定的内容得到多方承认、信守，"万年永宝用"。

其实，地契经过漫长的岁月后，到明清时才逐渐固定了用字用词及内容、格式，结构严谨，并且具有了法律效力。地契作为法律文书进入社会生活，法治观念在民间逐渐生根发芽。

土地私有化的朝代，土地的使用权是永久性的。一旦拥有土地使用权和地契，即使改朝换代也是要认账的。

进入清朝后，作为土地买卖凭证的地契有了固定的内容构成，其格式相对成熟，成为学堂教学内容之一。

一般来说，地契由四部分内容构成：

第一部分为地契形成的前因后果，主要讲述卖地的原因、买卖地人姓名和议定的卖地价格。第二部分为位置和面积，主要讲明该地的位置、四周的界畔，包括地的详细位置和面积大小，以及承担的条粮（赋税）多少。第三部分为凭中，就是我们今天所说的证人、中间人，包括当时的所有在场人员，他们要收取一定的费用（族人一般不收费）并做担保，以此作为证据，双方今后都要认账，不准反悔。第四部分为立约时间及立约人。

在地契中，不仅凭中（中间人）和立约人要在名字后面画押，而且还要在地契第一部分标明土地议定价格和条粮的地方，以及最后一部分立约时间之处，盖上官府的大印，以此彰显地契的法律效力。

这份水口场的地契使用了印制的官契，由当地官府盖上红色公章以示认可，也叫红契。那些未经当地官府盖章认可的地契，称为白契。红契得到官府认可，是合法有效的，具有法律效力；白契没有得到官府认可，只是一般意义上的民间契约，法律效力相对要弱一些。

但是，在当时民间经济交往活动中，白契的存在与官府的某些管理规定其实并不矛盾或得到了官府默许，仍在民间实际运行。

此契为出卖街基熟土，文约人为王思用，因先祖闲置的河家岩街基，离家远，不便耕种，在众人见证下出卖给刘有贵永远耕种，定价银伍拾两，当日一次性交清，没有下欠，并议定随载税粮五升，今后不与卖方相涉。怕人心难拴，故立卖约一纸，永远管业存据。

接着讲明该地附着物、位置、界畔：河家岩街基、熟土、树木，上抵桥头为界，一直过街心抵岩口梯子石为界，横过人行大路为界，下抵齐河坎为界，后抵河坎为界，四界俱明。

然后是立约时间和立约人：嘉庆十年（1805）三月初二，立约人王思用。其上加盖公章。

最后是在场凭证人刘有禄、刘有才、刘奇英、吴文斗、刘天荣、李时中、萧秀升、王思荣八人签字画押。在凭证人的名字下画押，画的押为"十"字，其形态也是各异：有的中规中矩像"十"字，有的歪歪斜斜像"ㄱ"，有的那一竖拉得老长。王思荣为执笔人，其名字下有一个"笔"字而无"十"字。

此地契为证明是官方的，其文书的右上角还注有竖排红色的"水口场"三字。然而，此契有个与众不同的地方，就是落款在前，见证人在后，让人费解，有点怀疑其合理性和合法性。

渠县档案馆所藏嘉庆年间的地契仅此一份，无法比较了。但古代契约体现了五大精神。一是法治精神，地契的核心思想是中国传统社会中的法治精神。中国传统社会强调"空口无凭、立字为据"，地契按照由《唐律疏义》《宋刑统》传承而来的法治精神，延续到《大清律例》这几部法律文书所制定。二是正当精神，追求正当利益，天经地义。"婚姻凭媒，买卖凭中"，体现公开性和严肃性。三是公平精神，追求平等缔约，杜绝作弊。四是诚信精神，恪守诚信，一言既出，驷马难追。否则违约受罚。孟子说："诚者，天之道也；诚之者，人之道也。"五是互惠精神，讲求互惠互助，孔子说：君子普遍厚待人们，而不偏袒阿私；小人偏袒阿私，而不普遍厚待。人如果没有仁爱，讲什么礼？人如果没有仁爱，讲什么乐？居住在仁爱的乡里乡亲中才是最美的。

最标准的官方地契

这是一份最官方的地契文书，是按照官方提供的格式、模板进行书写的，时间是清咸丰元年（1851）十月十三日。

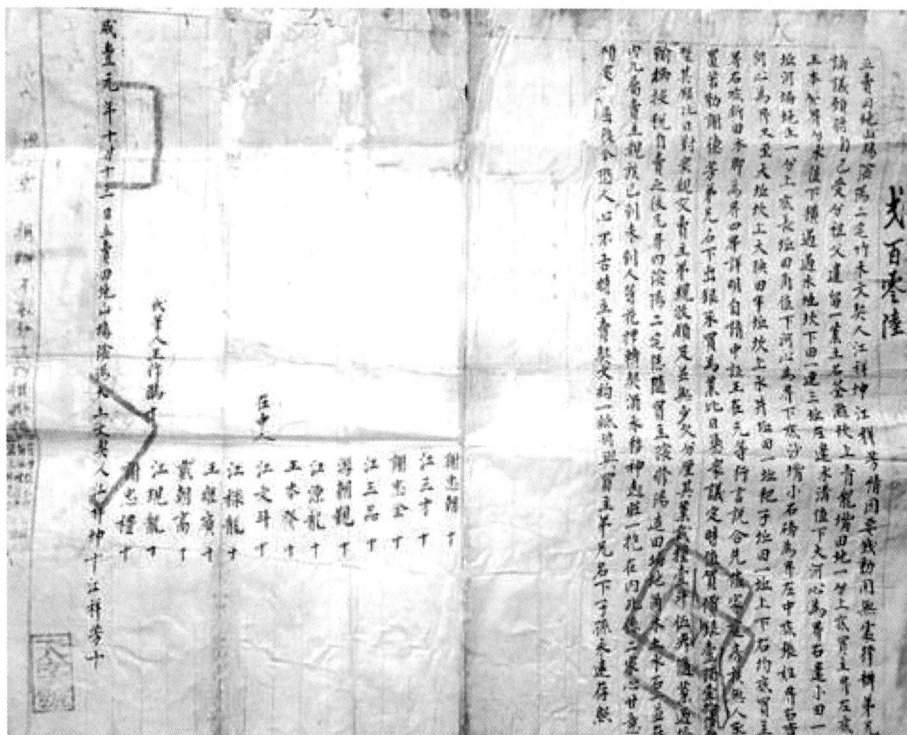

渠县档案馆收藏的咸丰元年地契

据说，民间真正开始买卖土地是从秦朝开始的，经过几个朝代后，到明清时，逐渐固定了用字用词、内容格式，有结构严谨的模板，并且具有了法律效力。

无论是官方的红契还是民间的白契，其格式大都相同，都有一定的规范性和约束力，都具有法律效力，一旦签订，大家都要认账算数，不得反悔。

地契很重视文本并有法律文件作为依据。中国传统社会强调"空口无凭、立字为据"，地契也是按照《唐律义疏》《宋刑统》要义传承而来的法治精神，延续到《大清律例》等法律文书来制定的。

本契纸上有个规范的文本框，框线最右边是竖排编号"贰佰零陆"号，最上面边框外是从右向左排列的地契名称"大竹县田林地契格式"，最左边框外是签订地契所需费用和损毁补办交费金额的说明：格式纸张正堂捐办，不收分文；污损缴换，倘有污损，可作为证据验证补办，交工钱贰拾肆文。

文本框内为正文。地契内容讲究程序且叙述严谨，需要准确明白地注明买卖内容。开篇标明卖地名称："立卖田地山场阴阳二宅竹木"，接着注明立契人姓名"文契人江祥坤、江祥芳"，再注明卖地缘由："赇因要钱动用，无处择办，弟兄商议愿将自己受分祖父遗留一业"，然后注明产业的准确地址、田地面积、东南西北界及分界标志物：共有七处，土名筌滩坎上青龙嘴田地一分，上底买主界，左底王本发界，分水值下横过过水地坎下田一连三丘，左边水沟值下大河心为界，右边小田一丘，河边地土一分，上底长丘田角值下河心为界，下底沙嘴小石矸为界，左中底张姓界石齐河心为界，又至大丘坎上大秧田半丘，坎上水井丘田一丘，耙子丘田一丘，上下右均底买主界，右底新田水脚为界，四界详明。随后言明族人无人承置才在中证人撮合下卖给族外人（由于亲族有先买权），"自请中证王在元等，行言说合，先仅家庭房族无人承置，苦劝谢德芳弟兄名下出银承买为业"。这才注明凭中人议定的产业价格，"比日凭众议定时值买价银壹佰壹拾陆两整"。然后注明是否当中证人面交钱、有无下欠等，"其银比日当众亲交，卖主弟亲收领足，盖无少欠分厘"。同时注明产业所承担的条粮（税赋）及过户，"其业载粮壹斗五升随业过接，轮约授税"。再次重申过户后的处置权、交易费用的出处是包在总价内还是单独列支、见证画押等内容，"自卖之后，凡界内阴阳二宅，任随买主阴修阳造，田煽地角木土水石一并在内，凡属卖主亲族已到未到人等，花押转契，酒水移神起赃一包在内"，引入卖方的族戚作为家族代表，以此表示这桩买卖的公开性和严肃性，体现契约的公开性原则。地契文本结尾注明公平交易、立据存照字样，"此系二家心甘情愿，众无屈从，今恐人心不古，特立卖契文约一纸付与买主弟兄名下子孙永远存照"，体现了公平原则和杜绝作弊。然后是交易见证人共同画押，这些人至少包括族戚、地邻、中证人、代笔人或执笔人，本地契在中人有"谢中朝、江三才、谢忠全、江三品、游朝觐、江源龙、王本发、江文斗、江禄龙、王继广、戴朝高、江现龙、谢忠礼"十三人，代笔人王作鹏。执笔人将地契写完后，当众朗读，交易双方及中人都觉无误后画押，画上形态各异的"十"字（后来加以改进，到民国时开始改为加盖私章或按手印）。最后是落款年、月、日，立卖契文约人姓名并画押，"咸丰元年十月十三日立卖田地山场阴阳木土　文契人江祥坤、江祥芳"。

地契在被基层认可后，上报县府加盖红色官印或专门的公章，就成为最具法律效力的红契。

川东地区对所卖田土的数量，大多习惯用口语，少用确切的亩、分、厘，习惯用"一丘""一股""一冲""一分""几块"。对田土的称谓，也多称为"沟田""冲田""过水田""塝田""水田""土"等，所以具体的亩数不能准确地说出。

共同基产 共商出卖

这是咸丰九年（1859）五月十六日的一纸出卖基地契约。

川东地区契约开篇会出现"立出卖田地（房屋）文约"，或写为"立卖""杜卖""永卖""绝卖""摘卖"等字样。杜，即绝的意思。写有"杜卖""绝卖""永卖"的地契，俗称"死契，"是买卖双方约定不能赎回的契约。本契约开篇"与立永远出卖基地"，说的就是死契。

另外，立约人为母子三人，说明这家男主人不在世了，母子三人未分家，为共同财产，当然，子女参与立约也有讲究，男子要成人后

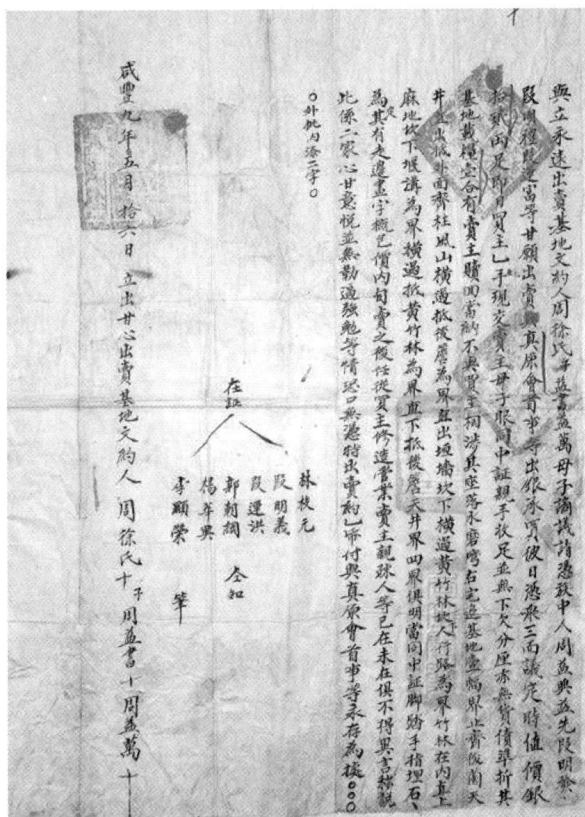

渠县档案馆收藏的咸丰九年地契

才有资格单独立约或参与立约，女子是无资格的，本约"文约人周徐氏、子益书、益万母子商议"，说明益书、益万二人业已成年。

为了体现契约的公开性原则，本地契中还引入了卖方的族戚作为家族代表见证，同时族人有优先权，以此表示这桩买卖的公开性和严肃性。产业优先卖给族人的原则，是政府为保护社会治理的基层单位，即宗族团体的存续而规定。当然更要有中人，所有契约都有凭中或中人，这是中国传统契约中的一种基本精神，即俗话说的"婚姻凭媒，买卖凭中"。本契中有"请凭族中人周益兴、益先、段明发、段明礼、段运富等甘愿出卖与真原会首事等出银承买，彼日凭众三面议定，时值价银拾贰两足……现交……眼同中证亲手收足，无下欠分厘，亦无贷债准折"等。买家为真原会首事，"首事"一词最先出现在古籍《管子》里记载的一篇文章——《管子·立政》。原文为"凡将举事，令必先出。曰事将为，其赏罚之数，必先明之。立事者，谨守令以行赏罚，计事致令，复赏罚之所加。有不合于令之所谓者，虽有功利，则谓之专制，罪死不赦。首事既布，然后可以举事。"意思是说："凡将办事，法令一定先出。这叫作事情将办，其赏罚办法就必须明示于前。负责人总是要严守法令以掌握赏罚，检查工作并向君主上报的时候，也必须报告执行赏罚的情况。如果办事不合于法令的意旨，即使事有成效，也叫'专制'，那是死罪不赦的。这个所谓'首事'的命令一经发布，然后就可以遵照执行了。"本约里指真原会里"出头主管其事的人或头面人物"。

为了在技术上追求公平和杜绝作弊，地契文本结尾，一般要注明"此系二家情愿，两无逼勒，亦无债货准折""卖主亲疏人等，已在未在俱不得异言称说，此系二家心甘意悦，并无逼勒强勉等情"等话，以示公平。

然后是在证人签名画押，签不来名的只画押，一般情形画押是画"十"字，不过本契在证人名下没画"十"字，只写了"仝知"，"仝"通"同"，意即大家都知晓。当然也具有约束力，上面有官印印证。

一场房产纠纷牵出的清同治禁碑

在渠县档案馆保存有一份清朝同治十年（1871）时，渠县新市镇五通村五通庙立的一块禁碑原文，其来历却是因为庙产纠纷引出，实在让人唏嘘。

渠县新市镇地处渠县南部，与广安市广安区的消河、花桥镇，南充蓬安县的大友、福德镇，营山的西桥镇接壤，相对偏僻。五通庙更是连界之地，清朝时常有"匪类由此窜入，保内不法之辈窝藏"，于是政府在庙前立下禁碑，严禁保民乱为。后来庙产被当地五族人共议施献于渠县天主堂作为办学之所，后改通功所，结果30多年后的民国初年，时任校长蒋某欲强占校产。渠县天主堂司锋周向县堂具呈缘由，并附抄通功所施约两张，照抄禁碑原文一纸。

渠县天主教堂位于渠南街道李坝村东南300米的原渠县李渡中学旁，建于清光绪十一年（1885）。教堂高9.5米，面阔三间18米，进深六间28.8米，为抬梁式屋架，柱径0.146米，单檐歇山式屋顶，由24块木枋叠加组成，上绘花线图案。四周共开门窗24扇，正门高3.85米、宽8.1米，上角各为浮雕雄狮，横匾刻"二龙抢宝"图。左右门枋作石刻楹联云："雨大包罗总属一元开造化；群生普养并无二师可钦重。"其外修砌五级垂带式踏道，长6.2米、高1米，素面台基。

司锋周复函中，先对五通庙的位置及房屋基本情况、属性做了陈述："查五通庙，地处山隈，名称已久，石庙矮小，向无住持，其基地全为李姓所有。后经该地土著李、蒋、章、罗、刘五姓集资扩修为瓦屋，计正屋三

抄録新市鎮五通廟禁碑原文

欽加同知銜特授四川綏定府署縣正堂加六級紀錄十二次張為示禁事據南路保長陸正業等呈稱情團跟駱岩坎下五通廟孟龍鳳矯地方供營邑蓮州連界最易藏奸前往綹圈防範勒此近因日久視為具文匪類由此窩入而保內不法一聾文後窩獲不敢指爰是集眾公議仍行練團防範列碑承行協恩示禁等情據此批示外合行示禁為此仰居戶人等知悉自示之後爾等務須各宜正業毋得窩偷鼠竊地方亦不得窩窩匪報肆切勿肥偏一往有犯定行拏案例懲辦決不姑寬決約保居民守恐負防範自是美牽但須隨時互相稽查毋稜厲應故事外境內有窩三戶協眾查實指名字候拘窩仍不得挾妄告關干末使各宜凜遵毋違特示

右諭知悉

同治十年四月下浣告示列立五通廟曉諭句損

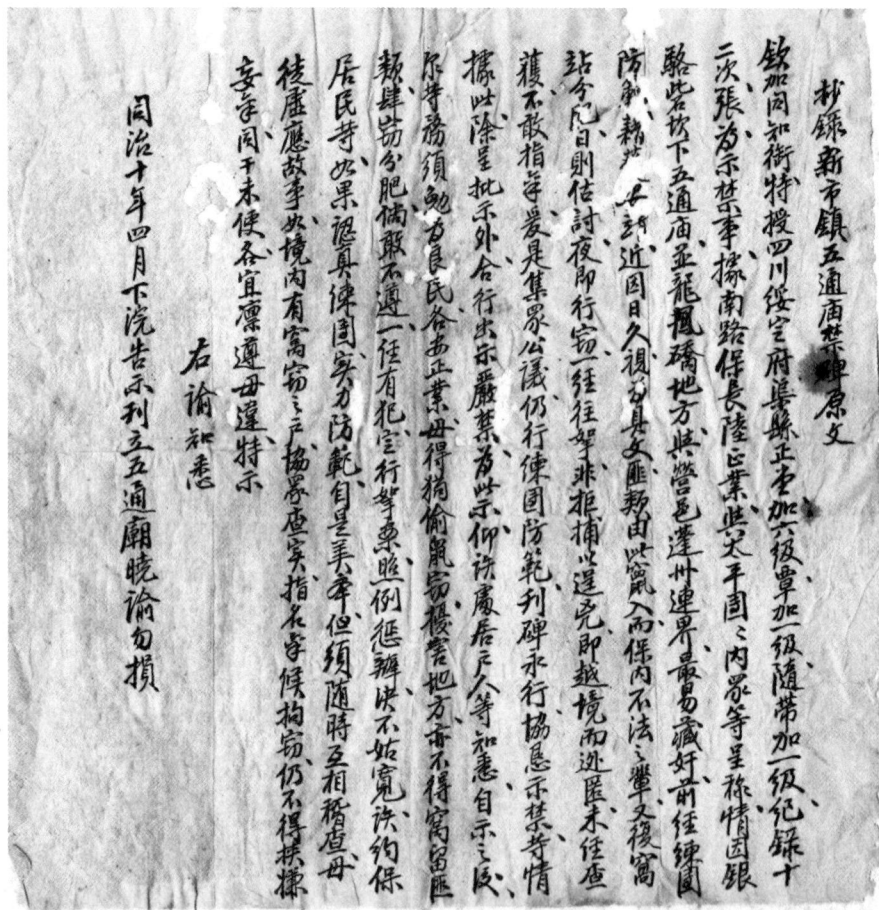

同治十年新市镇五通庙禁碑碑文

间，东西横屋各一间。庙侧有坡地数台，给庙夫自种。"接着说明该庙被赠送给天主堂的原因及依据："嗣因该庙，时有匪徒出入。正伸弥御无方，挈解无欵，不获，已于前清光绪年间由该各姓族长李天寅、蒋正廷、章岑山、罗希之、刘朝善等，先后施献于天主庙，为办学之地，后更名为通功所。立有施约可凭。"接着说明原庙里的木石佛像，移设到新建的文华庙。此后三十多年，没有任何纠纷。再说这次事端皆因蒋姓校长挑起，因他的田地与通功所毗连，他的家距文华庙有数里之遥，监管耕作、收运肥料，等等，有诸多不便。还说他"蓄念已非一日"，这次是借办保校在那里适中为名，"强欲占据我校，遂其私图"。最后指出，通功所偏处一隅，非适中地点，诸人共知，其碑石亦无字迹可寻，唯禁碑尚存，抄录附阅。

两张通功所施约早已不存，而禁碑原文却是说盗匪猖狂，严禁保户乱为，以此说明此处不宜做保校。

禁碑称"钦加同知衔、特授四川绥定府渠县正堂加六级，覃加一级，随带加一级，纪录十二次，张，为示禁事"。然后说明禁事原因，"据南路保长陆正业，兴太平团内众等呈称：情因银骆砦坎下五通庙，并龙凤硚地方，与营邑蓬州连界，最易藏奸，……匪类由此窜入。而保内不法之辈，又复窝站分配，日则估讨，夜即行窃"，白天强行索要，晚上就偷窃，一抓捕，就越境而外匿，很难查获。经过大家商议，仍由团练防范，同时刊碑永行，协恳示禁。要求"该处居户人等知悉，自示之后，尔等务须勉为良民，各安正业，毋得狗偷鼠窃，扰害地方，亦不得窝留匪类，肆窃分肥，倘敢不遵，一经有犯，定行挐案，照例惩办，决不姑宽"，等等。落款为"同治十年四月下浣告示刊立五通庙晓谕勿损"。

有点让人疑惑的是，为示禁事者是张姓知县，落款为同治十年（1871）四月，可渠县同治年间无一张姓知县，而同治十年的渠县知县是杜云汉，顺天府武清县人，道光乙未恩科举人，同治八年（1869）署理渠县，同治十一年（1872）六月离任。同治前咸丰年间渠县最后一位知县姓张，叫张钟瑛，云南昆明举人，由本省军务保举选授渠县知县，捐升同知衔，咸丰十一年（1861）六月任。同治末任渠县知县的是杜瑞征，贵州金筑县人，由吏员加捐知县，在渠专心实政，规摹远宏，很有政声，同治十三年（1874）九月任，直到光绪九年（1883）三月才离任，继任者也姓张，叫张协曾，甘肃河州人，同治庚午（1870）科举人，甲戌（1874）科进士。但从同治《渠县志》对张钟瑛的介绍，好像是他所做。"张钟瑛，字仁田，咸丰十一年，贼信已逼，公莅任未遑他务，以团练为汲汲，亲历四路市镇，简阅卒徒。善者给以奖武银牌，劣者训斥之。无何贼突至，蹂躏有庆场、中滩桥一带，公督众守陴，一月得四十五日，城得无恙，贼旋遁去。后因公赴省。"

而今，古庙已不存，禁碑更不在，但此地已不再偏僻，银昆高速福德互通离新市镇只有2千米，而且边界联防联控从民国时期一直延续到现在。每年，此片区四县相邻的5个乡镇都要开展联防联控演练等活动，乡界一派祥和，社会一片祥和。

光绪末年渠县文重场办学的那些事儿

　　清末新政期间，新式学堂开始大量建立起来，1898 年，清政府初步建立了高等、中等及小学三级学制，是近代学制的雏形。1901 年 9 月，慈禧太后在西安颁发兴学诏书指出"除京师已设大学堂各府及直隶州均改设中学堂，各州县均改设小学堂，并多设蒙养学堂"。1901 年秋，山东学政秉承山东巡抚袁世凯意旨谕令各州县生员，提出科举变通的方向是"废八股而重经义，试史论而策西学"，要求生员所学必以经史为主，而兼习西学，并开列了 48 种中西图书，供生员研习。在袁世凯起了带头作用以后，各省争相仿效，中国一时出现了兴建新式学堂的热潮。1902 年，管学大臣张百熙拟定《钦定学堂章程》，即"壬寅学制"，是中国颁布的第一个现代学制。1903 年，张百熙、张之洞重新拟定了《奏定学堂章程》，即为"癸卯学制"。学制的颁布是我国建立现代学校体系的关键。特别是 1905 年科举制被废除之后，新式学堂如雨后春笋般纷纷建立，完成了由点到面的分布和转变，并逐渐形成了一整套完整的学制。据当时的清政府学部统计，1907 年各省有学堂 37888 所，学生 1024988 人。1908 年学堂数达到 47995 所，学生数 1300739。一年当中学堂增加 26.7%，学生增加 26.9%。

　　在清末举办新式学堂的热潮中，办学经费短缺的问题一直困扰着清政府。因此清政府 1903 年颁布的《奏定学堂章程》规定：绅董能捐设或劝设各学堂，一人捐资较巨者，由督抚禀请奏明给奖。清政府捐资兴学有三个特点：一是褒奖方式多样。为鼓励民众捐资兴学，清廷下发的褒奖章程中规定了对于捐资者根据捐资数额可以奖以贡监、花翎等虚衔或者捐纳实官，还可以奖给功照、匾额、旌表、建坊，满足不同层次的需要。二是捐资主体多样。包括清朝官吏上至一品大员下至九品小吏、民间乡绅或者绅商、僧众、节妇、农民、华侨、留学生。三是捐资方式多样。除了捐献银两、银圆，还可以捐献房屋、田产、器具等，没有严格的限制，最后是折合成实银数来进行褒奖。

渠县这一时期各场镇也开始筹办学堂，发生了文重场因办学堂经费短缺与僧人争地、因不熟悉规则建立账目被举报等事件。渠县档案馆馆藏有专卷。

经费短缺与僧人争斗口

光绪三十年（1904）十月廿日，文重场武庙僧空怀亲到县衙向进士出身署理绥定府渠县事县正堂议叙加一级加五级纪录十次记大功十一次的黄关同知县控告该场团总副王寿庭等占用王爷庙斗口一事，请求归还。黄关同，河南商城人，光绪甲午科举人，乙未科进士，光绪三十年七月署理渠县。

告状人僧空怀，系本地人，住凤北一路文重场，离城一百二十里，年六十岁，同告人有歇店徒侄僧，到院有十年，年四十二岁。称：

> 事情缘于今年八月，团总副王寿庭等禀提僧安王爷庙斗口①一案，批准喝凌，缘文重场武庙前系王爷庙，嘉庆年间系古寺僧普看守，焚献负债无偿，故乡民何必达等于嘉庆二十一年接手，其故师祖僧达仲安十两银钱约定，确定取斗息以作焚口献食之费用，因别无产业，岁出斗息百余串，被社学提去膏火钱四十串，还有徒弟五六人吃喝，仅敷度用。哪知王寿庭欺负我们，光绪二十八年补修武庙，霸去斗口，害得我们阖家口食无措，靠挪负度日。去年冬天维修完工，应还我们斗口，拖到今年八月都不还。向他理询却不彰我们，反藉蒙学团练抵塞。然而我们于蒙学一事已凭乡街绅粮认照社学已经提助，可他却不允许，不沐作主，斗口被霸无着，只得恳作主，上禀爷台前批准施行。

黄知县当堂判决：

---

① 斗口，斗拱的坐斗上用来安瓜拱和头层翘的十字形的卯口。

僧称该庙斗息社学年提钱四十串，现办蒙学认照社学提助，如果斗息年只出钱百余串提拨此数，尚属适中，似未便竭泽而渔，仰该场团总副等照前批及现奉各节迅予妥议，具复核夺。

第二天，即十月廿一日，上北路文重场团总副王寿庭还带领本场王家瑞、王恭柳、王斗山亲到县衙禀报。

禀老爷台前，为禀恳作主事，情恩主所办蒙学，文重场别无公款，只有武庙斗息约出钱百余串，去岁有案在卷，今凭绅粮商议提钱六十串以作蒙学之资，团练二十串，其余概作僧人衣单口食，焚献兼之，僧人观智观聪伊师父病故，年幼不能理事，甘愿将斗口交出，凭众业已派人蒙学总理，文生牟璠经管并无丝毫遗漏，阖场保绅粮均沾，上禀。

县府同意，此事告一段落。

屠宰专营取余资补学费

半年后，办学经费仍不足，文重场团总副王寿庭等人想到一个妙招，"屠宰专营赚取学费"，于是在光绪三十一年（1905）五月十二日，王寿庭和王家瑞亲到，带着场约何润泽、保长潘广居等联名禀报：

老爷台前，为恳示札办事，情生等文虫场奉札兴立蒙学堂，款尚无几，惟斗息一项，年约出钱五六十串，此外别无他款，生等再四筹商本场屠行汤灶，选举一人专办，稍取余资，弥补学费。今本月初三，邀同十三保绅首协商，众谓本场监生谭致中殷实可靠，勘充此任，议明每逢场期宰猪不多，岁只认缴钱二十串，四季缴清，以公济公，甚属可行，但生等虽居首人，不敢擅专，只得禀恳，仁天赏批立案。一面示禁私开汤灶并祈札委谭致中充当屠商，以专责成而全学费，上禀。

黄知县在禀报上批示：

据悉该场学费仅有斗息一项，年约出钱五六十串，不敷支拨，现拟于本场设立屠行汤灶，并举谭致中经理此事，每年缴钱二十串藉资帮贴，既经众议，金同应准立案照行，仍应分别札委示谕可也。其附印为红色"实事求是"四字。

于是在五月廿一日，知县黄关同向文重场发出通知：

为示谕事，案据文重场团总副王寿庭、王家瑞，场约何润泽、保长潘广居禀称，情生等文重场奉札兴立蒙学堂，款尚无几，惟斗息一项，年约出钱五六十串，此外别无他款，生等再四筹商本场屠行汤灶，选举一人专办，稍取余资，弥补学费。今本月初三，邀同十三保绅首协商，众谓本场监生谭致中殷实可靠，勘充此任，议明每逢场期宰猪不多，岁只认缴钱二十串，四季缴清，以公济公，甚属可行，但生等虽居首人，不敢擅专，只得禀恩，仁天赏批立案。一面示禁私开汤灶并祈札委谭致中充当屠商，以专责成而全学费等情，据此，除禀批示并札委外，合行示谕，为此示仰该场军民人等知悉。自示之后，凡屠宰猪只，务须赴该屠行宰洗，不得私开汤灶，争利干咎。其各凛遵，毋违，特示。

同时当天向监生谭致中发出任命文件：

案据文重场团总副王寿庭等禀举监生谭致中充当屠商认缴学费一案，除禀批示外，合行札委。为此，札仰该监生谭致中即便充当该场屠商，经理该场屠宰，每年缴钱二十串，分四季缴至该学董，帮贴学堂经费，不得欠延，致干未便，切切，特札。

右札屠商谭致中准此

聘任校长校董加强管理

光绪三十一年（1905）十二月廿三日，文重场团总副王寿庭和王家瑞联名禀报县府聘请罗际云任校长和王恭柳任校董，请求札委。

为恩札委事，情生等去奉恩札办理文虫场初等小学堂，禀提各款在案，嗣因款不敷，尚未开校，今奉台谕各场各保设立初等小学一堂，明年正月一律开校，生等遵体德化，邀集阁场商议，聘延本场文生罗际云充当校长兼教员，年给修钱六十串，文生王恭柳充当学董，除原提斗息外，所有不敷之款，俟酌提后，再行另禀。生等不敢擅专，只得禀恩，仁天赏准札委，以专责成而全学务，上禀。

黄知县接禀批示：

如禀分别札委用专责成该团总副等，仍一面添筹经费，一面妥择校地，查选学龄，赶速预备，务期来正开校，实行教授以宏作育，毋再敷衍稽延，致干未便。

于是县府在光绪三十二年（1906）正月十三日发文，任命罗际云充当校长兼教员，任命王恭柳充当学董。文件说：

> 为札委事，案据文重场团总副王寿庭等禀举文生罗际云充当校长兼教员一案，当经本县批准，合填预印空白，札委，为此札仰该文生罗际云即便充当该场初等小学堂校长兼教员，年给薪脩钱六十串，由学费项下按季支开。该校长务照学科程度悉心教授，勿稍敷衍，致负委任，切切，特札。
>
> 右札文重场初等小学堂校长兼教员罗际云准此
>
> 为札委事，案据文重场团总副王寿庭等禀举文生王恭柳充当该场初等小学堂学董一案，当经本县批准，合填预印空白，札委，为此札仰该文生王恭柳即便充当该场初等小学堂学董，务须遵照定章妥为筹办，勿负委任，切切，特札。
>
> 右札文重场初等小学堂学董王恭柳准此

就这样，学校开始正式行课。

光绪三十二年（1906）五月，黄知县离任，江苏江宁监生保举县丞、绥定府经历秦宗城于本月兼任渠县知县；两月后的七月就由正黄旗满洲玉光佐领下人、笔贴式选用的如柏接任，到光绪三十三年（1907）三月又被福建闽侯人、同治癸酉举人、光绪丙午进士林福熙接任，一年后到光绪三十四年（1908）四月又被甘肃皋兰人、光绪乙丑恩科举人、大挑一等试用的颜学序接任。

光绪三十四年（1908）六月，劝学所劝学员张高文等向渠县视学报称，王铭鼎、罗际云等以学籍问题为借口，将一切款项亏吞在手，坐视不办，请求更换校长、校董。渠县视学郭奎铨得报核查属实后就向新任知县颜学序牒请札委。牒文称：

> 钦加主事衔候选中书科中书渠县视学郭，为牒准札委事，案准劝学员张高文等函称：情学堂为现今要政，无款费，学堂不能兴，办理非人，学堂更不能兴。生等文市地面，鄙微，保仅二三，自三十一年催办学堂，札委王铭鼎、罗际云以校长学董之职，所筹款项百余串，办一初等尽足

支用，殊伊等反藉学为名，凡一切款项亏吞在手，坐视不办，何由而兴？若不另换，学堂必遭废灭。生等商及各保，议举品学兼优之王定鼎、谭全才接充学董，仰视学先生牒县请札，退此贪玩之辈等情，本所复查无异，理合备文牒请父台俯赐查核札委王定鼎、谭全才，以便专责任事，须至牒者。

右牒钦加同知衔补用直隶州知州署理绥定府渠县事大挑县正堂加五级纪录十次记大功十次颜

光绪三十四年六月二十六日牒

颜知县得报当日批示："准札委接充。廿六日。"

哪知这次推荐委任的人也办理不善，才到九月份，劝学员张正谊又向劝学所报称需要更换学董，钦加主事衔候选中书科中书渠县视学郭奎铨也再向县府牍报：为牍恳札委事，案准上北路文重场劝学员张正谊函称：

情敝场办理初等小学一堂，前次请札委学董，至今尚无影响，虽疑项有蓄积而办理不善，恐终化乌有，仰先生牍请札饬王九一、谭饬五二人充任学董，庶敝市学堂可以成立，子弟得以进化，此等云云，除来函存查外，理合备文牍恳，父台俯赐查核札委王九一等，以便该生专责任事，须至牍者。

光绪三十四年九月初二日牍

颜知县第二日批示："准札委饬充。初三。"

三天后县府正式行文《一件札委王九一充当文重场街保学堂学董一案》：

为札委事、案准视学郭，自牍称上北路文重场劝学员张正谊禀举王九一、谭饬五充当文重场街保初等小学堂学董一案，除批示外，合行札委，为此札仰王九一、谭饬五即便遵照充当该场学董，务将堂内一切事宜协力同心，认真办理，以期进化，所有入付各款核实报销，毋负委任，是为至要，切切，特札。

右札学董王九一、谭饬五准此

光绪三十四年九月初六日

朝花夕拾

087

查清账目建制另聘任

到了宣统二年（1910），王寿廷的事还没完。九月，劝学所视学员郭奎铨向钦加同知衔协同直隶州知州署理绥定府渠县事大挑记录十次记大功十次颜学序牍呈称劝学员李杜说团总副王寿廷玩视学务、连年侵蚀款项、渔利把持，理应更换。

　　为牍呈争案，据劝学员李杜函称，情文重场街保公立初等小学堂，先年创办，原系团总副王寿廷等经理，无学董专责，至光绪三十四年经劝学张高文禀举谭全才充任学董，已经县主札委在卷，伊仍渔利把持，抗不交出，以致学董徒负虚名，并未任事，兼查学款一项有王姓施业百余挑、岁收租谷二十余石，及武庙斗息四十串，办一初等颇足资用。伊仍徒事敷衍，校地倾坏，全不补修，匾额牌示教科钟铃等项并无一件，至连年所聘教员薪水随便支给，希图抹糊。如去岁教员张正谊薪脩四十串尚欠二十串，本年仍聘伊教授以便一律收用蔓延，至今欠数与本学期薪水毫未支付，乃犹推缓下期给楚，如此侵蚀，实为玩视学务，请先生牍请监督签饬王寿廷将该场初小校教员去今两年薪水了清，并将账目交学董谭全才管理，连年侵蚀款项由学董核算请追，以重要政等情，据此，查王寿廷充该场团总，应宜维持学堂，似此渔利把持，理应更换。该场文生王恭柳办事热心，堪胜团总之任，理合备文牍请监督俯赐查核签饬王寿廷将教员张正谊去今两年薪水了清，该校一切账项交与学董谭全才管理，并将伊团总另委任王恭柳充任，以维要政，为此，另文备由呈乞，照验施行，须至牍者。宣统二年九月日劝学所视学员郭奎铨呈。

颜知县批示：

　　上听签饬王寿廷将教员张正谊去今两年薪水如数给清，另札委王恭柳接充保正，协同谭全才将王寿廷历年所管学费彻底清算，有无侵蚀，据实签复核夺，勿得含糊瞒隐致误要政。

九月十一日，县府连发两道指令。

一是为签饬事案。

　　据视学郭奎铨牍禀文重场街保公立初等小学堂团总副王寿廷一案，合行签饬，为此签仰该书前去协同该地约保，即饬王寿廷将教员张正谊去今两年薪水钱文如数给清所有。王寿廷保正，札委王恭柳接充外，并同学董谭全才将王寿廷历年所管学费彻底清算，有无侵亏，该书回县据实禀复，以凭核夺，去书毋得藉签需索滋延干咎，慎速须签。

右签礼书崔国安

二是为札委事。

案据视学郭奎铨牍称：文重场王寿廷渔利把持，所有保正职务另委文生王恭柳接充一案，除批示外，合行札委，为此，札仰该生即便遵照来札，接充该场保正，务将场内一切事宜组织完全，勿负委任，是为至要，切切，特札。

右札文生王恭柳准此

九月卅日，礼书崔国安上报县府，称：

为遵签禀复事，情视学郭奎铨牍禀文重场街保公立初等小学堂团总副王寿廷一案，沐批签饬王寿廷将历年所管学费彻底清算，有无侵亏，据实禀复核夺等因，书奉签至彼会同学董谭全才、保正王恭柳，并将王寿廷历年所管学费清算，据寿廷吐称：学堂系伊经管并无入、付簿据，每年止收斗息钱四十串并王言系施业一股，岁收租谷二十八石，遇荒酌减，只有吊苶一项，充作学堂公用，有案据；张正谊亦称去岁聘伊充当教员，注明薪水钱二十串、谷十石，薪水钱文收足，只收谷一石，下欠谷九石，本年上年末收钱二十串，收清。再查寿廷伊云：历年入付账目并无报销，所收钱谷概由寿廷一人主持、敷衍了事，恳请核夺，书将往事缘由据实呈明上禀。

颜知县批示：

王寿廷既管学费，何以无出入账目，候签唤王寿廷彻究，原函李杜着来案。

十月初三日，县府发出签差令：

为签唤事，案准视学郭奎铨牍据李杜函禀：王寿廷一案，当经本县批饬签书查算去后，兹据礼书禀复前来，合行签唤，为此，签仰该役前去协同该地约保，即唤被禀王寿廷传同原函李杜一并依限随签赴县，以凭讯究，去役毋得藉签需索滋延干咎，慎速须签。

过了两个半月，结果终于出来了。

学董谭全才、团总王寿庭、副团总王铭鼎禀称：

爷台前为禀明报销事，情生等自光绪三十二年奉札办理文重场公立初等小学一堂，所有入付账目自光绪三十二年起至宣统二年下学期止，共入钱五百七十零一千三百二十文，共付钱六百二十一千九百零七文，除储外，实不敷钱五十千零五百八十七文，兹将入付各款注簿交学务查账员逐一查核、送县过碟备查。上禀。

计粘单一纸印簿一本。

颜知县一看报禀结果，十分气愤，立马批示：

查阅收支颇多浮滥，驳不胜驳，即如校长一项并未来查，何得虚支薪水，抑知学董之经费皆民间之脂膏，似此任意浮支，殊负委任，其不敷钱五十千零即作为该学董赔款，姑宽免予深究，亦即另委人接充学董，再呈无单而称有单，尤属疏忽，未便准销，仰即粘单，另示账簿过碟发还。

宣统二年十二月十九日

当天，渠县劝学所视学员郭奎铨也向县府牍呈：

为牍呈事，案据文重场街保杜文蔚、张德文、王南棠、王恭柳、罗际云、王铭鼎、张天铿、何济川等函称：情劝学员李杜在贵所报告上北路文重场团总王寿庭办学账目不明、薪水未清，贵所牍县签饬寿庭来所核算了清，兹寿庭即来所，凭查账员及绅衿人等核算连年账目、入付清楚，并无亏挪，至教员张正谊薪水亦已付清，然文市学堂款费不足，学务每多掣肘，且寿庭系属老成，未阅新章，办理恐难尽善，祈贵所将账目清楚情形牍呈县署，以息讼全学，并祈另行照会他绅办理，今阖场公举学董罗炳刚、校长王戬谷协同办学，庶学不虚立，教有实效矣，等情。据此，查该场历年办学并无报销，何能释外人之疑，因此，劝学员李杜请牍签饬，旋据礼书回复，禀准，唤讯在卷。现据杜文蔚等函告，前来将该校历年账目逐一列单，尚觉眉目清楚，可否将唤讯王寿廷一案注销，免累。再学董罗炳刚既经公举，应否札委，以专责成所有牍呈各缘由，是否有当，理合牍呈。

监督俯赐查核批示祗遵，为此备文另由呈，乞照验施行，须至牍者。

计附连年账目单一纸。

北路文重场公立初等小学一堂团总副王寿庭、王铭鼎，学董谭全才谨将连年入、付账目列后：

光绪三十二年入账：入提积谷三十五石共售钱壹百九十五钏，入收舍业租谷十七石共售钱七十八钏二百文，入安舍业押佃钱八钏文，入武庙住持斗息钱三十九钏二百八十文。三十二年付账：付为王言系立舍约茶资火炮共钱一千三百文，付买张陈氏业价钱一百五十钏文，付施主王言系用钱一百钏文，付写买约笔资钱二千五百文，付接业进城立案具结钱五千一百二十文，付印契银合钱十八千一百六十文，付印契底子钱一千五百文，付谢买田地中人钱九千文，付为施主立案请奖兼调查红契等钱八千二百六十四文，付房书勘验红契回复辛力钱二千二百四十二文，付买张陈氏业房班来场丈田地共钱八千二百文，付施主原安押佃钱八千文，付收租谷运力钱二千二百六十文，付完施业粮名王永兴铁路粮银合钱八千二百五十文，付补卖主张陈氏大粮钱一千三百文，付学官报并催三次银合钱十二千七百文，付教员罗际云薪水钱二十千文，付施主王言系之子捐监情四千文。总共入钱叁百二十千零四百八十① 文，总共付钱叁百六十叁千九百九十四文，入付品除实不敷钱四十叁千五百一十四文，系王寿庭垫支。

光绪三十三年入账：入武庙住持斗息钱二十八千八百八十文，入干佃钱五千文，入收租谷七石五斗，入卖租谷叁石共售钱十五千八百文。光绪三十三年付账：付筹议补修学堂请十三保绅粮用钱七千文，付修学堂买楼板共钱七千二百五十一文，付抬买树、石灰、纸箸挑力船资共钱六千二百四十文，付木匠工钱九千六百文，付泥水匠工钱二千四百文，付置桌凳打灶共钱四千一百零五文，付补施主王言系两年粮钱二千文，付补张陈氏粮钱一千叁百文，付完王永兴铁路正供粮钱七千文，付王恭柳劝学薪水谷四石五斗，付教员罗际云薪水钱十二千文。总共入钱四十九千六百八十文，付五十八千八百九十六文，入付品除实不敷钱九千二百一十六文，系王寿庭垫支。

光绪三十四年入账：入收租谷九石六斗，入收干佃钱五千五百文，入收武庙住持斗息钱三十九千九百文。光绪三十四年付账：付施主之子

① 本书引文数字写法系依照档案原文录入。

王作宾在省城将施业具禀提作铁路来往进城共钱八千二百九十五文，付收租谷运力钱八百文，付校长罗际云薪水钱十八千二百五十文谷五石六斗，付教员罗焕章薪水钱十千文谷四石，付劝学张高文薪水及报销共钱十二千三百二十文，付渠城宣讲员薪水钱四千文，付礼房来城催课本用钱一千六百文。总共入钱四十五千四百文，付钱五十五千二百六十五文，入付品除实不敷钱九千八百六十五文，系王寿庭垫支。

宣统元年入账：入收武庙住持斗息钱四十千文，入收租谷六石，入收干佃钱一千五百文。宣统元年付账：付校长张正谊薪水钱二十一千五百文谷二石，付教员王坦薪水钱十钏文谷四石，付完施业铁路大粮钱十一千七百文。总共入钱四十一千五百文，付钱四十三千二百文，入付品除实不敷钱一千七百文，系王寿庭垫支。

宣统二年上学期入账：入武庙住持斗息钱三十千文。宣统二年上学期付账：付校长王戬谷薪水钱十千文，付教员张正谊薪水钱二十千文。总共入钱三十千文，付钱三十千文，入付两抵无存。

宣统二年下学期入账：入武庙住持斗息钱十千文，入收租谷十三石八斗，入收干佃钱六千文，入叶烟称息钱六千文，入卖租谷八斗八升共入钱六十一千零七十二文。宣统二年下学期付账：付校长兼教员王戬谷薪水钱二十千文，付教员张正谊薪水钱二十二千文，付完施业铁路大粮钱十一千八百文，付学报银合钱五千六百三十二文，付收租谷运力钱一千一百二十文，总共入钱八十三千零七十二文，付钱七十千零五百五十二文，入付品除实存钱十二千五百二十文。

郭奎铨这样一详细呈报，黄知县一看可能气消了一些。

宣统三年（1911）正月廿八，劝学所视学员郭奎铨牍呈文重场新街保校长任命案，得到黄知县同意，批示"如牍委充，惟王恭柳以校长兼教员薪水一百二十串未免过优，应改为一百串可也。廿九日。"

渠县劝学所呈报内容：

为牍恩聘委事，案据文重场文生罗际云函称：昨年文重场学董经劝学员李杜报告，该场保正王寿廷亏吞款项等情，牍请监督究办在案，嗣后经查账员何炯、教育会副会长王南棠到所集众清算，该保正等虽无亏吞实据，而办理不善亦是实情，当请本所复牍注销，已蒙允准，惟所换学董校长尚未任事，彼推此卸，故至今开学期届，尚无影响，特于本月二十二日邀请阖场绅粮商议，另请自治毕业生张子尚充当学董，师范毕业文生王恭柳充当校长兼教员，薪水一百二十串，大众认可，俱无异词，理合呈请牍县，以便开学等由，准此。本所查所举两生实为得人，理合备文呈请监督俯赐，查核批示祗遵，为此备文另由呈乞，照验施行，须至牍者。

右牍钦加同知衔补用直隶州知州署理绥定府渠县事奏补彰明县正堂

加五级纪录十次记大功二十五次学务监督颜

宣统三年正月廿八日

可看出，黄知县即将赴彰明县任职。在其离任前签发了最后一份任命文件。

为札委事，案准视学郭奎铨牍举王恭柳充当文重场街保校长兼教员一案，合行札委，为此札仰该生即便遵照来札接充街保校长兼教员，全年薪水钱一百串，务将堂内一切事宜认真教授，毋稍因循疑衍为至要，切切，特札。

右札校长王恭柳准此

宣统三年二月初二日

光绪末年渠县清河场办学的那些事儿

　　清初的学校建设沿袭明制，于北京设国学，各省府州县也普遍设学，但学习内容皆为诗赋策论及八股文，其目的只有一个，就是参加科举考试。此外，各省府州县逐步建立了书院。书院延聘学识渊博之学者、名流主讲，内容涉及各方面之学术。乾隆皇帝对书院的建立多次下诏称赞。从1901年起，清政府在新政期间，颁布了一系列兴办各类学堂的命令、章程，资本主义教育制度在我国初露头角。此后，全国大、中、小学教育开始有了较大的发展。

　　中国的启蒙教育，历来在启蒙或经馆等一类私塾里进行，没有小学的称谓。光绪四年（1878）上海创办正蒙书院小班（后改为梅溪小学堂），始有小学雏形。光绪二十三年（1897）上海盛怀宣奏办的南洋公学外院是最早的公立新式小学。光绪二十八年（1902）以后，根据钦定和奏定的《学堂章程》的规定，各府厅州县将书院改称为学堂。小学教育先是分为蒙学堂（儿童自六岁起，受蒙学四年）、寻常小学堂和高等小学堂（十岁以上的儿童小学堂，学习六年），后来改为初等小学堂与高等小学堂两级，学制为初小五年、高小四年。初等小学堂教育宗旨是："启其人生应有的知识，令其明伦理，爱国家之本基，调护儿童身体，令其发育，以识字之民日多为成效。"高等小学堂的教育宗旨是"培养国民之善性，扩充国民之知识，强壮国民之气体，以童年皆知做人之正理，并有谋生之计虑为成效"。

　　依据不同的经费来源，小学堂分为官立、公立和私立三种，按不同的教学形式又分为单级、多级和半日制三类。其时，这几类学堂，规模都很小，数量也不多，而且入学读书者，多为富户子弟。当时遍布农村的是私塾。私塾是当时县城以下传播文化的主要形式，它为农民子弟学习文化提供了一定的方便。这些私塾一般分为两类。第一类为蒙馆：规模小，每所蒙馆一般只有十多个小蒙童；数量多，它占私塾总数的90%；分布广，县城以下的乡场都设有蒙馆；教材教法陈旧，课本多为《三字经》《百家姓》《增广贤文》《杂字》等识字课本，教法也泥古不变，每天早上由塾师分别面授，只读不讲，上午习字，或描红或临帖，下午学生背书，背不出者或罚跪或罚站；私塾儿童多为农家子弟；塾师多为粗识文墨的"半蛮子"先生。第二类为经馆，它是较高一级的私塾，多在县城以上。

涉渠竹两县的办学官司

渠县的乡场也在光绪末年相继建立蒙学堂和小学堂，光绪三十一年（1905）在渠县、大竹两县交壤的渠县清河场何家沟兴隆塝奉办本场蒙学堂，结果因为地域相交相混、学费没厘清发生了一场涉两县的官司。渠县清代档案记录了这件事。

光绪三十二年（1906）二月十三日，渠县清河场局士杨景春、范守中、月课会首会事罗仕钧（即后文罗凤祥）、范先福、蔡庆光、吴兴成、客头范先容、铺民杨星五、伍恒端等人向渠县正堂衙门禀称：

> 前为越提恳销事，情渠竹两邑，原属交壤，生等本场先年兴有月课会，置业在竹境内何家沟兴隆塝，去岁奉办本场蒙学堂，缺款，生等集众商议，以公济公，均愿将会业出息提作经费无异，不妨竹邑好事李贤佐等觊觎生奸，不知何时悄将生等月课会息越竹朦禀批提，今二月签来始知。生等查实，伊等虽经禀准，并未指出学堂现在何地，切会由我场兴积，应该补助我场学堂，人伊何干？今贤佐等妄禀越提，于理不合，于势难强。但竹衙有案，不沐移销，难受签催之累，是以协恳仁天作主，祈赏赐文，移销竹案，以免越提而全学校均沾，上禀。

渠县县衙接报，时任知县黄关同，河南商城人，光绪甲午科举人，乙未科进士，光绪三十年（1904）七月署理渠县。其批示："月课会果系该场所兴，李贤佐何能越境禀提，是否中有别故，姑詹备文移查核夺。"

　　于是，在二月廿日，渠县正堂衙门礼房一份学务公文《一件备文移查李贤佐等禀提月课会钱一案》递到了大竹县，请求移查渠县清河场新办的蒙学堂月课费被好事者李贤佐等人向大竹县蒙被禀告批示提取一事，并回复渠县。

　　原来，渠县清河场局士杨景春、范守中、月课会首会事罗仕钧（即后文罗凤祥）、范先福、蔡庆光、吴兴成、客头范先容、铺民杨星五、伍恒端等人向渠县衙门提告，称他们在光绪三十一年（1905）秋，于渠县、大竹两县交壤的渠县何家沟兴隆塝奉办本场蒙学堂，由于缺钱，大家商议以公济公，都愿将几年前置业在大竹境内兴有的月课会会业出息提作经费使用。哪知有好事者李贤佐等人觊觎此款，不知道什么时候向大竹县朦被禀告悄悄将他们的月课会息批示提取，今年二月份签发来才知晓。他们查实，李贤佐等人虽然已经禀准，但并未指出学堂现在所处位置，也未指出该会由清河场组织兴办筹集，所以应该补助清河场蒙学堂，与李贤佐等人毫无相干。同时李贤佐等人妄禀越提，既于理不合，也于势难强。由于大竹立有案子，如果不移销案的话，难得忍受催逼之累，所以协请渠县作主，赐文移销大竹案。渠县据此拟合备文移查，合移大竹县，烦请查照来移事理，并希立即查明李贤佐等在大竹县禀提清河场月课会钱文，究竟提于何项学费，迅即赐复，以凭饬知。

　　渠县收到提告后向大竹县去了公函。文稿原文：《一件备文移查李贤佐等禀提月课会钱一案》：

　　　　县正堂业全衔，为备文移查事，案据清河场局士杨景春、范守中、月课会首会事罗仕钧、范先福、蔡庆光、吴兴成、客头范先容、铺民杨星五、伍恒端并称情：渠竹两邑，原属交壤，生等本场，先年兴有月课会，置业在竹境内何家沟兴隆塝，去岁奉办本场蒙学堂缺款，生等集众商议，以公济公，均愿将会业出息，提作经费，不妨好事李贤佐等觊觎生奸，不知何时，悄将生等月课会息越竹朦禀批提，今二月签来始知。生等查实，伊等虽经禀准，并未指出学堂现在何地，切会由我场兴积，应该补助我场学堂，与伊何干？今贤佐等妄禀越提，于理不合，于势难强。但竹衙有案，不沐移销，难受签催之累，是以协恳仁天作主，祈赏赐文，移销竹案，以免越提而全学校均沾，上禀，等情。据此，除禀批示外，拟合备文移查，为此合移贵县，请烦查照来移事理，希即查明李贤佐等在贵县禀提清河场月课会钱文，究系提于何项学费，迅即赐复。以凭饬知，须至移者，右移。大竹县段。

光绪三十二年二月廿日礼房呈

哪知一波未平一波又起，渠县给大竹县的移文还没得到回复，又报称大竹人王泉、陈为龙等不分彼疆此界，奔赴大竹衙门，行贿串通差役，指控监生罗凤祥（即罗仕钧）、范先福等不交学堂学费，将其抓到大竹审讯羁押，引发诉讼官司。于是监生罗凤祥、范先福，抱禀罗廷琛于二月廿三日一同向渠县县衙鸣冤，诉说案情缘由，称系对方无理取闹，不分青红皂白、彼疆此界，乱控被抓，请求渠县移文处理，划分场界，以免讼争不休，其文说：

为恳文划分事，情令二月十三日团总副杨景春等以越提恳销等情禀案，沐批移查，曷渎，缘清河场学校竹界不远，然场名实系渠有，生等月课会虽在竹境置业，其在会人等概属渠民，竹邑绅粮毫不相与，恩主示谕办学，生等会业已经本场团总副杨景春等提助学费，竹境能否办学，自应因地置，宜不容妄生觊觎，乃竹恶王泉、陈为龙等不分彼疆此界，辄赴竹衙，妄控生等，乘渠移文未到，即行串差凶，将生等抓竹讯押，堂前抄粘，不沐划分界线，必遭讼扰无底，遣抱来辕，续恳恩主赐文移竹划分场会界限，各全学务，以免讼累，上禀。

计抄粘竹主堂判一纸。

光绪三十二年二月廿三日

附带抄粘大竹堂判内容为：

抄堂谕讯查此案，系县属清市与渠邑挨连兴学，应提各团会闲款，现开办在迩，不得不认真筹办，查华光会、福寿团、机神会、财神会、杨团会功寨共六处，租谷钱文果系两县绅粮义捐，断令王泉与罗凤祥等两县均拨，不得混争，惟兴隆塝课会一处，罗凤祥当堂认邀同范先福来案复讯，此判。

渠县县衙接到呈状，黄知县当日批示："此案前据杨景春等具文，业经备文移查在案，移请大竹县查讯复夺粘附。"

到了二月廿八日，渠县再次向大竹县去函，介绍了事情来由，称清河场系渠县所属，月课会也是该场的人所积，理应划归渠县提助办学，以划清界限而免除争讼。同时请求将查讯李贤佐、王泉等在贵县具控之清河场月课会不要提给大竹学堂，以平息诉讼，将两案合并备文移请，回复备查。

其函文称：

正堂业全衔，为移请查讯事，案据监生罗凤祥即罗仕钧等禀称，"情今二月十三日，团总副杨景春等，以越提恩销等情禀案，沐批移查，曷渎。缘清河场地土虽接竹界不远，然场名实系渠有，生等月课会虽在竹境置业，其在会人等概属渠民，竹邑绅粮毫不相与，恩主示谕办学，生等会业已经本场团总副杨景春等提助学费，竹境能否办学，自应因地制宜，不容妄生觊觎，乃竹恶王泉、陈为龙等不分彼疆此界，辄赴竹衙妄控生等，乘恩移文未到，即行串差凶，将生抓竹讯押，堂判抄粘。不沐划分界限，必遭讼扰无底，遣抱来辕，续恩恩主赐文移竹，划分场会界限，各全学务，以免讼累等情。"据此，查清河场系敝县所属，月课会既系该场之人所积，自应划归渠县提助办学，以清界限而免争讼。除禀批示外，拟合备文移请，为此合移。贵县请烦查照来移事理，希即将查讯李贤佐、王泉等在贵县具控之清河场月课会，如实该场之人所积，即请免提竹境学堂，以息讼端，仍祈移复过县备查。望切须至移者。右移。大竹县正堂段。

光绪三十二年二月廿八日

也许是占据理由，也许是不达目的不罢休，就在渠县县衙向大竹县去函的第二天，即二月廿九日，渠县清河镇团总副杨景春、范守中等20人联名向渠县县衙呈状，指出月华场刁生王泉、陈为龙等称李家场出过功果就认为可以提款，且月华场无一人出助，所以再次提请划分界限，以免越提。

其呈文为：

团总副杨景春、范守中，拔贡杨学干，首事范先福、罗凤祥，客头范先镕，保正蔡永彰，屈兴顺、杨星五、萧有兴、蔡庆光、李永智、许学芳、范荣松，保长蔡永培、李辅臣、周后臣、吴兴烈、吴兴成、蔡永锡跪为再恩作主划分界限事，情今二月，生景春等以越提恩销具禀，沐批移查，否竹邑月华场刁生王泉、陈为龙乘恩移文未到竹之，先贿竹差，将生场月课会首事范先福、罗凤祥等抓竹讯押，凤祥始遣抱来辕，以恩文划界，沐批朗然。生等□再烦渎，缘生等清河场与竹邑李市相近，前兴此月课会只竹属李家场人助有功果，月华无一人出助，又达邑人亦有在会者，皆有碑记可凭。今因生等奉办蒙学缺费，议提此会，否王泉等闻，以伊等竹□功果，越提此会，生等闻不允提，伊等即就竹控案讯后李家场保正陈礼勋等，以伊场出过功果，兼业置在竹宜要提，宜就竹具禀在案，切月课会兴在渠，而竹达邑之出功果者，不过清市与该二邑接壤，便就近子弟送□邑在会。总之，会系渠人创兴，置业在竹，伊等以业在竹，不分会系在渠，胆敢越提，况办学筹费提款，原□派伊等越提有载，我渠之学，生等责在团保，又系渠邑在会之人，是以再恳作主，划分界限，以免越提，而便□全公，上禀。

光绪三十二年二月廿九日

黄知县当即批示：

案已迭移，静候大竹县查讯移复再夺。

后来事件平息了。是因为上级指示"两地乡情亲睦，要求在会等姓和同商办，不准区分"。

时间转到了光绪三十二年（1906）六月，职员杨景春、范守中向县报称，清河场奉谕筹办的初级小学堂费用与清河场月课文会历年无异，由于地跨两县，又产生纠纷，大竹王泉、陈为龙等人，乘课会置有产业在竹，又朦禀悄提会业给了距清河场四十余里的大竹石佛团小学堂，逼迫月课会首事罗凤祥、范先福等赴府控批签追在案。而据保正王泉等的禀告，上级批示"两地捐资会课，渠竹均置有产业等情，当日既无分疆界，足见乡情亲睦，要求在会等姓和同商办，不准区分，仰即遵照息讼"。于是罗凤祥等人回家后立即帖请会众，和大家商议，说渠竹田业原系渠县清河场课会，归清河场小学，就将产业四处交付，筹办本场学堂，并商定教员、学董由两地共同遴选，两地子弟都可入学，每年的绅粮地丁由学堂交纳，县月课文会每年由学堂支钱十串以作焚献，现在聘请的教员郭辅廷，选派的学董蔡庆光、李辅臣已于七月初二上任，恳请渠县立案，也请备文移请大竹注销王泉等人以藐签恳追控罗凤祥等人案子，以息讼而省劳累。

职员杨景春、范守中呈报说：

所为录恳立案事，情县属清河场与竹接壤，咸丰年间，先辈邀集众姓捐资，置买渠界常家沟田业，契安押佃银十五两，岁议五升斗租谷二十七担，载粮六升五合五勺三抄，又买竹界兴隆塝沙地湾田业，契安押佃银一百一十九两，岁议五升斗租谷五十六担，租银五两，租钱八百文，载粮二斗二升四合一勺，与清河场月课文会历年无异。去因科目停止，奉示筹办初级小学堂，职等当邀会众商提不允，至大竹王泉、陈为龙等，乘课会置有产业在竹，朦禀悄提会业，与立距场四十余里之竹界石佛团小学堂签追在案，迫月课首事罗凤祥、范先福等赴府，以粘恳鉴阅请示杜争上控批。昨据保正王泉等禀，两地捐资会课，渠竹均置有产业等情，当日既无分疆界，足见乡情亲睦，批示在会等姓和同商办，不准区分，藉事权利在案，仰即遵照息讼。罗凤祥等回家随即帖请会众，和同商办众议，渠竹田业原系清河场课会，归清河场小学，随将产业四处悉交，职等筹办本场学堂，并议教员、学董由两地遴选，两邑子弟均可入堂受课，每年绅粮地丁由学堂完纳，其月课文会每岁由学堂支出钱十串以作焚献，现聘教员郭辅廷，选派学董蔡庆光、李辅臣于七月初二任，理合抄录府批，禀恳立案，并请一面备文移请大竹注销王泉等以藐签恳追朦控罗凤祥等一案，以息讼而省歧累，上禀。

光绪三十二年六月十六日

刚刚才在五月上任的江苏江宁监生保举县丞、绥定府经历秦宗城兼任渠县知县，一看呈报格式不对，结果批示"违式不阅"。意为违反了规定或程序，不予答复。

秦知县只干了两个月到七月就离任，由正黄旗满洲玉光佐领下人、笔贴式选用的如柏接任。

光绪三十三年（1907）正月，又一起学堂纠纷发生了。职员李贤俊，团首蒋天育、邱德盛、蒋贵荣、李佐廷、蒋天宪、蒋天勋、蒋德贵、唐令愍等禀告渠竹交界中峰庵学堂的费用被石佛岩学堂占领，要求他们归还。其原因与前面的几起纠纷一样。

其呈说：

具禀跪呈，大老爷台前，为提还兴学事情，生等系渠东路清市渠竹接壤之区，贤俊先祖李德明捐买兴隆湾田业二十余石，并募捐生息置沙地湾常家沟二处田业，共三十余石，以兴月课会援。又募捐置贾家坝田业三十余石，作双河团之中峰庵神庙焚献公用，二项均由渠竹绅粮捐派，应宜合办。前与渠杨市校长廖澎生、竹邑学董陈为龙妥商，以渠竹交界中峰庵，即邑志所称为海螺山者，山旋水抱，庙地宏敞，宜作校地，前已在竹立案，不意澎生等去岁在竹朦禀，将中峰庵办学应有积资，与清市首等缠讼分提，而本境穷僻，无从筹措，虽随庵求学者，胜伙石佛岩学堂，距三十里许。清、杨两市学堂距二十里许，幼稚和子往来极艰，伏祈仁廉，饬令清市局士蔡觐光、杨市校长廖澎生将所提月课会田业仍还中峰庵，并请移文竹邑娄主，饬令石佛岩学董陈为龙将所提月课田业三十余石，及双河团田业八石仍还中峰庵，札饬殷富，暗练之谢，海如充当，学董以筹办学堂置买校具，俟购齐整开学，伏乞。

光绪三十三年正月初九日

这次县衙批示温和得多了，从两地友邻关系出发，共谋共商，"渠竹谊切，辅车提款兴学，共谋公事，可稍分领域，仰即妥善办理，勿得各存意见，竞争成讼，致失团体之和"。

光绪三十三年（1907）三月，上任不到九个月的如知县也离任了，接任者是福建闽侯人、同治癸酉举人、光绪丙午进士林福熙。

到了1907年七月份，即将放假，王泉等仗恃健讼竹衙，竟敢纠率数十人将渠县清河场兴隆塝何家沟佃户蒋天勋、董之辉租谷五十六石即清河场的学费钱搂搬罄尽，于是蔡庆光，拔贡杨学干，监生范继虞、贾光谟、李辅臣、杨星五、伍恒端向渠县视学报告，要求"申祥究追，惩霸全学"。其称：

情今岁生奉扎办清河场学堂，首司筹款，奈场市地瘠民贫，闲款无多，惟月课会共有租田八十二石，竹界兴隆塝何家沟五十六石，均系先年集财置买，历系我渠经管无异，去因办学议提未果，不妨竹邑习健讼棍王泉、杨绍清、陈为龙等知课会置有产业在竹，越朦禀提，迫局士杨景春等以越提恳销具票在卷，业主批准移查，案经迭移未复，课会首士罗凤祥、范先福及竹民王泉均赴府上控，两批抄粘。六月，景春等禄恳立案，代理秦竟批违式不阅，王泉等仗恃健讼竹衙顺手，去七月胆敢纠率痞匪数十人将兴隆塝何家沟佃户蒋天勋、董之辉租谷五十六石搂搬罄尽，伊反捏词控竹，差人将凤祥等以貌朦（蒙）蔽，宋主堂断或公立或分提，委邓学师剖断，伊等更觉顺手，不论会集何场，场属何县，徒以业置竹境，谬议勒逼定案，遂霸提兴隆塝何家沟租田五十六石，景春等因公偷闲，亦不与较，窃本场课会应归本场办学，兴隆塝何家沟租田虽在竹邑，原系渠场集财置买，与竹无干，况祖宪明白批示，王泉等不得妄争利权，岂应视如具文，伊等竟敢搂搬谷石越霸租田，如果不沐究办，流毒奚穷，后事不堪设想，恳恩申祥究追，惩霸全学，上禀。计抄粘府批一纸。

抄光绪三十二年三月十八日竹邑保正王泉等控洪府批会课兴学事属一体，当日捐资会课，两地士民既无分疆界，足见乡情亲睦，此日兴学，又何必区分领域彼此讼争，足见世风浇薄，今不如昔，应仍邀集在会众生妥议合同商办，不准妄生意见，藉办学为名争分权利，让讼干咎。抄光绪三十二年闰四月二十六日，罗凤祥等府控批前府批示已明，应即和衷商办，王泉等固不得妄争权利，谈呈等亦无容来辕多渎。

光绪三十三年七月二十日

渠县视学接报，立即向县衙呈请牒文，要求惩罚王泉等人，并归还兴隆塝何家沟五十六石学费。其牒文说：

为牒请衡示事，案据学董范舜龙，监生罗品金，劝学蔡庆光，监生范继虞、罗凤祥、范先福，拔贡杨学干，职员杨景春、范守中、李甫廷、李辅臣、杨星五禀称：情今岁生等，奉礼办清河场学堂，首司筹款，奈场市地瘠民贫，闲款无几，惟赖月课会共有租田八十二石，渠界常家沟二十六石，竹界兴隆塝何家沟五十六石，均系本场先年集财置买，历系渠人经管无异，去因办学议提未果，不妨竹邑习健讼棍王泉、杨绍清、陈为龙等知课会置有产业在竹，越朦禀提，迫局士杨景春等以越提恳销具禀在前，业主批准移查，案经迭移未复，课会首士罗凤祥、范先福及竹民王泉均赴府上控，两批抄粘，六月，景春等禄恳立案，代理秦竟批违式不阅。七月，王泉等仗恃健讼竹衙，顺手胆敢纠率数十人将兴隆塝何家沟佃户蒋天勋、董之辉租谷五十六石搂搬罄尽，凤祥等以貌朦故，违控竹，宋主讯断或公立或分提，到邓学师处商议，伊等更觉顺手，不论会集何场，场归何县，徒以业置竹境，谬议勒逼定案，遂霸提兴隆塝何家沟租田五十六石，景春等因公偷闲，亦不与较，窃本场课会应归本场办学，兴隆塝何家沟租田虽在竹邑，原系渠场集财置买，与竹无干，况祖宪明白批示，王泉等不得妄争利权，岂应视如具文，伊等竟敢搂搬谷石越霸租田，实系胆大妄为，渠人何甘受此欺辱，恳祈牒县转祥惩霸全学等情，据此，除禀批示外，理合备文牒请父台俯赐察核衡示，须至牒者。

右牒钦加同知衔特授绥定府渠县正堂加六级覃恩加二级纪录十一次林

光绪三十三年七月二十日牒

渠县林福熙知县批示：兴隆塝何家沟租谷五十六石，县中无案可稽，所请申祥之处应毋再牒。

此后，两地共同兴学，再无纠纷，体现渠竹一家亲。

劝学所规范经费管理按期核报

光绪三十三年（1907）三月廿六日，东路清河场团总蔡庆光、学董范舜龙、陈昌明上报政府，请求办学立案以及费用来源，便于报销费用。其报告说：

> 为公恳立案事，情生等奉札遵办街保初等小学堂，设校地于关庙，聘延教员曾天文，现在学生十余人，生等邀集七保绅首协筹款项，众议提上年社学课会助学，每年烟秤佃钱四十串，银秤佃钱□六串，麻沙、零麻秤及大麻秤佃钱三十二串，炭秤佃钱六串，神龙会租谷三十石，月课会租谷二十七吊年经费，又月课会存钱一百串，提作开办经费，购置校具图书标本等项，询谋金同，是以协恳恩主立案，每岁来案报销，以垂久远而全学务。

林福熙知县批示："即系询谋金同应准，如实立案。"

可是到了五月份，学费还没凑齐。五月十一日，清河场学董范舜龙向政府禀报称，三月份蔡庆光等人已上报筹办初等小学一堂，上级已批准，暑假将至，可是一些佃户不缴纳麻纱钱、烟秤钱等费用，无法开支教员聘金等，请求签催。呈文称：

> 大老爷台前为禀恩、签催以为学费事，情今三月蔡庆光等，同董协以公恳立案，遵办清河场街初等小学一堂，已沐批准在券，董即遵催各佃户来堂投佃外，尚有禀提麻纱、零麻秤及大麻佃钱三十二串之佃户范先礼、范先敬、陈金传，烟秤佃钱四十串之佃户伍心纯，又月课会存钱一百串之首事范先福、罗仁均等，坚推至今，乘其团总副等不能协力相催，致各观拒抗不来堂投佃交钱，现值暑假伊迩，所聘教员脩金及堂中用费何以支销，恁董坚催，横抗，势非签催，学费难全，不已，禀恩仁天赏准按名签催范先礼等投佃，范先福等交存会钱，以免推抗而维学费。

县府同意，林知县批示"如禀签催"。

于是，五月十六日，县上一纸公文下达，要求欠麻秤烟秤钱的、欠月课会钱的赶紧交钱，并派书役亲自前往催收，限三天之内销账，如有抗拒拖延的将受罚。其文件为"正堂林全衔为签催事"：

> 案据清河场学董范舜龙以禀恩签催等情，具禀范先礼等一案，合行签催，为此签仰该书役前去，协同该地约保，即饬范先礼、范先敬、陈金传、伍心纯速将麻秤烟秤钱文并范先福、罗仁均等所存月课会钱，赶紧如数措交该保学董，收作学费，如再抗延，定干强追，去书役勿得籍签需索，滋延干咎，速速须签。右签差礼书戴鸿奎杨文准此。限三日销。

收费得到解决，支出一定要核销。新成立的劝学所（教育局前身）负责核报。

光绪三十四年（1908）四月，甘肃皋兰人、光绪乙丑恩科举人、大挑一等试用的颜学序接任渠县知县。六月廿八日，清河场初等小学一堂学董范舜臣、校长曾天文向劝学所请示报销，称：

> 大老爷台前为禀明报销事，情生等遵办清河场初等小学一堂，已满上学期，兹值暑假，理应将入付各款自光绪三十四年二月起，至暑假止，共入钱五十三千七百五十文，共付钱六十九千七百九十三文，品除，外不敷钱十六千零四十三文，系生等垫支，理合将各款注簿报销。呈请过碛备查。

劝学所当日批示："报销账簿过碟，随批发还。"

十二月卅日，学董范舜臣请示报销下学期费用：

清河场初等小学一堂所有全学期入、付各款票报在案，兹值年假，理应遵章赴案报销，将下学期入付账目，自七月起学起，至年假止，共入钱一百零五串七百文，谷二十一石，系五升斗，共付钱一百零七串五百八十一文，存谷二十一石，入付品除，外不敷钱一千八百八十一文，列单报明，加视学外，理合将入付账目注簿报销。呈请过碟备查。

劝学所一看账目太过简单，于是批示："报销各账，仍应补足清单，来案以备查考。"

范舜臣一见报账要付清单，感觉文化不够，当日提出辞职并推荐人选：

为禀恳辞举事，情生自本年奉视学札委办理东路清河场初等小学一堂，极意整顿，奈生年少学浅，不谙学科，以致学堂毫无起色，扪心自问抱愧良多。今承一二同志约生赴省参考各学堂规则，定于明年正月起程，切思学务重件，乏人经理，商同团总副杨景春、蔡庆光、杨学干、范守中选择本场品学兼优、热心学务之杨星五接充学董，不致违误，兼生赴省参考归期难卜，是以禀恳仁天，准生辞退，札委杨星五接充，以昭公益而专责成。

劝学所同意并批示："决恳辞退并准札，饬所举之杨星五接充，以专责成。卅日。"

为了离任离得清白，范舜臣还在光绪三十五年（1909）正月廿四日补具清单上报粘阅存核，挣足了面子。计开光绪三十四年清市初等小学堂下学期入付账目：

收□□贰拾千零五百文，收□□钱伍千零壹百文，收□□钱八千文，收□□钱叁千文，收存谷钱贰拾千零壹百文，收□□帮钱贰千文，收□□贰拾千零五百文，收□□钱肆千文，收□□钱叁拾柒千文，收租谷二十一石（系五升斗），收□□钱陆千文。付开、散学香烛笔墨纸张共钱壹仟五百肆拾文，付筹款用费钱壹仟壹百文，付曾教员薪水钱叁拾叁仟文，付张教员薪水钱贰拾千文，付学董薪水钱拾肆千文，付劝学员薪水钱伍千文，付宣讲员薪水钱肆千文，付黄校长夫马钱柒千文，付完租股钱壹千肆百文，付圣会月费钱陆佰肆拾文，付置桌凳木料工资钱柒佰陆拾贰文，付调查学堂四次钱叁千叁佰陆拾肆文，付催表册辛力、口食钱壹千柒佰柒拾贰文，付还上学期垫项钱拾陆千零肆拾叁文，付年假清算账目用费钱叁千文，付进城报销往返票帖、口食钱贰千玖百陆拾文，共入钱一百零五千七百文，谷贰拾壹石，共付钱一百零七千五百八十一文，入付品除，长敷钱壹千捌百捌拾壹文，实存谷贰拾壹石整。

劝学所廿五日批示"补齐阅悉粘单数"给予认可。

范舜臣是在光绪三十五年正月廿四补具的清单，可他推荐的人选杨星五在几天后任职却变成了宣统元年（1909）二月初一，因为朝代发生了更替。文件名"札委杨星五充当清河场初等小学堂学董一案"，知县颜学序批：

为札委事，案据学董范舜臣具禀恳辞，力举杨星五充当清河场初等小学堂学董一案，合行札委，为此，札仰杨星五即便遵照，来札接充该场学董，务将堂内一切事宜认真经理，毋稍因循敷衍，是为至要，切切，特札。

右札清河场学董杨星五准此

宣统元年年底，清河场团总副杨先春向劝学所报告缺少经费，想从真如庵提助经费，渠县视学兼劝学所总董同意后就向县府牒启：

为牒请提助事，案据清河场团总副杨先春、蔡庆光、学董杨星五等函称，情生等清河场于清光绪三十二年，经前杨景春、范守中等遵办初等小学一堂，禀提经费钱一百余串，尚不敷支，兼之刻今烟秤裁撤，更少去钱三十余串，无法补助。凭阖场绅粮协至公所，筹议学款，既缺学堂，如何开办？现拟场属真如庵尼僧仅一二人，常年实获庙业京斗租谷五十余石，颇足丰裕。筹以京斗提谷二十石，岁可获钱三十余串之谱以资，弥补庶几。提系盈余之款，而学堂得沾小补，是否，未敢擅专，理合请先生牍请提助，等因，理合备文牍"监督准提真如庵庙业租谷，常年提京斗二十石以资，挹至须至牍者"。

右牒钦加同知衔补用真隶州知州署理绥定府渠县事大挑县正堂加五级纪

录十次记大功十次颜

宣统元年十一月十八日

知县颜学序还是认真对待这事，经过两天调查，没有同意请求，要求从该场三个巨富中认领筹措，措辞十分严厉，批复说：

真如庵仅存京斗谷五十余石，合计市斗不过十余石之谱，以资供僧两人并不算多，况既经酾提于先，名不能淹夺于后，所请应勿庸议。惟查该场杨、周、王三姓均系巨富，每家每年收租不下一二千石，学堂如果缺款，应令该三姓每年各认帮钱二十串，以资弥补。即以此批立案，永远遵行，并希转饬知照。

宣统二年（1910）二月十六日，杨星五向劝学所报销街保小学堂去年的费用，称：

二月初十上期开办，至六月十六日放假，禀报视学可否办理下期迄今，岁暮期满，总一年之中，入不敷出，理合上下分别单粘各账核报。全年入付账单：入伍恒瑾罚项钱十六千文，入陆礼敬罚项钱六千文，入冯竹寅罚项钱二千四百文，入袁代顺施项钱十千文，入月课会租谷二十石共钱五十二千文，入活猪厘钱二十千文，入麻秤钱十千文，入炭秤钱三千文，入山租钱九百文，以上共入钱一百二十千零叁百文。付三十四年范舜臣垫款钱一千八百八十一文，付元年清单禀粘用费钱一千二百文，付元年不敷垫款钱三十三千二百一十二文，付聘教员用费钱三百二十文，付白墨钱五百四十文，付开学纸烛用费钱一千一百四十四文，付造桌凳工钱一千三百文，付木料钱二千二百八十八文，付完粮钱二千四百文，付新红钱四十文，付纸张钱一千六百四十文，付校地钱四千文，付简易牌钱三百五十文，付丁叩钱三十六文，付节礼钱一千文，付罗教员薪水钱三十千文，付范教员薪水钱二十六千文，付学董薪水钱十二千文，付放假用费钱一千一百三十八文，付进城报销用费钱二千八百文。共付钱一百二十三千三百零九文，入付两抵不敷垫钱三千零九文。

劝学所一审查账单，就明白杨星五没按颜知县的命令筹措，靠罚款来弥补经费不足。第二日批复："报销来年学费，仍旧已有之款撙节开支，勿致滥粘单附。十七日。"

宣统二年七月初二，杨星五申请报销街保初等小学堂费用，称：

于二月初六开办上期，六月十六日放假，入付支销呈报有上期教员罗文光、范舜臣上学期满，均就自治另聘下期教员卒业师范生杨体吉、刘宗汉教授科学，各订脩金薪水钱叁拾铞[①]文。宣统元年上下学期入、付总账单：入月课会租谷二十一石，合钱四十六串二百文；入麻秤钱三十二串；入烟秤钱二三串；入银平钱五串；入山租钱九百文；入神龙会钱五十串；入炭秤钱六串。上期付账：送礼钱四百文，补造桌凳木料工钱三串一百六十文，造墨板添钱一串叁百六十文，买粉牌大小十九面去钱七百五十四文，完粮钱二串四百文，补表工钱六百文，曾教员十二串，范教员钱二十串，放假纸烛钱一百二十四文，催教员学董进城薪用费钱一百四十六文，开学用费钱八百五十八文，买簿子钱一百二十八文，白墨钱五百文，开榜纸张钱五百一十六文，买伙食器物钱一串七百七十四文，张教员薪水钱二十串，学董薪水钱十四串，算账用费钱四百九十八文，进城报销往返用费钱二串九百五十文。下期付账：开学敬神用费送礼钱九百一十八文，买课本钱二串，节礼钱二串，至圣会用费钱七百一十六文，榜纸银碎钱九十六文，提款用费钱六百文，张教员薪水钱四十串，范教员钱二十串，学董薪水钱十二串，买最新修身教科书钱一串一百六十文，买各样表册钱一串一百六十文，完租股粮钱一串四百文，放假敬神纸烛钱一百八十文，算账用费钱一串零三十文，进城报销用费钱二串八百文。共入钱一百五十三串一百文，共付钱一百八十六串三百一十文。

这次报销没挨批评，"如实报销粘单附。初三。"

七月初三，东路清河场第二区第二段齐心合保初级小学堂学董王庆钧向劝学所报销费用。

今二月劝学来场，每保设立，保内无人筹款，今收支用公举学董，聘定教员黄泽高全年教学薪水钱三十千文整。于二月二十日开学，至六月初十放假，理应报销拨付支给。贴单列后：

入□学齐心合保钱十一千四百六十文，入口庙钱二千文，入齐心团钱二千文，入橙团钱二千文，入马家桥钱一千文，入□王会钱一千五百文，入□醮会钱九百二十文，入□项钱一千文，入□心团钱二千文。共

---

① 此处用法同"串"。档案原文中"铞""串"未统一。

入钱二十三千八百八十文。付开学纸烛钱一四百零八文、札子立案钱六百三十文、教科书钱一千一百七文、上期表式钱三百文、学董薪水钱六千文、教员修金薪水钱十五千文、天池纸钱一千一百文、试验造册钱三百文、筹项用费一千五百四十文、黑板白墨钱一千三百四十文、清算账目放假用费钱六百六十八文、进城路费口食钱二千八百文。共付钱三十一千二百五十六文。入、付两抵不敷董长垫钱七千三百七十六文。

初四批复"如实报销粘单附"。

七月初四，东路清河场第二区第二段仁义保学董罗树臣向劝学所报销费用，称：

情乡保公立初等小学堂，今二月初六开学，聘定教员竹邑文生于海清卒业师范，全年薪水脩金钱四十六千文。时值暑热，六月十六日遵章放假，理应报销入付账目报单列左。入仁义保钱二十五千文、学生议学资钱十千文、僧月辉谷钱六千文、僧大铨谷钱二千文、九龙会钱二千文、文昌会钱三千文、李木匠罚项钱二千文、谭裁缝罚项钱一千文、仁义团钱五千文，共入钱五十八千文。付进城函告用费钱一千四百文、学局学董纸钱四百文、下聘用费钱六百二十文、教员聘金钱一千文、开学纸烛钱二千零十文、教科书钱二千二百四十文、表式钱六百文、黑板又粉共钱二千四百文、学堂天池纸钱一千五百三十文、补修学堂树料钱六千五百四十文、木匠工钱五千六百四十文、操坝石工小工二千四百八十文、竹子钱三千五百文、石灰钱三千二百文、瓦匠工钱三千四百文、发榜文硃钱一百五十文、上期教员脩鑫薪水钱二十三千文、放假纸烛用费钱一千五百八十文、进城报销路费钱二千八百文。共付钱六十四千六百六十文。品出两抵不敷董长垫钱六千六百六十文。

初五批复"如实报销粘单附"。

可能是经费欠缺垫付过多，也可能是能力不足，也可能是家事繁多，渠县东路清河场街保初等小学堂学董杨星五于宣统二年十二月十七日提出辞职并申请报销费用。称：

为辞举报销事，情生接充清河场街保学董，经办两载，毫无起色，兼家事浩繁，不能兼任，商同团保士绅，议举品学兼优、众望素孚之罗文明接充，随恩札委，以专责成，至下学期入、付账目粘单，禀报伏祈核销准辞。计开：入活猪厘钱四十千文、麻秤钱二十二千文、炭秤钱三千文、神龙会钱二十千文，共入钱八十五千文正。付开学纸烛钱四百二十文、白墨钱五百二十文、纸张钱一千二百六十文、表册钱五百二十文、完租捐钱一千四百文、买教科书钱一千文、国文读本钱一百四十四文、还上期垫项钱三千零九文、圣会庆祝钱四百文、杂役钱一千一百文、刘教员薪水钱三十千文、杨教员薪水钱三十千文、学董薪水钱十二千文、放年假纸烛钱四百文、进城报销往返钱二千六百文。共付钱八十四千七百七十三文。入付品除实剩钱二百二十七文。学界查账员何炳记。

劝学所十八日批示："查核单开各款尚能核实准销，该学董着仍留充，勿庸恳辞。"

杨星五辞职未准。

宣统三年（1911）正月初二东路清河场仁义保学董蔡望璋也提出辞职并申请报销费用，其理由为"情民去年充任仁义保学董，一切入、付账目理应粘单禀报，窃民愚朴，不学办理乖方，昨已协商本保士绅另举徐运接充学董，恳即札委，以专责成"。计粘一纸附后：

入仁义团钱二千文、文昌会钱一千五百文、九龙会钱一千六百二十文、僧大全钱二千文、仁义保钱十八千一百二十六文、上学期存钱一千二百文，共入钱二十六一千四百四十六文。付开学纸烛口食钱一千三百六十八文、白墨钱二百六十文、教育薪水钱二十四千、筹款服务费钱五百六十八文、买表式钱二百文，共付钱二十六千三百九十六文。入付品除实剩钱五十六文。学界查账员何炳记。

辞职没被批准："仍充勿辞"。

杨星五主动辞职未准，结果被劝学员李杜举报后劝学所却同意了，于是劝学所上报县府发文任命罗文明充当渠县清河场学董，渠县知事颜学序签发《札委罗文明充当清河场学董一案》：

为札委事，案据视学郭奎铨牍称，据东二区劝学员李杜报告，学董杨星五办事敷衍，另委罗文明充当清河场实行小学堂学董一案，合行札委。为此，札仰罗文明即便遵照，来札接充清河场学董，务将堂内一切事宜照章认真经理，毋稍因循敷衍，是为至要，切切，特札。

右札清河场学董罗文明准此

宣统三年正月二十四日

那边辞职刚换人，这边东路清河场第二区第二甲仁义保学董罗树臣却在宣统三年二月初四被当地发龙寺僧月辉告了，称其勒取学费导致生活困难。

诉讼人僧月辉，报告徒僧大明，年龄分别为60岁和32岁，籍贯清河场，住所发龙寺。被告人罗树臣、蔡望章、罗凤翔，证人杨先春、范守中、罗嘉壁、罗立品、罗嘉顺。诉讼事项：为挟串藉索事，情生师祖盛容于洪化年间采药至发龙寺古刹，因见庙宇破残，无人看守，香火住持于此，陆续培补庙庭，越乾隆初年始有甘罗二姓施田地一分，迨今已安，当价银一百一十两，岁仅收佃钱五串，租谷七石之谱迹，来年丰欠无常，兼培补寺院已负外债百余串。岁靠应教糊口，并缴比关僧立学堂二串，惟恐不及否，本保惯搲罗树臣仗父捐监之势，挟僧前讨超度钱文，并光绪二十九年，伊弟打死罗廷爵于庙侧，僧不为隐之，嫌□充本保学董，高小学于庙，估要僧岁捐租谷二石，僧初不允，在劝学所朦请签饬害僧。枉费钱十六串，捐谷未减颗粒。现僧师徒数口服食十分缺，如今树臣与父凤翔又串同好事蔡望章、罗福顺等，藉小学为名，勒要全提寺业，否则暗给背手银五十两始免，凤翔见僧不允，减令给银三十两，亦可免提，凭保正杨先春、范守中，地邻罗嘉壁、罗立品、罗嘉顺等理解不休，如不禀究，恐复去岁之害，是以禀恳唤讯究搲上告。

这是一份官方的印刷状格起诉状，标志诉状书写有了固定的、规范的格式，其状格印有：诉讼人、辩诉人、年龄、职业、籍贯、住所；被告人、住所、被控辩诉事；证人、物证。还标明了诉讼费用：院控状费二千文，上控状费一千六百文；本州县诉状八百文，命盗案不取分文，因公具禀不取分文；还说明以上数目系督宪规定，不准私加分文。其右格外说明：官印刷局制售，每张定价钱二十文，代售九折，此外不准私加分文；此项正副状格诉讼人与辩诉人约可通用，唯各照线格详晰填写，勿得混杂，但不能用于审判检察等。

颜知事批示：

朝花夕拾

该僧庙产仅足糊口，并供焚献，已认僧立学费钱二串，力名止此。罗树臣等何得藉办学堂为名，叠搕不已。着抄批传谕罗树臣等，勿得再向该僧勒取学费，勿庸涉讼，签查销。初五。

可能是清河场仁义保学董罗树臣等人向劝学所报称发龙寺僧月辉不认加捐的事，更知僧月辉已到县府告状而不知知县已判定，劝学所也没认真调查核实，视学员郭奎铨却在二月初六向钦加同知衔直隶署理绥定府渠县事奏补彰县正堂加五级纪录十次记大功二十五次学务监督颜学序知县牍启：

为牍呈事，案据清河场仁义保学董罗树臣，保长蔡望章、罗廷仁、徐运品函称：情董等于正月二十八日敬请牍呈，监督签饬僧月辉等投佃一函，已沐贵所派差，差士与来场面催，不妨月辉蔼票不遵，品称佃户未家，留差来场守候，悄令伊徒僧大明来城，以挟串藉，反遭诬控。将来公益事件由谁担任？是以复请视学先生速牍县辕，追佃究诬以重要公而儆欺蔼等情，据此理合备文牍呈。监督府赐查核签饬僧月辉投佃。为此，另由呈乞。照念施行须至牍者。

颜知县批复：

牍悉。前据僧月辉呈控，已明白批示，希即传谕罗树臣等，勿得再向该僧勒索，免于讼累。初六。

那学董罗树臣等一看批示对己不利，于是和蔡望章、徐运品等在二月初七向渠县县府进行申辩，结果未讨到好。他们称：

情去正月，恩主示谕各场五十户设立实行小学一堂，生等东路清河场保正杨先春、范先福等，遵凭各保绅首各立一堂，生等仁义保即以发龙寺上殿作校地，稍加修补，提本保保会钱三十串作当年经费，庙内住持僧月辉收谷十八石，佃资十二串，各提谷二石以作学堂经费。去岁上学期劝学所照会生充当学董，下期生考入自治研究所，肄业，又举徐运品勤办，劝学所禀案可查，嗣教育会调查员张天鉴来堂调查，只有僧大全[1]在庙焚香，月辉以清河场关庙打斗为名，滥吸洋烟，闲游浪荡，不务正业。今正月十三日，暗窥关庙所存枋料三足，人众拿获。投明本保理讲，月辉自知必被驱逐，当凭保正杨先春、范先福，场约李贞安，保长

---

[1] 应为"僧大明"。

罗廷仁等认罚，本场简易识字学塾号楻六张，甘愿下庙内佃户刘庆、朱映发、华述章等佃资，以后每年收作本保学堂公用，原约伊佃户来堂投佃，不妨月辉事后生事，函告劝学所签饬可查，月辉闻之，诡计旋生，竟于本月初四日以挟串藉索等情诬控。生等在养意图学堂发展。生等如不具实禀明，由伊串习翻诬，将来公益事件谁人担任？学堂何望进步？是以不揣冒昧声恳。

颜知县仍坚持前见，做事要让人乐意，办学要量力而行，批示：

应由人乐从，不得勒索，如各保能多立学堂，应量民力，如何？今年本县以后立一初小学堂，示谕该学董等何所见而云然耶？前据僧月辉控告勒索等情，控该学董等在案。本县以出办学未予准可，今该学董难明辩诬，其实自道其过，况既罚号楻，又逐下庙，情理已失，其情退有后言也，核查应不准行。初八。

此事就此了结。

宣统三年（1911）上半年学期结束，各学校开始申请审核报账。

六月十一日，清河场街保公立初等小学堂学董罗文明禀称：

住东清河场距城一百二十里，为报销事，三年上期已满，遵章放假，所有一切入付账目自本年正月二十日开学，至闰六月初五日放假止。共入钱八十二钏二百文，付教员学董薪水及白墨纸张等项共钱八十四千七百五十八文，入付品除不敷钱二千二百五十八文，俟下学期款出再行开销，细目列单粘后。除分报劝学所外理合禀报。计粘单一纸并积分表五册。其上学期入付账目清单：入月课会谷二十石钱五升斗四十八串三百文、炭秤钱三串、麻秤钱十串、活猪厘钱二十串、山租钱九百文。付开学用费钱四百一十六文、雇工糊灶购耳锅火钳各一口水瓢钱八百二十文、聘教员用费钱三百九十三文、白墨钱七百八十文、学差两次送黄胡郑三教员聘书往返口食钱七百二十文、学差九次送照会往返口食钱一千八百文、表册纸张钱一千六百二十文、完租股钱二千六百文、范教员薪水钱三十串、黄教员薪水钱三十串、学董薪水钱十二串、杂役钱一千二百四十文、散学放假用费钱三百六十九文、进城报销往返钱夫马钱二千文。入付两品不敷钱二千五百五十八文。学界查账员何炳记。

113

批示："如实报销表式粘单存。"

六月二十日东路清河场仁义保学董徐运品禀称：

住东清河场距城一百里，呈查报销事，仁义保公立初等小学堂第二年第三学期聘定教员于海清，二月初八入堂开学教授，一月示满因病亡故，又复聘教员罗玉成，系本县毕业师范生，上下两期薪水脩金钱四十串，时值暑假，遵章理应将各学生表册并入付支销粘单列后，以备呈查。入付账目：入仁义保钱十五千三百五十文、各学生钱八千二百文、僧月辉钱二千十文、僧大全钱一千文，付于海清薪水钱九千文、开学纸烛钱四百三十文、白墨钱二百六十文、表册钱二百六十文、罗玉成薪水钱二十串、学堂扎子钱六百文、学董薪水四千文，总入钱二十六千五百五十文，共付钱三十四千五百五十文。入付品除不敷钱八千文。学界查账员何炯记。

并添加了说明：

查该员在本期教授未满一月身故，而支薪如此之多，似有不合，然历任该堂教授不无劳绩，可原能否准销，恭候。鸿载。

批示："如禀报销表式粘单存。"

六月二十九日东路清河场齐心合保学董王庆均禀报：

清河场齐心合保公立初等小学堂本年上期已满，所有一切入付账目理应缮单，呈请核销，并将试验各种表册一律备齐。遵章禀报，以便存查以照核实。

粘单为：

入齐心合保会钱十五串、清醮会钱二十串、齐心团会钱三串、水口庙会钱三串、牛王会钱一串、福寿团会钱二串、义和团会钱一串、同心团会钱三串、议学钱二串，共入钱五十六千文。付范教员薪水钱二十串、刘教员薪水钱十五串、接教员下聘书钱八百文、赔补校地工程口食钱及购石灰共享钱一千二百文、买纸笔银硃共钱八百六十文、买黑板钱六百五十文、白墨钱三百四十文、表册钱六百四十文、开学纸烛钱六百文、放假纸烛钱六百文、报销往返钱二千八百文、学董薪水钱八千文、劝学所学差送照会钱六百二十文，共付钱五十二千五百一十一文。入付两品实垫钱二千一百一十一文。学界查账员何炯记。

批示："查阅入付各款，尚无浮冒，准报销存查，粘单及各表册附。二十三号。"

二十九日再批示："如实报销表册粘单存。"

七月初五日，县府收到劝学长兼视学郭奎铨牍呈：

为牍呈事，案据清河场街保学堂教员黄德扬函告，该保学董罗寿昌，年近耋迈，办事不力，昨年附高简易学塾已经开办，本年废立，兼此期报销内学款已收至百余串，而学堂实用之数不过七十余串之谱。其中恐有不实。不尽之处，恳另委范舜臣充当学董，庶无有误等。情前来本所复查无异，拟请监督委范舜臣接充清河场街保学董，以专责成，是否有当，理合备文牍呈。监督查核示遵，为此另由呈乞。照验施行须至牍者。

此时的知县是花翎同知衔署理绥定府渠县事补用县正堂加五级纪录十次记大功十六次学务监督周诚，贵州麻啥州人，光绪癸巳恩科举人，他在风雨飘摇的清末上任，成为渠县历史的绝唱。周知县很有规矩，一看是一个普通教员的函告而未调查落实就让劝学所牍呈，认为轻率，要求核查再报。于是批示：

查学董更换应由各区劝学员调查确定报告，方昭慎重，不能以教员函告即予更易。所呈清河场街保学董罗寿昌年老舞弊，是否属实，其学期报销与否，到所核明，均未声叙，无从核饬范舜臣能否接充，应即由劝学所转谕该区劝学员一并查复，牍呈来案再行核示。

九月十六日，劝学员长兼视学郭奎铨牍呈将清河场仁义保团会首事蔡长全存款四十余串提作学堂公用，却未得准。

为牍呈事，案据清河场仁义保学董徐运品函称，情渠东清河场第十区二段仁义保校地发龙寺公立初等小学堂，第二年三学期聘定教员于海清二月初八入堂办学教授，一月示满因病亡故，又复聘教员罗玉成，系本县毕业师范生，上下两期薪脩金钱四十串，上期共享去钱二十千文，于海清共享去钱九千文，时值暑假，遵章理应将各学生表册呈报并入付账目开单列后呈所，学堂款项支出，上期不敷钱八千文，暑假日期，保

朝花夕拾

内绅首大众商议，保内团会首事蔡长全存款四十余串之谱，提作学堂公用，是以敬请视学先生牍请，监督员核，立案示遵等情，据此，除来函评议外，理合备文牍呈。监督员核示遵为此另由呈乞。照验施行须至牍者。付款清单：入僧大全钱一千文、僧月辉钱二千十文、各学生派捐钱八千二百文、仁义保钱十五千三百五十文，付于海清薪水钱九千文、开学纸烛钱四百三十文、白墨钱二百六十文、表式钱二百六十文、罗玉成薪水钱二十千文、学堂扎子钱六百文、学董薪水四千文，总共入钱二十六千五百五十文，部共付钱三十四千五百五十文。入付品除不敷钱八千文。

这位清末的最后一位知县知道，从1911年夏天开始，湘、鄂、粤、川等省爆发保路运动，四川省尤其激烈，需要团练安保。他只是没想到的是9月25日，荣县独立，成为全中国第一个脱离清王朝统治的政权，把保路运动推向高潮，清王朝即将覆灭。所以他批示：

查保会系地方团练之款，现在该场尚未筹设巡警，又值冬防，亟应遵章办理团练，业已札饬举办所，请将保会存款提用之处，未便照准。着转饬知照缴。

天礼节

渠县档案馆保存的清代关于天礼节的官方文书《各地方行政官祭：天礼节》记载了地方行政长官及道尹县知事南郊祀天礼节的程序、方法等，让我们知道如何在地方举行天礼节，其文曰：《各地方行政长官及道尹县知事南郊祀天礼节》，原文如下：

祀日，届时献官以下具祭服咸集，于次献官盥手、阅祝版署名讫，司祝进奉于祝案引赞，引献官入坛右门，与祭官随入通赞，赞乐舞生就位。执事官各司其事，赞献官就位，献官及与祭官各就位。

坛下拜位北向立，赞燔柴，司乐。赞举燔柴，乐起，枳镈钟鸣击编钟乐，作通赞，赞四。拜献官及与祭官皆行四拜礼：跪拜、再拜、三拜、四拜。兴司馔一人奉毛血盘至笾豆案前，拱举奠于案，退，乐止。击特磬戛敔，通赞。赞奠帛司乐，赞扬举奠帛，乐起，枳镈钟鸣击编钟乐，作引赞，赞诣奠帛位，引献官升坛，诣帛案前立，捧帛员捧帛立献官之右，接帛员立献官之左，引赞赞帛，献官受帛拱举授左员奠于案正中，退赞复位。引献官复拜位立，乐止，击特磬戛敔，通赞。赞奉俎司乐，赞举奉俎乐起，枳镈钟鸣击编钟乐，作引赞。引献官转立西旁，与祭官各退避东西面立，司馔一人进彻毛血盘降自坛东以出，有司盛羹于壶进至坛下止立，司馔二人执之，以升献官及与祭官皆仍复拜位立，引赞赞诣。奉俎位引献官升坛诣俎案前立，赞奉俎司馔举壶在献官前对立，献官双手拱举司馔，乃以羹沃俎者三，东司馔退，西司馔执壶自坛西降出引赞，赞复位引献官复拜位立，乐止。击特磬戛敔通赞，赞行初献礼，司乐赞举，初献乐起，枳镈钟鸣击编钟乐，作引赞。赞诣献爵位，引献官升坛诣爵案前立，捧爵员捧爵立献官之右，接爵员立于左，引赞，赞献爵，献官受爵拱举，授左员奠于爵垫正中，退司祝就，祝案前捧祝版至案东先立，乐暂止。引赞，赞诣读祝位，引献官诣读祝位正立，通赞，赞读祝司祝读祝毕，献官受祝版拱举，仍授司祝，司祝奉祝版进安于篚，退乐。复作引赞，赞复位，引献官复拜位立，通赞赞四，拜献官及与祭官皆行四拜礼：跪拜、再拜、三拜、四拜，兴乐止。击特磬戛敔，武舞退，文舞进，通赞。赞行亚献礼，司乐赞举亚献乐起，枳镈钟鸣击编钟乐，作引赞。赞诣献爵位，引献官升坛诣爵案前立，捧爵员捧爵立献官之左，接爵员立于右，引赞，赞献爵，献官受爵拱举，授右员奠于爵垫，左退赞复位，引献官复拜位立，乐止。击特磬戛敔，通赞。赞行终献礼，司乐赞举终献乐起，枳镈钟鸣击编钟乐，作引赞。赞诣献爵位，引献官升坛诣爵案前立，捧爵员捧爵立献官之右，接爵员立于左，引赞，赞献爵，献官受爵拱举，授左员如初献仪，接爵员奠爵于爵垫，右退，赞复位，引献官复拜位立，乐止。击特磬戛敔，文舞退，通赞进至坛东西向立，赞献官代表地方人民受福胙，司乐赞举，受福胙，乐起，枳镈钟鸣击编钟乐，作引赞。赞诣饮福受胙位，引献官升坛诣饮福受胙位正立，捧福胙员捧福胙至笾豆案前，拱举退立献官之右，接福胙员进立献官之左，引赞，赞饮福酒，献官受爵拱举授于左，赞受胙献官，受胙拱举授于左，赞复位引献官复拜位立，通赞四，拜献官及与祭官谢福胙皆行四拜礼：跪拜、再拜、三拜、四拜，兴乐止。击特磬戛敔，通赞，赞彻馔司乐，赞举彻馔，乐起。枳镈钟鸣击编钟乐，作司馔。进彻笾豆各一，少移，故处退，乐止。击特磬戛敔，通赞，赞望燎，司乐，赞举望燎，乐起，枳镈钟鸣击编钟乐，作通赞。赞奉祝帛送燎司祝帛爵馔各进捧，祝帛酒馔恭送燎所通赞，随出时赞引，引献官转立西旁，与祭官各退避东西面立，俟祝帛过毕，引赞，赞诣望燎位，引献官诣燎所东向立，通赞，赞可燎司燎率燎，人以炬燎，半柴通赞，赞礼成，乐止。击特磬戛敔，引赞，引献官出坛右门，与祭各官随出，至次更衣各退。

天礼节起源及发展

祀天起源于上古时期，是夏朝虞舜时期祭天的典礼，是华夏民族最隆重、最庄严的祭祀仪式，也是古时候人与天的"交流"形式。殷商时期，天神是"帝"，是自然和下界的主宰，其周围有日、月、风、雨等臣工使者。周代，天帝被人格化，周王自称"天子"，是作为天帝之子在人间统治人民的，他对天地非常崇敬，也像侍奉父亲一样侍奉天帝。祀天就是对天帝的侍奉、献祭的仪式。通过祭天来表达人们对于天滋润、哺育万物的感恩之情，并祈求上天保佑子民。祭天的正祭是每年冬至之日在国都南郊圜丘举行。据明清两朝史料记载，明清两朝每年冬至日的圜丘祭天，继承了古代郊祀最主要的形式，礼仪极其隆重与繁复。

历史上的每一个皇帝都把祭祀天地当成一项非常重要的政治活动，因此，祭祀建筑在帝王的都城建设中具有至关重要的地位，必集中人力、物力、财力，以最高的技术水平，最完美的艺术去建造。至明、清时期，祭祀活动在古代祭祀的基础上，更加神圣化，更加隆重。为此，明永乐十八年（1420）在北京南郊建造了天坛，用工十四年，与紫禁城同时建成，名天地坛。明初，天与地合并一起祭祀，南北的郊坛都一样，设祭的地方名叫大祀殿，为方形十一间的建筑物。嘉靖九年（1530）因立四郊分祀制度，在天坛建圜丘坛，专用来祭天，嘉靖十三年（1534）改称天坛。嘉靖十九年（1540），又将原大祀殿改为大享殿，圆形建筑从此出现。乾隆时期，国力富强，天坛也大兴工程。乾隆十二年（1747），将天坛内外墙垣重建，改土墙为城砖包砌，中部到顶部包砌两层城砖。内坛墙的墙顶宽度缩减为营造四尺八寸，不用檐柱，成为没有廊柱的悬檐走廊。经过改建的天坛内外坛墙，更加厚重，周延十余里，成为极壮丽的景观。天坛的主要建筑祈年殿、皇穹宇、圜丘等也均在此时改建，并一直留存至今，形成现在天坛公园的格局。天坛规模宏大，中央为祈年殿、皇穹宇和圜丘，东北为牺牲所，西南为斋宫。此后，冬至祭天大典都在天坛举行。祭天活动十分隆重，冬至前一天，皇帝移驾斋宫，进行沐浴，次日在圜丘举行祭天大礼，所用牛、羊、猪、鹿都是在牺牲所专门饲养的。祭天时，必须穿祭服，升火悬灯，乐奏钟鼓，唱迎神曲，请神牌，行大礼，祈求天神保佑国泰民安。

由于祭祀活动场面宏大，一般都是在郊外举行，因此又被称为"郊祭"。

而今，开放的祭天礼仪馆展示了天坛部分文物精品，其中有祭天陈设使用的祭器。展馆正中有清乾隆十三年（1748）《大驾卤簿图》。该图所绘有人员3700多人，各式器物1000多件。车辂、乐队、兵器、帜、旗、纛、氅、麾、节、旌、幡、伞、盖如云，文武百官、太临、侍卫、护军等紧紧跟随，黄龙大纛压后，皇帝被前后簇拥着前往天坛举行祭天大典。祭天礼仪馆将烦琐的皇帝祭天仪式过程进行了归纳，以便人们能更简洁清晰地了解祭天仪式全过程。在天坛约600年的历史中，曾有23位皇帝在此举行过682次祭祀大典，每次典礼都庄严肃穆，隆重非常。祭天礼仪馆在让人领略了建筑的风采之后，也体会到了天坛深厚的文化内涵。

祭天准备

据史料记载，明清两朝每年冬至日的圜丘祭天，是古代郊祀最主要的形式之一，礼仪极其隆重与繁复。

国祭准备： 首先要对天坛内各种建筑及设施进行全面大修。同时修整从紫禁城到天坛皇帝祭天经过的各条街道，达到面貌一新。其次，祭前五日，皇帝要派亲王察看为祭天时屠宰而准备的牲畜；祭前三日皇帝开始斋戒；祭前二日还要书写好祝版上的祝文；祭前一日要宰好牲畜，制作好祭品，整理神库祭器；皇帝阅祝版，至皇穹宇上香，到圜丘坛看神位，去神库视笾豆，去神厨视牲牢，然后回到斋宫斋戒。再次，在祀日前夜，由太常寺卿率部下安排好神牌位、供器、祭品；乐部就绪乐队陈设，由编磬、编钟、镈钟等16种共60多件乐器组成；最后由礼部侍郎进行全面检查。

国祭位设： 圜丘坛专门用于祭天，陈设讲究，祭品丰富，规矩严明。坛上共设七组神位，每组神位都用天青缎子搭成临时神幄。上层圆心石北侧正面设主位——皇天上帝神牌位，其神幄呈多边圆锥形，两侧设长方形幄帐，供黄帝列祖列宗配位。第二层坛面的东西两侧为从位——日、月、星辰、风雷、雨、云牌位，神幄为长方形；神位前摆列着玉、帛以及整牛、整羊、整豕和酒、果、菜肴等大量供品。单是盛放祭品的器皿和所用的各种礼器，就多达700余件。上层圆心石南侧设祝案，皇帝的拜位设于上、中两层平台的正南方。

祭天时辰：祭天注重时辰，为太阳出来前即七点左右，时辰一到，斋宫鸣太和钟，皇帝起驾至圜丘坛，钟声止，鼓乐声起，大典正式开始。

祭天程序

皇帝登上圜丘坛，向上天汇报过去一年中，社稷的情况和自己的功过，希望上天接受自己的盛情款待，恩赐给人间下一年的风调雨顺。

祭天九奏，要经历九道礼序。适应这九道礼序，分别演奏九曲乐章。九道礼序是：迎神、奠玉帛、进俎、初献、亚献、终献、撤馔、送帝神、望燎。而每道礼序演奏的乐曲不同，如明代的乐章取名"和"，有中和乐、肃和乐、寿和乐等，而清代的乐章取名用"平"，有清平乐、太平乐、永平乐、嘉平乐等。天坛设有神乐署，设置官居正六品的署正一人，从八品的左右署丞各一人，还有正八品的协律郎五人，下面有乐生舞生近500人，这些乐团专门负责祭祀的演奏任务。

一是迎帝神：皇帝从昭亨门（南门）外东南侧具服台更换祭服后，便从左门进入圜丘坛，至中层平台拜位。此时燔柴炉，迎帝神，乐奏"始平之章"。皇帝至上层皇天上帝神牌主位前跪拜，上香，然后到列祖列宗配位前上香，叩拜。回拜位，对诸神行三跪九拜礼。

二是奠玉帛：皇帝到主位、配位前奠玉帛，乐奏"景平之章"，回拜位。

三是进俎：皇帝到主位、配位前进俎，乐奏"咸平之章"，回拜位。

四是行初献礼：皇帝到主位前跪献爵，回拜位，乐奏"奉平之章"，舞"干戚之舞"。然后司祝跪读祝文，乐暂止。读毕乐起，皇帝行三跪九拜礼，并到配位前献爵。

五是行亚献礼：皇帝为诸神位献爵，奏"嘉平之章"，舞"羽龠之舞"。回拜位。

六是行终献礼：皇帝为诸神位依次献爵，奏"永平之章"，舞"羽龠之

朝花夕拾

舞"。光禄寺卿奉福胙，进至上帝位前拱举。皇帝至饮福受胙拜位，跪受福、受胙、三拜、回拜位，行三跪九拜礼。

七是撤馔：奏"熙平之章"。

八是送帝神：皇帝行三跪九拜礼，奏"清平之章"。祭品送燎炉焚烧，皇帝至望燎位，奏"太平之章"。

九是望燎：皇帝观看焚烧祭品，奏"佑平之章"，起驾返宫，大典结束。

祭祀现场纪律要求极严，必须虔诚整肃，不许迟到早退，不许咳嗽吐痰，不许走动喧哗，不许闲人偷觑，不许紊乱次序。否则，无论何人，一律严惩。《大清律》中明文规定："每逢祭祀，于陈祭器之后，即令御史会同太常寺官遍行巡查，凡陪祀执事各官，如有在坛庙内涕唾、咳嗽、谈笑、喧哗者，无论宗室、觉罗、大臣、官员，即指名题参。"因此，凡随祭人员都是诚惶诚恐，毕恭毕敬。

据记载，清嘉庆二十四年（1819）五月廿四日，因恭修皇祇室内乾隆皇帝之神座，而派遣成亲王代行祭告礼。由于成亲王向列圣配位行"终献"礼时，亲王乱了先东后西之次序，事后被革职退居宅邸闭门思过，并罚扣半俸10年，照郡王食俸。

祭祀结束后，按制度规定要向有关官员分赐食肉，叫"颁胙"。祭前，由太常寺负责登记造册，并发给胙单（取肉证）至各衙门。祭毕，各衙门持胙单各自到祭所领取。

据记载，宗人府、内阁各10斤，六部、理藩院、都察院、通政使司、大理寺、乐部、京门道各7斤，太常寺銮仪卫、詹事府、顺天府、太仆寺、光禄寺、鸿胪寺、六科五城各5斤，翰林院、起居注、国子监、太医院、钦天监、中书科各4斤。祭祀对平民百姓并无好处，特别是大兴、宛平两县既要派驻坛户守坛，又要负担200多名厨差役夫，还要摊派祭祀所需的杂费银两。

清末民初，朝廷或中央政府下文对地方行政长官及道尹县知事南郊祀天礼节进行了规范，程序基本没变，内容要求更适合地方，以"赞"为引领，但仍然隆重、严肃。

民国二年筹款维修渠县南阳寺始末

渠县南阳寺，古代名刹，曾是唐代大诗人李白、元稹流寓、赋诗之地，后有明万历四十二年（1614）任渠县县令高则腾，康熙壬子年（1672）任江南庐州府合肥县知县的达县人瞿戴仁，康熙戊子年（1708）举人湖广监利县知县渠县人雷执谦，康熙五十七年戊戌年（1718）进士山东城武县知县渠县人阎自新，清嘉庆十七年（1812）任渠县知县的湖北黄陂举人王蔺三，以及抑郁不得志、能诗工书的清人阎检等人题诗留名。到了民国初年，南阳寺破败没落，于是当地民众提议筹款补修，并向知事公署报告，请求政府出面资助。报告刚提交上去，前任知事吴永栻却离任了，事情落到了民国二年（1913）三月才署渠县的清廪生毛焕煊手上。毛知事接手后，一边要求地方筹款维修，一边捐银钱资助，还亲自撰文《培修南阳寺募捐小引稿》，花了近两年时间才维修竣工，却也打了几场官司，让人唏嘘不已，渠县档案馆现还保存着《关于筹款补修南阳寺等案》的专卷。

春节祭拜跪破寺，乡人齐聚议修葺

民国二年正月初七，土溪乡雷踞坪保的乡亲们聚集在一起讨论一个问题。他们春节期间到本保的南阳寺烧香拜佛，发现"柱瓦崩坏，不堪入目"，于是便商量怎样维修，推举几人牵头来做，可是本寺业产无几，钱不够怎么办，只好请县政府出面督促地方政府募捐筹款。商量好后，雷幸三、雷霖珍、雷英动、雷新山、雷春荣、杨绍周、申子光、谢荣丰、埴卓宝、雷映文、雷钟毓、庹恒齐等人联名向渠县知事公署打报告，称：

> 谨禀来请示遵事，情民等雷居坪保有罗刹古地之南阳寺，现今柱瓦崩坏，实属倾颓，不堪入目，民等商量邻居培补建修，诚虑工程浩大，本寺业产无几，民等虽共誓补修，有志未逮，爰邀本乡四围磋商，……万之纲、雍炳成、雷怀山、黄品三、雷雨亭等总摄，其任不能组织完善，但之纲等既经众选议举，理合禀请札委万之纲、雍炳成、雷怀山、黄品三、雷雨亭等承充总领，以期功竣告成。并请印簿募化，杜侵融而全古寺。

时任知事批示："南阳寺古刹原宜保存，既议补修并分饬尽可照办，毋庸恳请。"

毛知事文倡募捐，团首人艰难催佃

哪知报告打上去后，泥牛入海，有批示却没有了下文。原来是县上主要领导调整了，新知事毛焕煊4月上任还没顾得过来。不过第二年毛知事因公事到三汇路过去看了一下南阳寺，所以民国三年（1914）9月10日，渠县行政公署公布关于维修南阳寺的公文，是毛知事亲笔撰写的《培修南阳寺募捐小引稿》，文曰：

> 出城北五十里有古寺，一曰南阳寺，滨渠江，面水望，风景形胜。据寺之上有沱，毗寺之下有滩，均以寺得名，寺之创兴始于何代，稽之志乘，已不可考。然为唐名流李白、元稹流寓之所。县君高则腾、乡贤雷扬谦题咏钓游之地。夫山川灵秀，贵以人传，扶圮救散，责在后起，余捧檄是邦，闲尝一履其地，栋宇倾颓、门窗委化，荒烟蔓草，触目伤怀。一访李元高雷诸公旧迹，惟见丰碑耸峙，风雨剥蚀，摩挲一再，倍切怆然，由今之衰，以思昔之盛。于此，不加修葺，数年以后，名人名地必随败垣废砾以俱湮，是则大可惧也。保存古迹，责在守土，凡官于斯，商于斯，与为邑之人者，得毋有与余并庚同调者乎？乐助多金，襄斯善举，废者兴、散者起，直指顾问事耳，不日成之，其能无望于好善乐施之君子也夫。

毛知事发出倡议，募捐筹款，担起保护古迹之责任。同时他首捐一百两银子。

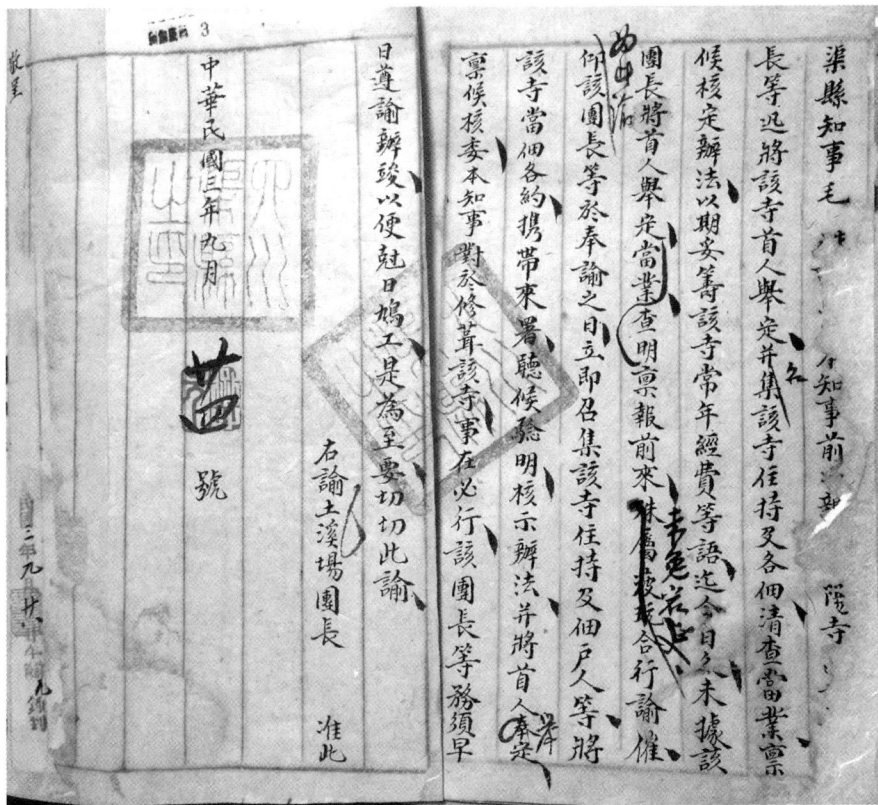

民国三年九月渠县知事关于修葺南阳寺的手谕

1914年9月12日，渠县行政公署发出《饬李馥、流溪、土溪场团长即便遵照俟本知事亲临勘工筹款补葺一案》第一一二号指令：

> 渠县知事公署饬照得保存古迹迭奉，中央通令，县境南阳寺创建甚古，久为名胜之区，历经前代名人李白元微之流览题咏，尤觉有光志乘，前次本知事因公出巡，道经该寺摩挲遗迹，转慨荒芜，若非以时修葺，深惧年久湮灭，古迹荡然，无以慰后人流连景慕之思，此拟由本知事担任筹款从事补葺，兹订明于某月某日亲临勘工，除分饬李馥流溪土溪团长外，为此饬仰该团长等届期同赴该寺，即便就近预饬该寺设治座起至行厨由本知事自备，毋劳代为预备也，切切，此饬。

到了9月24日，土溪场还没报来维修南阳寺的首人名单，毛焕煊知事以行政公署名义向土溪场团长段文瑞发出手谕《谕土溪场团长遵谕办竣以便南阳寺尅日修葺一案》，要求迅将该寺首人举定，并召集该寺住持及各佃，清查当业，禀候核定办法，以期妥筹该寺常年经费等语。

迄今日久未据该团长将首人举定查明，当业禀报前来，未免宕延，合行谕催。为此谕，仰该团长等于奉谕之日，立即召集该寺住持及佃户人等，将该寺当佃各约携带来署，听候验明，核示办法，并将首人举定。禀候核委，本知事对于修葺该寺，势在必行，该团长等务须早日遵谕办竣，以便赳日鸠工，是为至要，切切。此谕！

土溪乡团长段文瑞、郑毓龙收到县行政公署 24 日指令后，于 27 日立即呈报开展的相关工作。

知事先生鉴顷，奉硃谕仰见婆心，长等前领面谕后已商定伊保土住之雷怀山、雷钟毓堪称厥职，所有当佃各户伊亦周知无遗，九月二十三号本场为集场之期，长等召集该住持查询当佃各事，谓现在赶紧遵查，未敢稍延俟，查妥送来公署，断无有误。但该寺首人非雷怀山，雷钟毓不克胜任，乞速核委干办，以期早日竣成，无负先生之热心。

毛焕煊知事于廿八号在呈文上批示："委雷怀山、雷钟毓任经修南阳寺首人。"当天就向雷怀山、雷钟毓发出公署令，"照得南阳寺为全县古迹，应行修葺。兹查有该民勘胜该寺经修首人之任，仰即会同雷钟毓、雷怀山清理当佃，募集捐款及修理一切，妥慎办理。切切，此饬。"

1914 年 9 月 28 日，维修南阳寺的首人雷怀山、雷钟毓和住持僧昌蝉等人向渠县行政公署禀报各佃户承担的佃钱数目，要求以政府名义督促，称"民等渠治上北路土溪乡侧雷纪坪保，前清乡民创立南阳寺，原古刹地庙宇一座，迄今二百余年，其寺倾颓难看，乡民触目惊心，奈畏难成，是以遵恩伏翼仁廉，恩饬该寺之佃户款数亦变同给印簿，以便倡首募捐，共勤厥成，以全功峻，共沐鸿立。"然后附上佃户数目：

雷正明租钱一百八十五千文，雷大元随租钱三百千文，万春富租钱七百千文，雷平山租钱二百九十千文，雷焕文租银一百七十五两，雷兴儒租钱一百五十千文，雷兴诗租钱八千文，雷光汉租钱二百四十五千文，雷雄臣租钱五十千文，土主会租银一百两，牛王会租钱十五千文、银一百两，保会租银二百两，陈启闰租银二十两、租钱三百二十二千文，何文光租钱二百五十千文，雷春泽租钱二十五千文，雷德祥租钱九十六千文。

还附上南阳寺佃钱最初来源：

> 绪皇二十九年典约雷雨高租钱三百钏，绪皇十一年典约万春富租钱七百钏，绪皇六年典约雷显荣租钱五十钏，绪皇十四年典约雷炳蔚租钱一百八十五钏，宣统三年典约雷兴诗租钱八十钏，绪皇三十年典约雷正明租钱十钏，绪皇二十九年典约雷平山租钱二百九十钏，绪皇二十九年典约雷新华、雷新诗共租银一百七十五两，同治十二年焕约土主会租银一百两，绪皇十五年焕约雷兴发租钱一百五十四钏，道光十年焕约牛王会租银一百三十两，光绪十四年焕约陈启闰租钱一百一十钏，光绪二十年焕约雷锦堂租钱二百三十钏，光绪七年焕约雷锦堂租钱三十钏，光绪十二年焕约保会租银一百两，宣统二年焕约何文光租钱一百四十五钏，民国二年焕约何文光租钱一百钏，光绪二十七年焕约陈启闰租钱叁钏，宣统三年焕约三圣会租钱十钏，民国元年焕约雷德祥租钱九十六钏，保会安随租银一百两，陈启闰安随租银二十两。

毛焕煊知事 30 日批示：

> 呈悉，查该民等现被委任为经修南阳寺首人，仰即照开各佃所佃之地，或田或土，每年可收获若干，按之市价，该地可值价若干，切实调查明确，具覆。再由本知事特派委员复查，如有虚假，即将该民等是问，一面仍候签传各佃□日到署。询明稳重租经者酌量摘卖，以资安集巨款。赶日具之。是为至要。切切，此谕占附。

1914 年 10 月 1 日，渠县行政公署开出签单，派差曾明、张贵两人按单带人到县署，同时对差役提出不得借机勒索的要求。

> 接土溪场雷怀山等以遵恩传示等情，恩传雷正明等一案，合行签传。为此签仰该差前去协同该地约保，按照粘单，即传雷正明等并原禀雷怀山、雷钟毓、僧昌蝉逐一传齐，依限随签赴县，以凭核示。去差毋得籍签需索，滋延干咎，慎速须签。

绝大部分人到场，履行了部分承租，还有雷雄臣、土主会、保会、雷春泽没到署。

10 月 10 日，维修南阳寺的首人雷怀山等又向渠县行政公署禀报雷雨高等佃户该补的银钱数目，要求以政府名义督促，毛知事当即派差提人，又下第二〇六号饬令，饬县公署委员任麟、城区团总蓝崧高会同土溪场团总为佃户估量石斗、酌议价格、寻找出路。

为饬勘事，照得县属南阳寺为全县古迹，年久倾坏，即应筹款修葺。已由本知事签传该寺会业各佃户雷雨高等到署询查各产，多候稳重租轻自应，酌量摘提雷雨高等之业就佃找买资用，集巨款赶日鸠工，培葺辉煌昭重古迹，兹查团总该员谙练公务、办事热心，合行派往勘议，除务蓝崧高会同该团总员、由本公署委员会同该团总驻斟酌议外，为此饬仰该员即便遵照，驰赴该处会同按照粘单勘明各业，估量石斗酌议价值，与本知事派补之数，是否符合，并饬各佃户就当接买，以全两便。抑或另觅买主。推议给还各该户所安随租，仰该委员团总会同妥慎办理。是为至要，切切，此饬。

计开佃户雷雨高等约计补银钱单一纸：

雷雨高约一百五十两，万春富约四百钏，雷炳蔚约一百钏，雷平山约一百钏，雷兴诗约一百五十钏，牛王会约七十钏，陈启闰约二百钏，雷锦堂约一百钏，何文光约一百钏，雷德祥约八十钏，雷兴儒约一百钏，等等。

10月14日，渠县行政公署土溪场团长段文瑞下达"谕团长俟委员等到时召集该寺佃户毋许借故不到并觅住所"指令：

照得本知事前次签传南阳寺佃户雷雨高等到署，询查业产，多系稳重租轻，议提该佃户等佃业摘卖，业经分别饬委员绅，驰往会同勘议价值，顷据各该员绅面票，即日同行，为此谕，仰该团长等遵照，俟委员等到时赶紧召集该寺各佃，到齐与议，毋许借故不到并代委员等妥觅住所，以便暂住，切切，此谕。

10月17日，渠县城区总蓝崧高向县行政公署呈复十月十号第二〇六号饬令落实情况：

知事饬勘提南阳寺业就佃找买集款培葺各寺等因，遵于十四号会同委员驰往南阳寺，先行勘明前后田土，查寺业以门前田地一片，平坦尚属膏腴，而寺后高岭以下次之，且多穷远杂插，拟即以岭外之田地摘提出售，而以门首之田地退稳加租以全焚献而巩固寺基。勘毕，于是日前往土市招集团长段文瑞等并经理首人雷怀山、雷钟毓协议，至十五号齐集各佃户如雷雨高等，其情愿找买者酌议价值，其不愿找买者摊还稳租，其有既不找买者又不摊还如佃门首产业之何文光、雷德祥、雷兴儒等则各加添佃钱，既无退稳之费而可裕修葺之赀且并僧人度用，亦不致缺乏，洵属几便。其已商契出售者，如陈启闰原安稳租银二拾两，钱三百二十二千文，外补业价钱三百一十二千文；雷锦堂即雷光汉原安钱二百七十五千文，外补钱一百三十千文；牛王会原安钱一百三十两，外补钱八十串；保会原安银一百两，外补钱六十四千文，四共钱五百九十四串。外雷炳蔚原安钱一百九十五千文，无力找买，甘愿摊归钱一百三十串，另觅买主并摊少之钱六十五千文，共议钱□□十千文；雷雨高原安钱三百串，无力找买，甘愿摊归钱二百四十千文，减少钱六十千文，其业与雷鸿烈佃业相连，鸿烈原安钱八十串，因未拢彼，拟并雷雨高佃一，觅一买主，价钱三百串，而减少之六十千文，不在价内。外饬内抄粘之。雷春富系万春富之误，而春富已将原安稳租钱七百串减少百串，顶与雷槐山，应行加添租钱外，春富与前招佃之王爷会雷作宾共同认摊钱三十串，其拟卖并摊少，共可得钱五百一十串，连已卖业价，总共钱一千一百零四千文。至未经提售之业，概已加添租钱，如雷槐山安钱七百串，原租钱二十千文加租钱十串；雷与诗即雷焕文安银一百七十五两，原租钱二千五百文，加租钱九千四百文；何文光安钱二百四十五千文，原租钱二千八百文，加租钱九千二百文；雷德祥安钱九十六千文，原租钱三千文，加租钱五千文；雷兴儒安钱一百五十四千文，原租钱三千文，加租钱五千文；雷平山安钱二百九十五千文，原租钱一千六百文，加租钱八千四百文；土主会安银一百两，原租钱七千文，加租钱三千文；雷雄臣安钱五十千文，加租钱一千文，共佃户八名，原租并新加共钱九十二千文，按年照付，倘有自行退佃，日后归收稳租，仍应酌减。所有办理各情，除历讬经理首人并团长等照收照办。外否有当，理合详复。存查。谨禀。

毛知事 10 月 21 日批示：

禀悉，核与任委员禀粘各节相符，此次办理南阳寺庙业事，宜该员绅等处理得宜良深，嘉慰。应予如禀立案并候饬知该处团保及经理人等迅予照办，以期早日观成，此批。

10月18日，公署委员任麟向县行政公署呈复10月10号第二〇六号饬令落实情况：

委员道同团总驰赴南阳寺，会同场长等，传集该庙各佃户，与同地方经理首人勘议确实，各佃各业，分为三则，第一则加租贫困户八名，每年共收租钱九十二串，以作和尚常熟；第二则认买佃户四名，补钱五百九十四串，此项交与经理首人，以便开工；第三则另卖佃户三名，此业公同估计约剩四百余串之谱，此项卖出之后，由该场长首人等禀复，另单粘呈所有勘议各缘由，是否有当，理合呈复。计开加租佃户八名：雷春富即槐山安稳钱七百串，原租二十串，加租十串，共三十串；雷与诗即焕文安银一百七十五两，原租钱二千五百文，加租钱九千五百文，共十二串；何文光安钱二百四十五千文，原租钱二千八百文，加租钱九千二百文，共十二千文；雷德祥安钱九十六千文，原租钱三千文，加租钱五千文，共八千文；雷兴儒安钱一百五十四千文，原租钱三千文，加租钱五千文，共八千文；雷平山安钱二百九十五千文，原租钱一千六百文，加租钱八千四百文，共下串；土主会安稳银一百两，原租钱七千文，加租钱三千文，共十千文；雷雄臣安钱五十千文，原租钱一千文，加钱一千文，共二千文。共收租钱九十二千文。认买佃户四名：陈启闰安稳租银二拾两，钱三百二十二千文，认补钱三百一十二千文；雷锦堂即雷光汉原安钱二百七十五千文，认补钱一百三十千文；牛王会安稳银一百三十两，认补钱八十串，保会安稳银一百两，认补钱六十四千文，共补钱五百九十四串。另卖佃户三名：雷炳蔚安钱一百九十五千文，议归钱一百三十串；雷雨高安稳钱三百串，议归钱二百四十千文；雷鸿烈安稳钱八十串。此三业公同估计卖出之后约剩下四百余串。

毛知事也在10月21日批示：

禀粘均悉，查阅单开各节，与蓝崧高禀列各节相符，此次办理南阳寺庙业事宜，该员绅等处理得宜良深，嘉慰。应予如禀立案并候饬知该处团保及经理人等迅予照办，以期早日观成，此批。

为了加快筹款进度，10月26日，渠县行政公署向土溪场团长段文瑞、南阳寺经理首人雷怀山、雷钟毓等发出第五〇〇二号饬令。

> 为饬，照得本知事前因修葺南阳寺，集佃查询，议将该寺稳重租轻之业，酌提就佃找买，当经分饬委员任麟、城区团总蓝崧高驰赴南阳寺召集各佃，会同妥慎办理，并谕知该团长等遵办各在案，兹据委员任麟、团总蓝崧高等先后禀复。大致分加租、认买、另卖等三项办法，并称当经面托该团长经理首人等，照收照办，禀请存查前来，经本知事核明该员绅等办理南阳寺庙业事宜，处理尚属同妥。除批准并分饬该寺经理首人、该场团长等遵办外，合亟饬知该团长、经理首人等，即便会同该经理首人、该场团长迅予照办，以期早集钜款，赳日落成，毋稍稽延，致干咎戾，倘各该佃户人等抗违、不即遵办，准予指名禀究不贷，切切，此饬。

支款工匠促修缮，欠佃逼出陈年账

1914年10月26日饬令后，筹款进度加快，首人们与木匠头王福兴签约购置木料维修，哪知南阳寺首人们没按约支付木匠钱款，王木匠告状了。渠县行政公署11月4日给了一纸手谕，要求南阳寺首人将王木匠欠款补齐：

> 硃谕照得南阳寺庙业，前经本知事另委员绅，分别规划，筹得款壹千余钏，禀由本知事责成该首人等遵照办理，并限阴历和月初旬如数收齐，听候拨作修筑费用在案。兹本知事手谕，发银二百两交王木匠购置木料，数一无多，乃该首人等于阴历九月十五日只付银五锭、钱十九钏，以致该木匠领数无多，确难鸠工庀材，复将手谕持回，似此任意玩延，庙款何日可集，修筑何日竣工？言之实勘愤恨，为此谕仰该首人等，立即遵照闪谕，饬发银数措齐二百两交由王木匠收用，俾便工作，至该庙应收各款，并仰如数赳日收齐。如该首人等敢于亏挪玩延，该应行付数人等，敢于延抗，定予重究不贷，切切，此谕。

王木匠的钱款有了着落，而个别佃户欠钱却引出了陈年的三角账官司。

11 月 17 日，土溪场雷踞坪保经修南阳寺首人雷怀山、雷钟毓向县行政公署禀报：

> 接得雷平川所施溪市郑尚林、郑尚品、郑尚达三弟兄借项头利银共三百九十两，并接雷书林所施溪市郑行之借项钱十千文，以作补修南阳寺之资，揭有借约施约审验，首等执据往投该地首约集郑尚林郑行之等理讨，彼均支吾推抗，毫无完欠之意，势非签追，万难归收，是以禀恳签传郑尚林郑行之等质讯究追，全公上乞。

毛知事在 11 月 19 日批示："如请签追达即带究。"

接着 11 月 22 日，县行政公署下发"签催雷怀山等具禀郑尚林等一案""签差贺明、方明二人持公文催追到案"：

> 签追事，案据土溪场南阳寺首人雷怀山等以禀请签追等情，具禀郑尚林等一案，合行签追，为此签仰该差前去，协同该约保立催郑尚林弟兄，将所借雷平川施入南阳寺头利银三百九十两，并催郑行之将所借雷书林施入南阳借项下十千文，如数措给雷怀山等收领清楚，以济公需，如敢延抗，该差即将被告郑尚林郑尚品郑尚达，郑行之施主雷平川、雷书林，原禀首人雷怀山、雷钟毓逐一传齐，依限随签带县以凭讯追，去差毋得籍签需索，滋延干咎，慎速须签。

11 月 28 日开庭点名，原禀雷怀山、雷钟毓到庭，施主雷平川到庭、雷书林没到，被告郑尚林、郑行之到庭而郑尚品、郑尚达没到，于是知事判决："着将借约赶紧伏讯，核夺，此判。"

11 月 30 日再次对原禀雷怀山、施主雷平川、被告郑尚林和郑行之开庭审理。据雷怀山供：

> 今阴历九月间雷平川将郑尚林弟兄借伊他故父雷如陵膳膳银五十两，郑行之故父借钱十串，因每年头利分文不给，甘愿施入南阳寺庙，公借约二张交我收执跟约，郑尚林弟兄并郑行之约集理询抗不拢，彼我与未案雷钟毓，无奈统禀明案下的，只求严追。

雷怀山率先呈上雷平川及儿子家盛、孙子兆玉于 1914 年九月二十日画押并由郑德峻代笔的出施南阳寺修葺银文约，见证人赵制仪、雷春荣、杨安之、雷作宾、雷子高、雷金顺、雷国安、肖春培、雷映发、涂明亮等一大帮人，其约称：

书立甘愿施银以作鼓励永无翻悔，文约人雷平川、子雷家盛、孙雷
兆玉，情先年故祖雷如陵留有膳膳银壹佰两正，有姻兄郑怀贵之子尚品、
尚达、尚林父子弟兄向故祖抵借银壹佰两正，书约可凭，每年加二生息。
光绪七年与侄雷家兴分业各派银伍拾两正，另换抵借约据迄今三十四年，
连年向要头利分文未给，共算头利总共该银三百九十两正，父子公孙商
量当凭首士雷怀山、雷钟毓等，言明甘愿将银出施与南阳寺培修庙宇神
像刊碑，永远此系甘愿并无逼勒等情，又恐人心不古，特立甘愿施银文
约一纸付交存据。

雷怀山又拿出郑氏三兄弟和郑行之的借据当庭呈上，其上是光绪七年
（1881）八月十八日郑尚品、郑尚达、郑尚林亲自画押，和郑尚文、郑立□、
周景元、赵廷璧等见证人的签字，据上明明白白写着"立字抵借银文约人郑
尚品、郑尚达、郑尚林弟兄，今抵借雷如陵名下膳银伍拾两正，彼日言定每
年加二分生息，不得短少分厘，具约以待来年秋收头利银算明，一并交给不
误。若过期无银，一另有借主座落屋门，首过路大田连土坎出抵借，凭其银
主或耕或佃，借主不得负言称云。今恐人心难拴，特立抵借膳银各一纸为
凭"。另一份是光绪三十一年（1905）八月廿七日郑行之亲笔写，郑德福、
雷钟秀、雷钟鸣、周万镒四人见证的借约，其内容也清清楚楚，"立字借钱
文约人郑行之，今借到雷书林名下市钱拾千文正，彼日言明每年对月加二分
生息，其钱以待来年秋收头利算明一并交还不误，今恐人心不古，故立出借
约一纸为据。"

再讯问雷平川，其供称：

光绪七年郑尚林弟兄借我故父膳膳银五十两，书有抵借约据，嗣后
向讨头利不给，在三汇控案未结。这郑行之亦借我故父钱十串，书约可
凭，亦不给头利，这实属无奈将约二张揭出交雷怀山、雷钟毓首士，施
入南阳寺作公当约，郑尚林、郑行之约集理论反言支吾，雷怀山们禀明
案下，我统来案质讯的此借事。

审问郑尚林，其辩称：

自幼听闻母亲吐说父亲借雷平川的故父银一百两，陆续还清，亦有

簿据，二十七年听人习使，在三汇把我具控，沐汇主审讯，出外清查约据簿据抵销。那时当堂并不现出借约，故此汇案未结，都没介意，不料今阴历九月间又听人习使，仍控说借项未还，私造字据交雷怀山们手，将银施入南阳寺作公，问我要银未允，统把我禀明案下的，只求作主遵断，自愿在阴历十月二十五日（阳历 12 月 1 日）认缴。

郑尚林口称还清了却也认缴。

再审问郑行之，其供称：

光绪三十一年，借雷书林钱十串，年利息给清，嗣后无钱给，不料雷平川将约揭出，施入南阳寺公用，已经在外，凭首事雷怀山们言明，我家贫，还钱五串应允，谁知郑尚林执拗，雷怀山们禀案，统把我一并具控，愿按遵断出外认缴。

郑行之认账认缴。

讯明雷平川所施之银，系属远年借款，如果郑尚林分毫未还，何以平川于三汇起诉之后并不追问，然如果郑尚林业已偿还清楚，何以又未将借约揭回？兹经准情，酌理断令郑尚林出钱三十串付与南阳寺首人雷怀山收领作建筑之费，郑尚林既自限期于二十五日偿还，着即依限交代清楚。郑行之借项钱拾串自愿还钱五串，着即照数交清，本案案费钱五千四百文由被告呈缴。

毛知事判案结果，郑尚林和雷平川借还纠结不清，于是各打二十大板，郑尚林出钱三十串，案费钱由被告缴纳，结案了事。

郑尚林虽然承诺 12 月 1 日缴清三十串付与南阳寺，可回家一再细查，欠款是其父亲同治年间为人担保的钱，加之当时自己尚未出世，也不知究竟，后来雷平川在三汇分署控告后也未再过问。尤其回家筹措东借西借，兑了三十张军票据，于 12 月 16 日向县知事公署呈禀销案。

前为遵交恩怜事，本月蒙审雷怀山禀民故父借项一案，断令民出钱三十串作南阳寺建筑之费，应遵措交，曷庸烦渎，缘此项借债查系故父于同治年间，为人担保失着，早经还清，簿据可稽，约据曾否揭销，民未出世，不知光绪三十年雷平川在汇诈控民借项，讯查无约可据，平川置之未较，迄今十余年，平川朦将借项施入南阳寺，已蒙两次研讯，查系不实，断民出钱三十串作建筑费，理应如数交楚，奈民家窘难措，仅向亲朋兑得军票三十张，呈交到案。合并声诉理由，恳察垂怜，赏准完案，以示体恤而安贫困，沾感上禀。

知事公署得禀批示："既经遵缴军票三十张，准予所呈销案，十九号。"

郑尚林得到销案指示，把钱缴纳。12月26日，经修南阳寺首士雷钟毓、雷怀山等向县上禀报已收到雷平川以前应收郑尚林欠其借项三十千文。"禀知事先生台前，为领状事，情今遵示经修寺宇幸有附近雷平川甘以前应收郑尚林欠伊之借项，该钱三十千文，发心施入寺内，以全时需，首等经凭众等同目，收到是实，中间不虚，切特原状存查。上禀。"雷钟毓、雷怀山得到县公署廿八号回复"准领"。此案告一段落。

维修南阳寺，得到社会各界的热心关注，甚至还有人专门就维修过程中发现的问题向上禀报，请求加强监管。这不，12月29日，就有土溪场雷踞坪保杨炳军、雷青山、雷朗山，李复场石佛庙保戴玉如、戴汉堂，双河保戴锡光、肖华堂，云一保黄立海、黄开业报称：

> 中台前为恳勘督催事，情土溪李馥两场所有南阳寺古刹，历年久远，庙貌倾颓，不堪目观，前蒙知事提倡捐金培补，凡在士庶，莫不风从。无如雇请之王木匠，居心贪婪，敢将约内所订之木料，以小易大，以糜易坚，造作极奢侈之睡柜，售于富豪雷蓉城，已费二十余日工夫，尚未完工，口称犹需十余日工夫方可壮观。其柜价值约在二十余串钱之谱，见者莫不诧异，民等如不禀明，恐工师耽延月日，缩减木料，他日反要加价，有负知事提倡委托之诚。是以禀恳作主，中亲勘，或派员督促，依限告竣，免致延藉、加价为荷。谨禀。

毛知事得报，卅日批示："南阳寺培修事宜完全由本知事作主，尔等事不关己，无须妄为饶舌，此斥。"嫌这些人多管闲事，如长舌妇一般。

一波刚平，一波又起。一位住在雷踞坪保四十九岁的农民雷国定于1915年1月10日向渠县知事告状称，在购买维修南阳寺居士一块土地时遭到欺诈，请求判决。呈案说：

> 民买之业，系南阳寺先年老和尚安顶首银一百两于本保保会，后保会安顶首钱一百五十六串于雷震之子春泽。民国元年，春泽将此的佃顶当于族保会首事雷子高、雷作宾等转安顶首钱一百三十七串，当民耕居。

今蒙知事提倡培修南阳寺，大兴土木，需款甚巨。命将笃远庙业，就当找买。民凭任、蓝委员、团长段文瑞、郑毓隆中证，雷平山在证，雷子高、雷良臣等于阳历八月二十八日立契接买，注买价钱二百二十八串，除扣除当价一百三十七串外，当交大银二定，于经理雷春动等手，重共十八两零五分，合钱三十四千六百七十六文，殊奸中雷蓉城悄串经理雷春动雷钟毓等，以价贱大题吓诈，勒民出银明三定、暗三定未允。有雷平山可质。嗣民连场催领余价，伊等借故不收，穷思蓉城亦买庙业一分田地不下三十余石，何以业价仅六百一十串，可见慕贱已甚。如虚请勘，甘坐。现值需钱之际，若不速缴就公，恐蹈拖延这答，是以禀缴余价，伏恳察核批示。以便缴价归业而省枉费，上禀。"

毛知事于1915年1月14日亲自赴南阳寺调查后于16日批示："禀悉该民与雷蓉城接买南阳寺业办法，前经李知事亲诣该处面谕一切均各遵照无异矣，此批。"原来三汇分署李知事已亲自过问没有异议。

雷国定官司输后，仍未履约。3月4日，雷踞坪保首保人涂一齐、黄赐安、雷映魁、雷学诗、雷作宾、雷音动、雷钟毓、雷春培等向知事公署禀报，请求政府督促雷国定领钱交业交约。其禀称：

知事台前，为录恩签事，雷国定贪贱朦买南阳寺常业一分，契立价钱二百二十八串，阁保绅粮不服，订议捐资，愿以三百串钱承买作公，无如国定藉指印红用费为题，霸业不退，阴历冬月二十九日，知事亲诣南阳寺，首等陈述国定贪贱朦买各情。知事谕令保上既愿添价置买作公，着即筹还。国定印红用费钱共四十串，国定所立契纸作废。首等即措齐钱文，叠约国定拔约领钱，并交寺业，伊一味特恶藐谕，抗不领钱交业，亦不拔销伪契，首等为公非私，情出不已，只得不呈事实，恳请察核作主，签饬国定领钱交业交约。违则随签带讯，以儆贪吝而全公益。

毛知事于3月6日批示："如请签饬，此批。"

3月11日，渠县行政公署签饬涂一齐等具禀雷国定一案。

签饬事，案据土溪场雷踞坪保首人涂一齐等，以录恩签饬等情，具禀雷国定一案，合行签饬，为此签仰该承，发吏前去，协同该处约保，即饬雷国定立将新立契纸交出作废，并遵本知事前次吩谕，收领印红用费钱四十串，搬迁交业息事，免干咎戾，去承发吏毋得藉签需索，滋延干咎，慎速须签。

县行政公署签饬不久，雷国定也领钱交业交约，于是雷踞坪保首保人涂一齐、黄赐安、雷映魁、雷学诗、雷作宾、雷音动、雷钟毓、雷国定、雷春培于3月24日禀报，事情办完结了，请求撤销签票。

　　知事台前，为协恳撤签事，情首等在前，禀准签饬，民国定领钱交约，签书来时，首等齐集公所已将印红用费钱共四十串，交领冰清，民国定前日所立买契，业经交出作废，了清一切轇轕，理合协同呈明，恳请撤销签票，上禀。

轇轕完清是好事，于是公署"准予销签。廿七号"。

工程将竣忙对账，匠人借机敲竹杠

县行政公署知事毛焕煊为维修南阳寺确实是不遗余力，1914年9月10日以渠县行政公署名义发出《培修南阳寺募捐小引稿》一文，倡议全县人员捐赠，县级部门有了一些动作，而南阳寺周边乡场行动不是很到位，于是在1915年1月26日又以县行政公署的名义函告南阳寺首人等恳催城治商务分会、三汇镇团长、三汇镇商务分会、土溪场团长、流溪场团长、李馥场团长、林坝场团长等募捐，其函曰：

　　迳启者：本公署前集绅筹款补修南阳寺，已雇匠营造将成，兹据首士雷钟毓等报称急待需款，恳催募捐，前来查贵会贵场与南阳寺相较甚近，所募之捐先交首人等藉资抟注，事关保存古迹，谅必乐于赞助也。

公署一边拨款，一边又在请地方募捐，而具体金额还不知收支多少，1915年4月12日，县行政公署"砵谕南阳寺首士雷钟毓等补具前领修费各数次来署一案"，要求南阳寺首士雷怀山、雷钟毓补具领状到署。"照得南阳寺修费，前经该首士拨领数次，惟未据具呈领字，无凭结束，仰于三日内，务将先后承领各数分别补具领状来署，以资归结，切切，毋延，此谕。"

维修南阳寺的首士们一看县署在催账目了，赶紧报告钱已付清木匠、泥匠，他们却没完工，还在磨洋工，请公署审督。4月13日，公署差江成齐带首事雷钟毓、木匠头王福兴、泥匠头欧良亭审讯。

　　问据雷钟毓供，王福兴、欧良亭与未案画匠原言包修南阳寺，嗣后加附钱连以前的钱均已付清，至今只有木匠三人，其余夹泥匠画匠数日并无一人，我也没奈统来报告开单提讯，此供。问据王福兴、欧良亭供，我王福兴只留木匠三人，现在南阳寺工修。我欧良亭是泥匠头，其余夹泥匠因回家挂清，一面到李渡、林坝等场买竹子去了，不料雷钟毓看见数日无人修工，统来案报告把我们开单候讯的，错了，只求施恩，赶紧遵限将工修整完竣，此供。

于是当堂判决王福兴、欧良亭怠慢公务，暂限十日将工修整完竣，逾限收禁。

十天后，即 4 月 22 日，经修南阳寺首士雷怀山、雷钟毓向行政公署禀告收支情况，入付品除外尚垫支钱三百二十四千四百六十二文。

　　禀知事台前，为遵具领状并报备查事，情日前接奉硃谕，内云南阳寺修费，前经该首士拨领数次，惟未据具呈领，字无凭结束，仰于三日内务将先后承领各数分别补具领状来署，以凭归结等因，奉此遵查去岁阴历冬月十三日，首等曾领钱二百串，二十九日又领钱五十串，腊月二十日领钱二十串，今阴历二月王木匠领钱二十串，去岁九月王木匠领银百两，共计领得钱二百九十串、银一百两，应遵硃谕补具领状外，有收入捐款施项业价及付出钱文一并分别列单，入付品除外尚垫支钱三百二十四千四百六十二文，悉行列单粘报以备查核，而凭归结，此呈。

然后罗列收支附件：

　　入渠县知事四次钱二百九十千文，杨裕泰捐钱二千文，东记公质捐钱四千文，美利公厂捐钱一千文，辉懋谦捐钱一千文，荣茂昌捐钱一千文，杨万生捐钱一千文，余郅廷捐钱十千文，梁之桢捐钱二千文，邓恢汉捐银圆一枚，陈洪恩捐钱五千文，渠城军票三张（折价二千五百二十文），某人钱一千文，知事银一百两，黄锡安捐钱四千文，杨子辉捐钱四千文，雍永茂捐钱三千文，黄成宗捐钱一千文，肖理顺捐钱二千文，段详兴捐钱十千文，戴瑞芳捐钱四千文，马绍融捐钱六千文，肖一兴捐钱一千文，黄本源捐钱一千文，李吉之捐钱一千文，杨高品捐钱一千文，黄凤翮捐钱一千文，傅明有捐钱六千文，陈鸿金捐钱四千文，万本清捐钱一千文，雷树华捐钱一千文，曾兆麟捐钱一千文，王元正捐钱一千文，张富有捐钱一千文，邓子明捐钱一千文，艾宗岁捐钱一千文，杨鸿钧捐银圆二枚（折价三千一百二十文），赵相普银圆一枚，三汇军票十张（八千四百文），某人钱四十七千九百文，总共入钱壹千陆百壹拾四串零陆拾文、入银壹百两。

付王福兴钱七百七十九千二百一十文、又付银一百两，王广有钱三百一十千文，欧良亭钱二百六十六千文，黄绍仁钱一百六拾千文，张良玉钱九十三千二百五十三文，瓦钱二百五十五千二百八十九文，立柱席雕花红石灰瓦力送扎钱七十四千七百七十文，共付钱一千九百三十八千五百二十二文、付银一百两。入付品除垫支钱叁百二十四千四百六十二文。

毛知事廿六号在禀告上批示：

呈粘均悉，该首士等先后来署拨领过钱叁百壹拾钏，来呈谓为二百玖拾钏，比较相差钱二拾钏，究竟因何漏列，殊难悬揣，仰即来署查对清楚，仍须将漏列之钱二拾钏补具领状前来用咨结算，收支各数应由该首士等分别揭榜，俾从咸知，此批粘队。

从以上收入可看出，《培修南阳寺募捐小引稿》一文产生了良好效果，得到了很多人支持，不少公署官员都捐了款。其实，当天还收到了雷映发施项钱十串文，雷平川施项钱二十五串文，雷作斌业价钱三百五十串文，雷融程业价钱二百九十串文，程家义业价钱三百二十串文，董正德业价钱八十串文，本保保会业价钱一百串文。

一看县署在搞结算了，要钱的、催工的都来了。4月23日，住东关场的木匠王福兴向公署禀呈称因原材料和伙食费涨价，请求再补助钱五十串。

知事台前为声恩核示，并祈省释事，情民艺习木匠，承修南阳寺，迄今阴历二月二十九日，因木料口食腾贵，所获工价不敷支用，众工不解自散，延搁工程，致蒙签押。民十日完工现将告竣。但度用实属不敷，经修首士及该地绅粮均见，爰向首士等筹商，愿将造成之桌子四张、板凳四席、笔杆寸、椅子二堂、杭雨架送与该寺公用，恳恩怜给钱五十串，以资津贴，民亦再不延搁告加，是以声恩察核怜情批示祗遵，并祈省释以示体恤，上禀。

毛知事4月24日批示："仰即上紧修造完竣，俟本知事亲临查勘后再为分别津贴省释，违干重咎，清事渎诣无益也。"同日，南阳寺住持僧隆福，首士雷怀山、雷钟毓禀报金匠张良玉用完工钱毁坏神像且未完工就跑了，请求公署下饬督促。

　　禀知事台前，为禀恳签饬事，情首等雇请金匠张良玉，即海亭塑点本寺金堂神像，议明工价钱九十串，殊良玉生奸，陆续用毕工钱，外犹长用钱三千二百一十文，有账可稽，尚有数尊菩萨胡须未栽，毁坏神像二尊，未能赔还，即悄散去。僧等迭次寄信催其完工，竟不一至，实属玩视公务，还得禀恳签饬张良玉即海亭到寺完工，以重观瞻而儆奸顽。

毛知事批示："仰候签饬张良玉从速将神像修好，违则带禀究办。"

4月27日，渠县行政公署发出《签饬僧隆福等具禀张良玉即海亭一案》，发吏曾玉明、张兴贵二差带人到署审理。

　　为签饬事，案据南阳寺住持僧隆福等以禀恳签饬等情，具禀张良玉即海亭一案，合行签饬，为此，签仰该承发吏前去协同该地约保，即饬张良玉即海亭速将毁坏神像二尊，及未完工之菩萨数尊，一律塑好，以便完工。如敢抗违，该承发吏即将其人唤带回。县以凭究办，去承发吏，毋得藉签需索，滋延干咎，慎速须签。

张良玉到案承诺抓紧完工。

泥匠头欧良亭拖延完工，于5月15日也向公署禀呈材料生活费上涨、包工亏了，工匠逼讨势如汤火，请求补助。

　　为恩怜补助事，情民泥水营生，素不狂言，人众咸知，去改造南阳寺一座三层殿宇，民包竹子纸筋稻草石灰颜色磁瓦子、周围垣墙，并口食工资，议钱二百六十串无异，至开工后不妨各物赓续昂贵，货齐价楚而庙尚未告竣，有脑面月口食工资，实属欠缺，不但民家三人工资垫培其中，而且匠司工资更是莫策。民属无奈，将房屋当银十五两，填补值年雷宗虞，朗然不敷之数假贷莫人，匠司逼讨势如汤火，情迫莫何，不得不来庭呈恩，一面恩怜补助，恩祈开释以全举，而体德化。上禀。

毛知事非常气愤，县民们不知道4月21日渠县发生了一件大事，大竹县离任知事曾先午这天早上在渠县新市镇住宿后在与蓬安县福德镇交界的杜家岩这个地方被人抢劫并失踪了，还没破案，上峰准备追责了，所以 5 月 19 日在禀呈上批示：

> 培修南阳寺之举，本知事系为保护古迹起见，该民承泥工事，觉无划算，明系藉词宕延，实属可恶，仰即赶期修成，然候亲勘。所请补助开释，均不准行。此批。

5 月下旬，南阳寺维修工程竣工。

7 月，毛知事在处理完四月底大竹县离任知事曾先午过境渠县、蓬安交界处失踪案后也离任了。

民国四年大竹县离任知事曾先午失踪案

曾先午，永川廪贡人，民国二年（1913）十二月任职于大竹，民国四年（1915）四月离任，在大竹任职 16 月余。民国四年四月中旬从大竹经渠县返乡，二十日夜宿渠县新市镇，第二日一早在新市镇与蓬安县福德镇交界处名叫杜家岩的地方被一伙人掳走而失踪。省上下令大竹、渠县、蓬安、营山、广安等地迅速破案，捉拿匪徒加以惩治。

《大竹县志》中的曾先午

清末民初，社会动荡，各路义军、民军涌起，土匪也占山为王，纷纷与政府对抗。政府首脑也像走马灯似的不断换人，民国《大竹县志》载：

> 吕廷桢，本邑癸巳举人，民国元年正司令，旋改知事；邹畏之，本邑己酉拔贡，民国元年副司令；陈嗣煌，巴县人，日本经纬学堂毕业，民国元年七月署；梁学智，泸县人，军功保举，民国二年二月署；高凌霄，璧山举人，民国二年六月署；吴永栯，荣县人，日本蚕桑学校毕业，民国二年七月署；余儆，华阳人，司法科长，二年九月代理；曾先午，永川人，廪贡，民国二年十二月署。两年时间 7 人署任，尤其民国二年就有 5 位离上任，可想此地之复杂。而民国大竹首任知事吕廷桢却与一个搅动川东的孝义会首领、同盟会员李绍伊有关，而继任者民国二年就有五位之多，有一月一换的，有两月一调的，也有三月一更替的，自然与孝义会有关。

李绍伊（1856—1912），又名传训，字一斋，出生于大竹观音镇傅家沟。幼年入私塾，弱冠即秀才，后就学于绥定府汉章书院，深受山长刘士治影响，对清朝腐败政治极为不满，约同几位朋友向僧人圆寂学习刀剑及排阵步操之术，圆寂据称是白莲教一首领，事败后隐入佛门。

当时大竹袍哥龙头大爷毛氏弟兄势盛，恣意扩充实力，侵掠乡民，李绍伊十分愤恨，于光绪二十年（1894）在大寨坪组织成立孝义会惩强扶弱。经十余年发展，聚徒千余人。同盟会员张懋隆曾冒险潜往大寨坪，面会李绍伊，讲明时局，敦促联络各方力量推翻清政府，建立共和。光绪三十三年（1907）李绍伊正式加入同盟会。大竹为川东同盟会据点，熊克武等先后上寨避难。光绪三十四年（1908）冬，秦遂生与熊克武倡办民军会晤李绍伊，聚会于大寨坪。次年三月，谋先取广安为民军起义地失败，熊克武又重上大寨坪避难。

李绍伊派人在各州县积极发展孝义会组织，到宣统三年（1911），川东北孝义会人员已增至数万人。太平（万源）、东乡（宣汉）、广安、梁山（梁平）、渠县、新宁（开江）、大竹等县城乡均设有孝义会香堂。不少孝义会首领也加入了同盟会，上大寨坪投靠的人日益增多，李绍伊将会员编制成队，无论头领、哨长、军士皆互称兄弟。李绍伊亲自到巨富陈绍虞家，借银5万两购置武器。9月中旬，发布声讨清廷檄文，提出"驱逐鞑虏，推翻清政府，建立共和"的口号，于大寨坪上竖起义旗，正式宣告起义。两月之内，先后攻下邻水、垫江、渠县、广安、岳池、新宁、梁山等十余州县。每到一处，便将县库金银没收，并打开监狱放出囚犯，颁发布告降低盐价、酒价。"所到之处，诛杀官吏，开仓济贫，打击劣绅，宣传革命，极受群众拥护。"10月14日，占领大竹城，李自称"川东北统领"，并与县中革命党人协商，任命举人吕廷祯、邹畏之（同盟会员）分别担任大竹军政府正、副司令。旋即带领2000余人，绕道梁山，指向绥定。与东乡义军王维舟、绥定义军尹耀先会合。

1912年4月，袁世凯心腹胡景伊任重庆镇抚总长，排斥革命党人，决定用武力除掉李绍伊。6月底，胡景伊指派二镇标统侯国治、五师师长熊克武、宣慰使黄金鳌、张表方（澜）率军赴竹。7月中旬，川军向大寨坪发起进攻，因寨墙被大炮轰击倾塌，寨内军民危在旦夕。时川军又飞来信函，约请谈判。

李绍伊为免生灵涂炭，遂于 7 月 22 日下山赴会。孝义会其余头领李修明、李雪堂、李金娃娃、谢吉安等趁机带队突出重围。侯国治秉承胡景伊之意，欲置李绍伊于死地，不顾熊克武反对，将李绍伊拘捕。7 月 23 日晨，侯国治将李绍伊押到大竹县城南门枪杀。大竹四乡农民闻耗，"家家烧纸设奠，痛哭流涕，如丧父母"。

到了民国二年 12 月，大竹县民国第七任知事曾先午接任后，淘汰团练，裁减人员，而又只管刑杀。民国十五年《大竹县志》卷六《武备志》载：

> 知事曾先午以地方辽阔、匪势鸱张，就原有团防练丁二百七十名大加裁汰，择留及另募共足一百二十名作为四队，设一队辖三分队长。先午明干有为，其治匪尤不遗余力，惟不讲求根本办法而惟刑杀是务，卒至刑杀虽众，匪势不为稍减，继其后者又力反从前所为，而出于姑息招抚，加以外匪侵入，与土匪勾结而匪患乃益形浩大。

民国十五年（1926）《大竹县志》卷一舆地志又载：

> 刘家寨八渡漕漕东十五里与本境猫儿沟接近，小道通梁山屏锦铺，其西南三圣阁，民国初土匪所据，曾先午知事怒焚之，仅余上殿数椽。

1985 年版《大竹县志》大事记载：

> （民国）2 年 12 月接任县知事后，曾先午一味滥杀，2 月恢复警察事务所，3 年 1 月县设立警备队并于城外设 4 个派出所。孝义会员和袍哥中人纷纷遁入山林，伺机起事。（民国）4 年 1 月李修明聚集孝义会 3000 余人于梁、垫、竹毗邻处的大壁崖、扇子排、华兴寨及渠、竹、广交界处的望溪、观音阁、桂花坝等地，提出"为李绍伊报仇"口号，周家场李金娃娃、张瑞阳，天池铺沈罗汉，童家场冷炳林均聚集人枪响应。先后占据李家、石河、人和、高穴、庙坝、姚市、欧家、高家、神合、天池、黄泥、安吉、新庵、二郎等 20 多个场镇。18 日，曾先午派队前往镇压，先后屠杀 1600 多人。起事首领何六喜、陈兴顺、李炳生、李长发、张敬亭等人被捕，惨遭杀害，声势却仍在扩大。……2 月 25 日，川军三团团长刘湘派七连连长宋凯、十一连连长唐式遵带兵镇压，方始平定。……8 月曾先午离职，乘轿至杜家崖，被群众捉住砍成八大块。

其实，曾先午是 1915 年 4 月离任的，而且是 4 月中旬离开大竹，4 月 20

日在蓬安与渠县交界处的杜家岩被劫持的。而他的被掳，却连累了资中廪贡、警务学堂毕业、民国四年（1915）四月接任大竹知事的郭浏，他没做完前任曾知事失踪的破案工作于当年八月就离任了。还牵连到泸县人、清廪生、民国二年（1913）三月署渠县的毛焕煊也在民国四年七月离任。

民国渠县档案中曾先午失踪案点滴

民国四年四月中旬，卸任大竹县知事的曾先午与新任知事的郭浏完成工作交接后，于上午携带家眷乘着轿子在20余名警队人员护送下，沿三国故道，翻卷硐门，走陡梯子过李漱芳故居门口，一路向渠县进发。

在渠县逗留几天后，曾知事一行在渠城用过午饭，一群人出南门，沿着往成都的官道向西南行，过中滩场、吴家场（有庆镇）、草坝场（宝城镇），时夜幕降临，宿新市镇，准备第二天一早出渠县境，进入蓬安县福德镇。

当夜住宿时，恰好有一队官兵也在此投宿，曾知事十分高兴，真是瞌睡遇到枕头，以为来了保护神，他连护送自己的警队人员也连夜遣返了十多人，只留下六人守护。哪知天亮后行到蓬安杜家岩却被这伙人抢劫了，急称"大水冲了龙王庙，是自家人"，可还是被蒙上眼堵上嘴巴被掳走。家人连忙报警，不知其生死下落。

渠县知事毛焕煊得报，这还了得，在自己地盘上敢劫掳朝廷命官，4月21日一早就率领警队刑件前往，并命令团警查缉匪徒，寻找曾知事下落。结果一无所获。

22日，毛知事过问新市镇团长周祥林、牌首熊焕章等了解情况，其称：

> 本月二十号大竹县卸任曾知事偕同家属返省，路经渠县所属之新市镇地方歇宿，突遇匪徒二百余人，手执快枪，假办第一师军队同店投宿，即于是夜三更后暴动抢掠行李财物，轰伤同行六人，逃至蓬安渠广交界之地，始行倒毙。团、牌首等鸣锣喊拿，匪徒等当将曾知事仍由渠县拉走，生死莫卜，后家属即向渠县公署报案，首等只得据情报县作主等情，据此，知事随即束装随同警队刑件前往，并饬团警查缉该匪，此案是否出于境内，一俟勘验明确再行详报，证以前任钱知事详报渠县新市镇曾有大股匪徒在案，此次出事，即在该处，应为渠县匪徒实已毫无疑义，

所有具报曾知事被掳拉走情形，除分报巡按使暨高等审检厅嘉陵首尹外，理合先行详报，察核示遵谨详。

4月23日，毛知事与县保卫团总局会办罗平安召南区团总探访曾知事下落，并愿垫银救出，要求尽快破案。还在民国三年（1914）八月，渠县行政公署将全县分城厢、东、南、西、上北、下北六区，每区设团总一人，团丁200人，各场设团长一人，负责本片区的几个乡镇的治安。那罗平安却是个大人物，字竹轩，望溪乡人，先投徐昆山部为亲兵，因镇压回民升把总，清同治八年（1869）升千总，1873年升游击，晋参将副将衔。光绪二年（1876）随左宗棠出兵新疆，转战十二年保卫了边疆，被历保副将授甘肃金塔协中军都司，获赠"隽勇巴图鲁"。光绪二十一年（1895）再次镇压回民起义有功，任西宁镇总兵，后调狄道河州总兵，成为清朝二品大员。辛亥革命后携眷返乡，因其军功，地方政府邀其参与团练工作，民国二年（1913）八月，县议参会准请委罗平安为团练总局局长。

1915年4月26日，大竹县派出团练局长罗青山到渠协助破案。

4月27日，成武将军、督理四川军务胡景伊给渠县指示：

渠县知事毛焕煊，详为据情转详曾德宣报称伊父曾先午被匪掳去恩请核示由：军法课案呈详悉，该逸匪纠党横行，至于劫拉官吏，实属玩法已极，应予专案饬缉。仰该县设法侦访曾先午下落，务期救出并缉逸匪究报，仍应饬行蓬安知事严缉可也，此批。

胡景伊（1878—1950），汉族，字文澜，四川巴县人。1901年留学日本陆军士官学校，回国后任四川陆军武备学堂监学兼教习。辛亥革命后投靠袁世凯，1912年7月被袁世凯任命为护理四川都督，1913年6月任四川都督。8月4日熊克武在重庆兴师讨袁，胡景伊调军队镇压并在各地屠杀革命党人及讨袁军骨干300余人。1914年6月，胡景伊被北洋将军府任命为成武将军、督理四川军务。1915年2月，北洋系的陈宦率北洋军入四川省。6月，陈宦被正式任命为四川督军，胡景伊则被召还北京。到北京后，任毅武将军兼参政院参政。后来寓居重庆。中华人民共和国成立后，被特邀为重庆市第一届各界人民代表。1950年在重庆逝世。

同日，大竹县向渠县知事公署函咨案情进展并拿出破案奖励金。

大竹县核发员林承端（曾先午的随从）称该匪确系跟踪而来，事后又向他方逃去，详加侦查该匪等窜入敝县，案情重大，敝县固难辞责，然一县之兵力有限，势非会同邻封通力合作，畛域不分，难期破获，并恐日久该匪远飏他境，相应备文咨请贵县请烦查照来文事理，希即清查曾知事下落并添派警队协缉，此案无名凶匪务获，咨妥归案，讯办并祈转咨前途一体协缉，实为公便，此咨。计缉无名凶匪赏格一张。

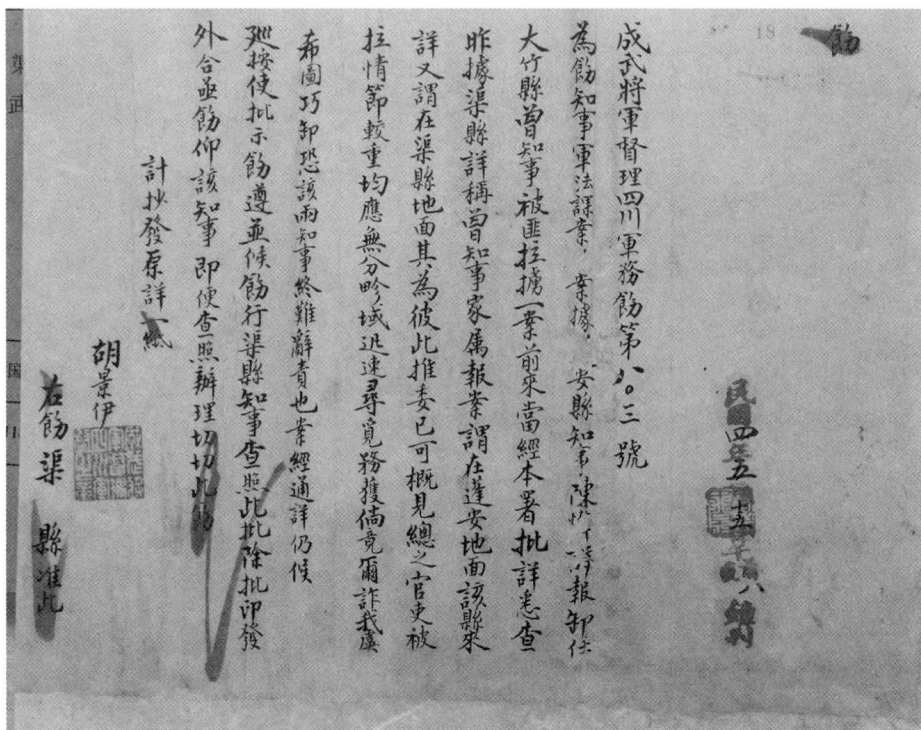

成武将军署理四川军务胡景伊破案指令

营山县4月30日也向渠县知事公署函咨并拿出破案奖金，称护送曾知事的罗占奎等六名护卫跑了。

罗占奎等六名外逸一案，除勘验饬队查缉呈报外，查此案，事虽出在该县，但距界牌不及一箭之远，并据大竹县收发员林承瑞面称，该匪确系跟踪而来，事后又向他方逃去，详加侦查该匪等实未窜入该县。案情重大，该县固难辞责，然一县之兵力有限，势非会封邻封通力合作、畛域不分，难期破获，并恐日久该匪徒远飏他境，相应备文咨请贵县请烦查照来文事理，希即清查曾知事下落并添派警队协缉，此案无名凶匪务获，咨解归案。讯办并祈转咨前途一体协缉，实为公便。此咨。计缉无名凶匪并赏格一张。

知事杨炳勋

曾先午的儿子曾德宣也向省上报案了，上峰指令也来了，周边县也在催促，同时还提供破案奖金，十天时间过去了，案件毫无进展，毛知事压力与日俱增。

1915 年 5 月 1 日，梁山电政局发来巡按使催报大竹、渠县、蓬安各县送匪抓获情况的电报：

送大竹、渠县、蓬安各县知事、蓬安知事并转广安营山知事，鉴曾知事被掳一案已于敬电饬缉，何以尚未获犯具报，实属玩延，此案非寻常刈盗可比，断难久悬，仰蓬安县及各该县知事赶日严缉，务获，如再率忽，定予重咎，并先电复并代巡按使俭印。

渠县行政公署一接巡按使的电报，当日发文《饬李渡、鲜渡、琅琊、望溪等场各团长遵照秘密探访曾知事踪迹一案》督办。

渠县知事行政公署饬第四百三十二号：

为密饬事、顷准，大竹县知事公署接准，垫江县署专差递到成都来电，云云，兼代巡按使敬等因奉此、除分饬外、合行必饬，为此饬仰该团总、团长罗青山即便遵照，如遇罗青山到处，会同秘密探访曾知事先午踪迹，一面飞报本署，如能设法将曾知事救出，本知事定当从优奖励，绝不食言。毋违此饬。

右饬李渡场、鲜渡场、琅琊场、望溪场各团长、南路团总，大竹罗青山准此

渠县知事毛焕煊
中华民国四年五月一日

其实，曾德宣控告梁之祯知情不报，放任匪患，毛知事早已将南区团总梁之祯撤职并抓进大牢。

原告梁之祯，籍贯本地，住琅琊场，五十三岁，职业住公。1915 年 5 月 3 日，梁之祯进行了申诉：

曾德宣等控祯一案，沐收民事看守所，曷渍。缘祯常在团练处理公

务，或一月或两月始归省亲，随即来城，诸人共知。前阴历三月初十，知事与罗军门先生召祯至署，面谕曾知事行至蓬安杜家岩被匪掳走，要祯至各场托人探访曾知事下落，愿垫银救出，祯再三坚辞不允。十一日即至琅市，命人四处查探。宣言罗军门与知事垫银赎救曾知事，或言在广安，或言在营山，均无定在。十三日回城面会知事、罗军门，言大竹罗青山业已来渠办理曾知事之事。十六日，沐知事札饬，内云罗青山来局会商查访曾知事踪迹，以便报告公署设法救出。祯即会罗青山秘商，亲到望溪广兴场与广安观音等处，只翼赴日成事。岂料迟延无效至三十日，知事同张营长先生（指陆军第一师三团一营营长张烈先）札饬，祯同罗军门外侄伍子贤探曾知事李分知事下落，祯与李渡鲜市琅市各团长同至望溪，派人查访李分知事，在华蓥山；曾知事有言在广安、有言在大竹，亦无定所。十一日祯与琅市望溪团长同在公署，知事命差管押，找寻李分知事，十四日审讯，将祯与两场团长职务一并革去，十六日曾德宣等复以恩提质究，控祯在卷沐批提讯质询，二十日质讯将祯收看守所，查禀词内有生父藏匿琅琊场□□□。

梁之祯的申诉提到了另一人李分知事也被掳而下落不明。据《民国渠县志》载：

四年四月十九日拂晓，巨匪汤子沐率堂百余人，诡称陆军各手快枪突入三汇镇，劫掠一空，掳去富户三十余人，复纵火毁肆。去后居民始出扑火，已延烧三分之二，损失约在三十万以上。

同时，时任三汇分县知事李子雍也失踪了。所以也正在寻找。

一县难担，邀友邻相助。1915年5月4日，渠县知事公署转大竹咨蓬安协缉函并渠县知事公署咨请蓬安协缉函告：

咨大竹县查照蓬安咨缉探访大竹曾知事下落并悬赏清查一案，渠县知事公署为咨请协缉事：民国四年五月四日案准，蓬安县知事公署咨开：本月二十二日，案据散县团首周祥林等具报大竹县卸任知事曾先午在渠蓬交界云云，此咨计缉无名凶匪交赏格一张，等由，准此，除悬赏购缉外，相应咨请贵知事请烦查照来咨事理，希即探访曾知事下落，添派警队协缉此案无名凶匪，务获咨解归案，讯办，并祈转咨前途一体协缉，实为公便。此咨。

署渠县知事毛焕煊

5月9日，渠县向大竹、蓬安发出缉拿赏格函，明确赏金：

案据团首周祥林等具报大竹县卸任知事曾先午，在渠蓬交界界牌沟地方被匪掠掳，枪毙护队罗占奎等六名逃逸一案，饬勘验详缉外，成恐日久，该匪等远飏他境，合行悬赏缉拿，为此，示仰县属军民诸色人等知悉，如有清查曾知事下落，拿获此案无名凶匪者，赏银二百元，探知踪迹报信者，赏银一百元，其银现封存库，犯到即发，决不食言，须至赏格者。

当日，渠县知事公署饬第四百四十三号《饬委伍子贤侦探曾知事下落设法救出不吝优奖一案》也给侦探员伍子贤奖励承诺：

为饬委事，照得曾知事、三汇李县佐被掳，奉巡按使电饬设法救出，查该员长于侦察，勘负委任，迅即打听曾知事李县佐下落，如能救出自当不吝优奖，切切，此饬。

右饬侦探员伍子贤、添派侦探员张明山准此

同时也向成武将军、督理四川军务胡景伊报告案侦进展。

5月10日得到东川道行政公署在渠县4月27日案侦进展报告的批示《详为据情转详曾德宣报称伊生父曾先午被匪掳去恳请核示由》："据报已悉，仰即饬队上紧侦缉，馀俟将军、巡按使批示。"

5月15日渠县收到成武将军、督理四川军务饬第八〇三号令：

为饬知事军法课案，案据蓬安知事陈烨详报卸任大竹县曾知事被匪拉掳一案，前来，当经本署批详悉查，据渠县详称，曾知事家属报案谓在蓬安地面，该县来详又谓在渠县地面，其为彼此推委，已可概见。总之，官吏被拉，情节较重，均应无分畛域，迅速寻觅务获。倘竟尔诈我虞，希图巧卸，恐该两知事终难辞责也。案经通详，仍俟巡按使批示饬遵，并候饬行渠县知事查照，此批。除批印发外，合亟饬仰该知事，即便查照办理，切切，此饬。计抄发原详一纸。

右饬渠县准此

胡景伊

中华民国四年五月十日

5月15日，卸署大竹县知事公署第三科科员洪国璠、第四科科员凌承端向渠县毛知事补呈被劫赃单，恳缉究追事，称：

> 情员等于旧历三月初八日（阳历4月21日）随卸任大竹曾知事回省路经蓬安所属地方杜家岩，遇匪百余拦劫行李一空，并将曾知事拉去，曾由曾德宣据情报缉在案，彼时仓惶无措，被劫赃物一切未及录粘，兹将各失衣物等项逐一开单补呈。念员等寄人篱下，心苦年余，遭此拦劫，心血何甘，只得恳缉究追，实沾德便，谨禀。

毛知事16日批示："侯严缉究追。"

1915年5月18日渠县根据15日洪国璠、凌承端提供的被劫赃单再次安排司法警察全方位探访曾知事下落。《饬缉卸大竹署科员洪国璠具报曾知事卸任回省在蓬安地方被匪拦劫并将曾知事掳去一案》：

> 差缉事，案据卸署大竹县署第三科科员洪国璠等具报卸任大竹曾知事回省，路经蓬安所属杜家岩地方，被匪拦劫行李并将曾知事掳去一案，合行饬缉，为此票仰该司法警察前往县属境内，严密探访曾知事下落，并缉此案无名股匪真赃，务获锁押带县，以凭讯追究办，去司法警察毋得籍票越境，妄拿平民拷搕贿纵扫通滋延干咎，慎速须票。计缉无名股匪并查题照原赃失单一纸。
>
> 右饬差司法警察唐立友、王春富、费昌治、郑文英、寇天培准此

渠县马不停蹄地侦查曾知事失踪案，有了消息立马通报。5月21日渠县向大竹通报相关信息。《咨大竹县公署派员侦察曾知事尸身一案》：

> 渠县知事公署为咨行事，案据贵前任曾知事收发委员凌承端在广安来函称：广安知事勒令巨匪谢怀村将曾知事放出，救伊不死。该匪即与匪首郑启和寄信，据郑匪复函，曾知事业被大竹百姓仇杀分尸，不知匿于何处等语，更据敝署昨日拿获巨匪蔡世和供：曾知事现被范绍泉、张国元等掳至贵治妈妈场赵廷元家等语。据此印证曾知事业在贵治被匪等加害。除由敝署特派侦探寻觅曾知事尸身外，相应备文咨请贵署一体派员侦察寻觅，实为公便。此咨。

5月25日，大竹咨询渠县失踪案情真相：

> 为咨关事，四年五月二十四日奉成武将军第八三五号饬开军法课案

呈，案据嘉陵道尹详报卸任大竹县知事曾先午被匪拉掳一案，前来当经本署批，据详已悉，查卸任大竹县曾知事被匪拉掳一案先后据渠县蓬安详报，前来当以所称出事地点有异同，批饬无分畛域，通力严缉务得曾知事下落，设法救出。并专饬通缉在案，昨复。据蓬安勘验详称曾知事于大竹起程，沿途即有形迹可疑之人跟随同行，恐遭变动因而绕道渠县驻扎数日，并请渠县加添警兵二十名护送，行抵渠县新市镇歇店即遇假冒一师军队，匪徒二百余人同镇驻宿，曾知事以有军队相随即夜将渠队遣回，次日与伪军同行出镇二里许，突遇暴动，卫队护卫队救获无及，与匪对敌，被追至界牌沟蓬渠交界一箭之地内轰伤卫队跟随轿夫六命等语，核与来详所称曾知事之子函禀失事时，大竹警队星散远避，仅有一名被掳，称系大竹警队，匪始释放，各节复不相同。总之，案关重大，大竹警队有无通匪情事、新市镇团保是否容匪匪人知情不报，均应彻底究明，期得此案真相。除饬知大竹知事分别咨开提案研讯具报外，并候再行东川道转饬所属一体协缉，务获究办。仍候巡按使批示，饬遵此批，除批印发并分饬外，合亟饬仰该知事即便遵照，分别咨开到案研讯明确具报核夺，切切，此饬。计抄发原详一纸，又奉东川道道尹饬令，同前各等因，奉此相应遵饬备文咨开，为此咨。贵知事即饬传集该处团保人等，赐文点交来队领押回渠，讯详此咨。

大竹知事郭浏

各方努力侦破，匪徒下落有了一些眉目。

5 月 27 日，渠县审理梁之桢、刘炳焜、邓恢汉、邓昭、贾治安、毛南山等南部团总及各场团长，据梁之桢、刘炳焜、邓恢汉、贾治安、毛南山供招：

我们都是琅琊、望溪两场团长，体德办公，前因曾知事被捉，及三汇遭焚劫掳走分知事的事，蒙饬我们探访实迹，不敢违抗，始商黄九江严密侦探，华蓥山有无曾、李二知事下落，尚未转归。现闻广属桂花场亦遭火焚，今蒙提讯，我们实不应隐匿不报公署，只求宽限，此供。

据邓昭供：

其年五十八岁，父母俱故，弟兄二人，自己行二，娶妻夏氏，生有三子，长子邓见中自幼不听约束，去年操团练屡欠操，赶没归，今在外抢劫船上洋纱货物，被警队拿案讯明正求按律拟办，此供。

当堂判决：

梁之桢等任听匪徒在境，平日并未报告，一并将职务革去，勒限三日将三汇李县佐设法救出，逾期拖延即行通详究办。邓昭收民事看守所。

同日审判蔡双林。据蔡双林供：

其望溪场人，年三十二岁，父母俱故，并无弟兄妻室，先年帮聂本初看店内佣工，七载后帮蒋立福三年，去岁腊月三十日找上工帮梁介屏茶馆冲开水、看守店子。昨天梁作廷专信回场叫我，赶已经遭捏，搕之范义和同姓李的二人是梁介屏向棒客说银赎回来的。现梁介屏在大竹遇事，梁作廷才赶范、李二人来城续禀质讯，行至李渡场尹老四店内歇宿，闲吧情由，不料捕队听闻，当把我扭获，清讯抢劫曾知事，实有梁巨青同伙在他店内分赃，梁巨青得赃后逃，恐怕兵队来场搜获，黑夜将赃物负乡居伊家藏匿，其余孙平阳、张铭其、樊俊臣、樊双臣（绰号冲天炮）、林修干、曾占武、石言礼、张明禄们都是队伍头目。樊文举家是猪秦，梁巨青店子隔梁介屏店子约七八间远，今闻陆军来抓，他们没有上街，不知逃往何处。只求施恩，此供。

当堂判定：

讯据蔡双林供称曾知事被劫，曾有梁巨青同伙并分有赃，其余孙平阳、张铭其、樊俊臣、樊双臣、林修干、曾占武、石言礼、樊文举等均系队伍头目，并仰司法警察一体分别侦缉务获究办。蔡双林暂收刑事所看管。

5月27日，大竹县受渠县所恳，向渠县咨解抓获的匪徒梁介屏即朝藩、梁朝儒到渠。

为咨解事案准，贵县大咨除来有案不录外，后开希将已获之梁介屏、梁朝儒二名赐文点交来队，并祈添派干队护解县，以凭归案讯办等由，准此。敝县随即卷查梁介屏即朝藩、梁朝儒系警队拿获送案，当经提讯，据该梁介屏供："琅琊驿人，向在该场开贸茶馆生理至民国四年四月，初间身带大银想贩大烟，走到治属妈妈场买点烟泥，会遇素识的赵鼎臣，约到乡下驻扎，作成小的事，咸谊张恩廷洋烟因价昂未买，随被兵队走来把小的们拿获带案的，这曾知事被拉的事不知道是实，等供。"据此，正拟备文咨查咨准，前由拟合备文咨解，为此合咨。贵公署希将解到之梁介屏、梁朝儒查收审讯，仍赐印收回销，备查此咨。计咨解梁介屏即朝藩、梁朝儒均全刑具。

署知事郭浏

5月28日，渠县知事公署解获梁介屏等人后咨复大竹县：

贵公署派队护解匪犯梁介屏即朝藩、梁朝儒二名，均上刑具，并避籍管束，人犯戴从之一名各等由，准此。当经敝署分别点收掉换梁介屏、梁朝儒二名，刑具收禁羁押外，所有刑具二套及收明人犯三名，拟合备文咨复。贵公署烦为查照咨收。此咨。计咨还刑具二套。

这天，渠县再次审理管押人梁之桢、刘炳焜、邓恢汉；民事所关押的毛南山、贾治安、邓昭、谢银臣；刑事所关押的周竹清、蔡双林、梁介屏、梁朝儒、蔡世和。

据梁之桢、刘炳焜、邓恢汉、毛南山、贾治安供：

前蒙提讯，均各供明在卷，我们不应隐匿不报，沐把我们交差管押，如今拿获梁介屏们才开单候讯的，此供。

据谢银成、周竹清供：

前蒙迭讯，俱已供明，我们听闻人言冲天炮棚子的炮火实系梁介屏出银子买，暗里分赃，今蒙提讯，琅琊场团长刘炳焜们并没通匪情事，此供。

据蔡世和、蔡双林供：

前蒙提讯，供明在卷，望溪场团长贾治安们实系好人，并没通匪情事，今蒙提讯，仍没通匪。

据梁介屏供：

与梁之桢是胞兄，梁朝儒是雇工，平日开设茶馆营生，与未案的范义和是亲谊，他同内戚怎样被匪捉去三笔事托我解交了好的，并没与匪为伍，今四月初五随带银两过大竹妈妈场欲买烟泥，会遇素识的赵鼎臣下乡驻扎做成买他亲戚的烟，因价昂未买，随被警察拿获，咨解来案的，如今我自认承觅人探听分知事下落出银赎取错了，求施恩。此供。

据梁朝儒供：

梁介屏是主雇主，因他在大竹妈妈场买货占扎赵鼎臣家，我送衣服过去，恰遇警队走来把我一并拿获解案的，错了，求施恩，此供。

当堂判定：

候复讯再夺，邓恢汉贾治安着取保归场料理团务，余仍看管，梁介屏收民事看守所，谢银臣、周竹清、蔡双林、蔡世和均原收。

同时继续寻找证据推进案情进展。5月28日，新市团长陈家齐、邓聚星及乡约蒋锦堂、段长张仁兴、店主赵一元自行到县衙投质，称今阴历四月十三日差队遵奉：

大竹县关票来场会传提长等依关投质应切声知，于前三月初七日夜，有大竹县卸任曾知事随同太太、二少爷、洪师爷等百数十余人，站寓一元，无寓所。次早，曾知事等起程出场界牌六里之外至蓬属杜家岩，又与渠界相距二里许，于地方伊世宽、唐宗福、唐学宣、李回春、刘德丰家地段埋伏，匪徒即将曾知事掳掠劫物炮击，警备队同行护送，咸知底蕴，切曾知事是夜路宿本场，尚有更夫巡守，并无匪迹，亦无兵队，师爷、二少爷等散造通街闲游观悉，被害后复经洪师爷亦亲来蓬、渠两境查明曾知事，本市场并无容匪情事，致沐添队关传长等投质，始知骇异，若不声明情由，泾渭何分？不沐转实难明。长等是以自行投质，声恩仁天作主，备文转咨霹讯申详省累伏乞。

毛知事批示："行投质并候据情转批。"

同时，渠县行政公署向大竹县回复二十六日咨渠县查照关于传唤新市镇团保并据陈家齐等自行赴质一案情况。

渠县知事公署为咨行事，民国四年五月二十六日准案，大咨：除原文有案不录外，后开即饬传集该团保人等，赐文点交来队领押回县，以凭讯详，此咨等由，准此。当经敝署添派差队往传去后，兹据新市镇团长陈家齐、邓聚星，乡约蒋锦堂、段长张兴仁、店主赵一元以声恩转咨，自行投质等情，禀称情今阴历四月十三日内云云，伏乞等情，据此除禀批示外，拟合备文咨请。贵公署烦为查照归案，质讯，实为公便，此咨。计咨自行赴质团长陈家齐、邓聚星，乡约蒋锦堂段长张兴仁、店主赵一元。

中华民国四年五月二十八日

到了 5 月 29 日，渠县警察又抓获了陈才美、张安林、颜贵章、梁召发等一批人，立马审理。

据陈才美供，其年三十二岁，父母俱在，娶妻曾氏生有子女，平日裁缝为业，在逃的曾占五是其室弟，他棚内队伍五十余人。

> 我只认识大竹张与发、徐西羊母狗，今三月曾占五有无带队拉劫曾知事，我并不知情。四月初七（阳历五月二十日）我出外做手艺未家，他悄把衣扁箱一口藏匿屋内，我见知害怕，转寄张安林家被获，送案的曾占五逃往何处不知道，错了，求施恩。此供。

据张安林供，其年四十二岁，平日织布营生，与陈才美家不远，1915 年四月初八，陈才美拿衣扁箱一口到他家，未说明来历，亦未看视箱内何物被获送案的，错了，求施恩。

据颜贵章供，他是琅琊场人，年二十五岁，父故母在，娶有妻室，平日做木活生理，四月初旬他赶集琅市，在路旁检获皮箱一口，并未开箱查看内装何物，业已窖在纸厂坝麻地内藏匿，兹蒙获案提讯，他愿交出箱子，求施恩。

据梁召发供，其为广安观音阁人，年三十四岁，父母俱故，弟兄二人，前因到梁巨卿家做木活，见他棚内队伍六七十人、几十杆五子炮。

> 我只认识李老儿、范绍全、毛云程、梁九合、梁巨卿等原会造炮火，梁二等人，接他在琅琊打造，不知怎样打架停工，人说他是棒客，打死了两个人，他时常到聂炳林家里面耍，甚是相宜。他所分曾知事的赃必在聂炳林家藏匿，否则寄放百山市乡里。今蒙获案提讯，错了，求施恩。此供。

当堂判梁召发等所供各匪仰差迅即缉究，并速往查取赃物送署，再为核办赃件存，陈才美、颜贵章、梁召发均收刑事看守所，张安林管押。

5 月 30 日，已被停职的南路团总梁之桢向渠县行政公署陈述案情及申诉理由。

为遵饬禀复事情，五月十三号奉张营长、知事先生，饬委同伍子贤先生驰往剀切宣谕俾将曾知事李县佐释出，为至要，团总于四月初一日遵同伍子贤与李渡鲜市琅市各团长同至望溪，托人探访曾知事与李分知事踪迹，今曾知事之事已在广安发现，不具论第；李分知事再三祈人查探，或言在华蓥山，或言在桂花场，难确定。及四月十一日在公署会面，知事先生命差管押找寻李分知事，十四日将职务革去，限日交李分知事，切掳李分知事之匪系由合川小米溪三汇坝而来，诸人共知，营伍装束，陆军旗制，所过市镇二十余处，广安警队见之退让，李分知事被掳，由县中兵力单薄，非知事先生之咎，亦非团总团长之咎，县团总常在会商处办理公务，或一月或两月，始归家省亲。无论别场之事，即本场中有窝匪销赃不法行为，非团甲报告无由得知，诚以保甲耳目较近，难掩团总在城，地处甚远，察识难周，至李分知事之事尽心竭力，已托妥人直到华蓥山交涉，能否成事，殊难逆料，谨禀。

毛知事5月31日批示：

　　禀悉该团总前奉本知事同张营长委任本限三日即为复命，乃工不遵限认真办理，已于职守有戏，该管区内匪势作横，并不一为报告，究竟所为何事，今复饰词妄谈，未免习狡，仰即遵照将李分知事克日寻觅聊补前惩，违则定于详办不怠。

同日审理梁介屏，其为本地人，住琅琊场，年龄四十五岁，职业店员。

其称：

　　为呈诉，据情禀明，情今阴历四月十五号，讯将民收民事看守所，应切声明，缘清统三年，民分居琅市营贸，至少不干非，因本年三月初六，侄梁路娃年方五岁，被匪捉去，当投民闻往望溪、广兴场探访路娃踪迹。已逾四五日期，至十一日，民兄之桢寄信命民速到琅市有要务相商，民果至市面会兄，口称奉知事先生与罗军门先生命托民查探曾知事途遇匪掳去，向誓愿垫银救出，民即托人四处访问，直言知事是政府命官，如不放出，必有大祸。如能放出，有罗军门承担后事。越十九日，民到有庆场收账住张赞卿家，及二十六日，始回琅市短稍息。二十八日回家，省见四月初一兄同伍子贤与李渡、鲜渡各团长约民协往望溪访查曾知事与三汇分知事下落，再三遍访清查，或言在广，或言在竹。初四日兄之桢又命民往竹妈妈场藉卖折烟，便访曾知事是否存在，初七，兄之桢寄信来竹，言李渡周竹清、谢云程于初三日被渠队拿获提讯，妄供，速即回渠赴案质讯。不料事变无常，初十日突有大竹警队数十人将民拿回竹县管押，蒙恩备文咨提回渠，民得与谢云程等质讯明白，委系挟诬，致望溪口匪劫洋纱事，系三月二十四日，民犹在有庆场张赞卿家，咸愿质结，理合据情上禀。

具状人梁介屏

县府指示："该民是否良善，谢银成等是否挟诬，本署自有考查，毋庸渎辨，恳存。"

6月2日，根据曾德宣、洪国璠的指控，渠县衙再次审判梁之桢、梁介屏、毛南山、刘炳焜、邓朝（即邓昭）等，原告曾德宣、被告贾自安、邓辉汉未到庭。

据洪国璠供，前因曾知事被匪拉劫已沐扎饬团总梁之桢、团长邓昭们妥为清查下落，后有赖隆汉报告曾知事藏匿琅琊场乡下，并持有亲书信函一封，可见所报不虚，梁之桢们既受委任不惟不设法救出，反藐抗命令隐匿不报，尤敢纵匪戕害，况谢银臣、蔡世和们均供有梁介屏通匪分肥，梁巨卿又系他胞弟，邓昭之子亦系匪首，兼川北灯影在广安提讯时供认琅琊、望溪两处四十几个棚子都是梁介屏的外管事，郑启和的内管事，今蒙提讯求咨查严究判决。

又据梁之桢、毛南山、刘炳焜、邓朝（即邓昭）、梁介屏以前蒙提讯，均合各供明在卷，我们平时任听匪徒拉捉并不报告公署，实属不合，又未设法救出曾、李二知事，今蒙提讯仍与前供同，堂判梁之桢等对于曾知事事委任救出不能得力，已属责有难辞，对于纵匪各节应候查明实据核办。梁介屏、邓昭等供未得实，仍原收再候质讯严办，梁之桢等着收民事看守所，此判。

根据洪国璠称匪徒谢川北灯影被广安县抓获后供称梁介屏、郑启和通匪分肥，6月3日渠县向广安县咨查川北灯影供判案情。

咨查事，案据永川县中学校毕业生曾德宣、科员洪国璠等具报为前大竹知事曾先午被匪掳劫一案，该犯梁介屏见事败露，畏罪逃逸，旋准大竹县拿获，梁介屏经敝署咨提回县，迭次提讯，该犯狡供不认。洪科员供称谢川北灯影前经贵县拿获提讯，供认琅琊、望溪两处四十几个棚子都是梁介屏的外管事，郑启和的内管事，如果属实，其为通匪分肥，毫无疑义，自应从严处办。相应备文咨查，为此合咨贵公署烦为查照来咨，希将谢川北灯影供判赐复过县，以凭核办，望切盼切，此咨。

一看曾知事失踪案件有了很大进展，几个认为与自己关系不大的，纷纷想取保。6月3日，籍贯本地人，住琅琊场的具保状张顺如、郭庸祥、张顺田、张义兴四人为张安林取保，一是说明具保状之关系：

情今阴历四月十六日，经司法警察拿获陈才美和安林等到案，沐恩讯明陈才美责收刑事看守所锁候，自邀妥人取保乖谕，民等因之具保乞恳开恩宥释。

二是说明具保状之原因：

缘张安林历系清白，本朴务农，兼贩卖白布生理，供奉七旬迈母素无妄为，民等介在族保，深知好歹，难逃邻里，民等不忍无辜受累，是以自行赴案结保归农养亲可望。

三是言明具保状之责任：

保得张安林归农后，如查确安林有非法不情，惟民等承保是咎。

毛知事五号批示："准该保人等来案当庭取保。"

6月3日，梁之桢要求取保被拒。其称：

□□□□□□诡计多端，秘密异常，言在此而实不在此，之桢在团局于知事之令无不遵办，断无知而不报者，渠城至琅琊五十余里，琅琊与竹广接壤，又五十余里，乡里中有无窝匪情事，耳目较远，察识难周，其中情由，不无可原，如云纵匪戕害，曾知事与桢毫无恶感，词出不清。谓委任救出不能得力，责固难辞，但匪势凶恶，漫云桢无能为力，亦无如何，惟大军乃克制胜，伏乞。知事原情作主，准桢自邀团总邓德祺、王大享、罗纯五、郑相臣等取保外，如有应讯之处，随传随到，谨禀。

毛知事五号批示："应否交保，姑准邀邓德祺等来案当庭讯夺。"

6月4日，照惩治盗匪法处死了两名劫匪王占武、孙德元。段长（原团长现改称）毛南山急忙提出申述，自己曾辞职却未准，后来得罪土匪还被抓去，花了二百两银子才赎回命，然后贸易避难也被抓进大牢，很冤枉。称：

> 旧历四月十一日沐恩初讯梁之桢等及民一案，砵判任听匪徒在境，平日并不报告，着并革去职务，限三日设，拖延详办，当将民同之桢等管押。忽昨二十日又将民与之桢等并禁民事，骇异无措，不得弗。据情泣诉，鉴原自去段长，帮办公事，奉委后，切民外贸日多，在家时少，恐不胜任，有误要公。先后声明，迭辞不准，调卷可查。论场上大小公事及各有案可稽，民确有名无实，并非临时辞责，虽平日匪徒过道，昭打兵队旗号，较之兵匪混淆莫辨，盖因去岁警兵来此挑运子弹，谁知匪后标察觉，谓民引逐攻胜，自此结成山海之仇难辞。民畏恶移城、贸易避祸。及今三月，曾知事被掳去，寻访下落，民始同归，竟被匪捉，几至炮毙，去银二百余两，方赎命活。事尚未休，幸张营长临境清匪获救，有冤无可伸。如前，民在贸易避难，不特不暇清查，亦不敢清查，况匪势凶恶不堪，限三日救出李县佐谈何容易。兼劫捉李县佐之匪，民既不识其首从为谁，又不知其潜迹。民收拘民事，惟此重祸，真是炎夏飞霜，无已，只得冒铖陈诉，泣恩确查虚实，分明泾渭，以免冤死，如能生还，则于公之明睹，观六月之霜不飞，感同再造，啮齿具投。

毛知事七号批示："静候查明再为核办，毋庸声诉。"

6月5日，刘炳焜提出申述，其禀称：

> 知事台前为诉恩原体事，情曾知事被拉一案，前沐传讯，责民等平日听匪人入境不报，交差管押。嗣曾德宣以恩提质究，控梁之桢连民在卷，沐准讯民受委不力，着收民事看守所，应切诉明，缘民场属界连广、竹，山川环绕，匪类固难禁绝。前沐恩鉴，特派练长王良臣、聂绩曙统带南路团练五十余人，住场防堵，不为不周。二月团练裁撤，亦有警兵颜占云坐场侦探，间有匪党过境，同事邓恢汉来署面禀，随派警队出巡稽查，亦未稍疏。三月初八日，曾知事蓬安遇匪，地隔百里之外，其去向莫定。三月二十日，李县佐汇镇被捉，匪徒千里而来，其行踪谁识？三月十九日知事来扎，云：竹邑罗青山密探曾知事踪迹，青山未面。

三十日扎委协同伍子贤并各团长访查曾知事李县佐，奉扎急往望市，遍访广邑各场，原未敢懈。前有罗青山，后同伍子贤，受委不力，不独民等蒙曾德宣词称，有赖隆治报告伊父藏匿琅琊场乡下，彼时何不将赖隆治扣留同往，实指其地，即有亲书信函，焉知非匪类之诡诈，在彼言此，以掩迹嫁害，民受枉累草本何，只得缕晰声诉，泣恳原情体恤垂怜，宥释清浊攸分，沾感上禀。

毛知事七号批示："仰仍安分守法，静候查明核办，毋庸烦渎。"

6月6日，四川东川道尹公署向渠县发出第六三八号指令：

> 东川道尹公署为遵饬转行事案奉巡按使饬开，案据嘉隆道道尹戴庚唐详报，卸任大竹曾知事被匪劫拉，派队饬属严缉各情形一案，到署，当经本兼代巡使批掳详悉此案，已选。据蓬安等县电详飞电，各属一体协缉在案，候再饬行东川道勒属严缉，并饬大竹县知事将各该获护送警队以及团保人等，分别咨开提案研讯究报，此批，除批印发并分行外，合就饬仰该道尹即便转饬所属勒缉此案匪犯，务获惩办。计抄发原详一件等因，奉此除通饬外合行饬仰该知事即便遵照一体严缉务获究报切切，此饬。

督令又来，毛知事抓紧审案。六月七日审判孙启林，其供认分赃。刑事所关押的孙仲庸供出孙启林收监，供出张禹门。据孙平章供：

> 我是大石板保内段长，体德办公，未敢疏懈，我因解樊文举来城，未归保内，孙仲庸、张禹门实系好人，深信可结，当庭结保，如后查有不法情事，我自甘坐罪。这孙启林实系在外搭棚子拉掳多人，不敢承保，只求究办，此供。

据孙启林供：

> 琅琊场人，年二十六岁，父故母在，平日学习裁缝手艺，因贫苦难度。正月初七日撞遇樊双臣叫我背篮入他棚内，当就随从是夜商同大竹周家场住的陈麻子，同家场住的刘炳林，大竹城内住的李青荣，望溪场张占荣、樊双臣、樊青和、樊正章，龙凤场罗特娃带路分银二大锭，先到桥□□的，一个后拉姓周的，一个所说银两凭管司李五爷掌手俵分，我只分大银一锭，洋元二枚。拉曾知事大竹杨三爷带同曾占武一路来场

站孙平阳店内，串通范绍全带队拉掳，我没从场。孙仲庸幼年帮人跟押收账，如今务农，张禹门在乡里做庄稼并没有他二人从场，今蒙提讯，错了，求施恩，此供。

据孙仲庸供：

前蒙提讯，沐把我暂收刑事看守所，如今司法警察已把孙启林、张禹门拿案，提同质讯，我并没有同伙的事，现有段长孙平章在城，求硃添加到案质讯，这张禹门亦是好人，每日赶场由我屋侧经过，求详查，施恩。此供。

据张禹门供：

琅琊场烧玉桥人，年三十七岁，我平日务农，少有赶场，兼之左眼不明，这孙仲庸与我有仇，因此供扳在案，如今已把孙启林拿案，究竟有无我从场，求详察作主，此供。

一串口供单：孙起（启）林拿和同姓陈姓二人分银大锭银圆两个（肥猪儿），樊双成、樊青和、樊正章、周家场人陈麻子、同家场人刘炳林、大竹城人李青荣、望溪场人张占荣、龙凤场人罗特娃儿带路分银二大锭，拿和曾知事店在孙平阳佃内，代对（带队）范少全，官师李五爷，还有曾占武。

当堂判孙启林供认拉掳得赃不讳，着收监狱听候核办，孙仲庸、张禹门据段长孙平章供确系好人，责令当堂取保，如后查出孙仲庸有不法情事一同治罪。

七号审判张安林，同意取保。保人张顺如、郭庸祥为锁押人张安林取保。据张安林供，前蒙审讯供明在卷，沐把我锁押饬取妥保，如今才邀保人张顺如来案取保的，此供。

据张顺如、郭庸祥供，与张安林是近邻，因他不该妄寄衣箱，沐把锁押，饬取妥保，我们调查他实系好人，并没不法的事才来案取保的，此供。

毛知事当堂判张安林因张顺如、郭庸祥供称系属好人，着予开释交保。

6月7日，大竹知事郭浏给渠县知事写信，告诉毛知事已抓获积匪袁吉三、张四林等，同时询问已被革职的大竹警备队长刘漱芳被渠县抓获后是否受审。

炳薰先生大鉴，不奉教久矣，驹光虚掷瞬届蒲阳慕渴私衷时蒙五内敬维，政祺日懋，升祉时绥为祝，无量，弟任重材轻时，虞覆悚，幸日前缉获积匪袁吉三张四林等，阖邑称快，差堪上慰。锦怀兹开，敝县已革之警备队长刘漱芳，已经贵县差队拿获，未审确否？乞即不知，以便具咨开，回归案审办，无任盼祷，肃此敬请咨复。升安并希，荃照不既。愚弟郭浏顿首。

毛知事6月9日回复大竹知事郭浏："查草县并无拿获，刘漱芳之事业已专函具复竹署，此函附复。"

也是6月7日，孙平章保孙仲庸、张禹门同意取保。具保状人孙平章，籍贯渠县，住所琅琊场，年龄三十二岁，职业务农。被保人孙仲庸、张禹门，籍贯渠县，住所琅琊场，年龄不一，职业不一。表明具保状之关系：因司法警察拿案，沐恩讯明，确系好人，责令当堂取保，如后查出孙仲庸有不法情事，一同治罪等谕。提供具保状原因：孙仲庸、张禹门各家，均有老小，实系好人，民甘愿结保，如有应讯，随传随到，不致藉中潜逃。承诺具保状之责任：倘后再犯，惟民是咎，伏乞。毛知事6月10日批示"准取保"。

6月8日，陈才美辩诉未得到答复。辩诉人陈才美，籍贯本地，住所琅琊场，年龄三十二，声恳查分。

情今阴历四月十六沐讯，捕队缉获要匪梁昭发，因匪四起，王氏恐失寄存箱暂移家，未久，又恐出外缝衣乏守，始移张安林家寄放，并非匪赃，未防捕队探就安林家，起获寄放衣箱，指为赃据，不由分说，将民与安林一并解沐镜讯，均各分别收押，已属额外施恩。但赃有失主拢认，匪有正首口供，今衣箱既无主认，又无匪供，其无辜受累，燎若观火，团保俱可质结，不得不据实声恳原情查分，以便邀保质讯，免累无辜。上禀。

6月9日邓昭也提出申述：

望溪场邓昭为声明事，情匪窜境，酿成巨案，连民卡禁应诉，衅由去岁广邑谢登瀛成军不果，匪党乘势蔓延各地，或出或没，并无定在，时去时来，莫辨名称，匪势猖獗，抢捉叠出，诸色人等，莫敢举发，竹、蓬、广、渠未尝不知，民赴操本邑团防，迄今二月，卒业未家，暗为不轨，及队拿获始知。匪徒，大千例禁，宜正典刑。永美厚洋纱各货被劫，原在广邑地界，现今渠广获匪，未辨自分，至曾知事一事，蓬、竹、渠、广各有获匪确据，民何甘罪无辞，是以缕晰声明确查，如果获庚罪亦甘心。谨呈。

知事批示："仰即静候查明核办，毋庸渎辨。"

6月10日，琅琊场当地人李敦五、张静山、杨三达、汪镇洋、王树芳、范守之、邹良才、文有林、蒋启迪、周德培为梁介屏取保不成。随案禀明：

> 情今阴历四月二十一日，沐将梁介屏收监狱，民等曷容插溃，缘介屏自清统三年分居，搬移琅市店贸，其为人也遇事敢言，但理无两是者，是者喜悦，非者结怨，人情之常。本年阴历二月团练停办，广安观音阁两处恶匪，出没不常，本境莠民、相率效尤，捉人搕银，层见叠出，介屏常倡言广坐，谁无父母？谁无兄弟子女？而乃为此丧尽天良，目无法纪之行，有则改之，无则加勉，若有妄为者，查出送官惩办。介屏之语，诸人共知，如谓其为歹人，何以范世和、李显和、杨三林、苏大林叔侄、梁路娃、梁万氏、梁陈氏姑婿、梁祥林均系介屏亲族，亦被匪等掳去，至今探访。梁祥林、苏大林叔侄尚无踪迹，今介屏遭此拘禁，风闻鬼蜮之徒，冒裹习唆，砌词架害，民等不忍坐视，用是随案公禀，伏乞，仁廉派员秘察，庶几黑白攸分，而奸究无所施其伎俩矣。谨禀。

毛知事6月11日号批示：

> 查梁介屏声名甚劣，自应彻底查办，该民等毋庸代为辩诉。

原来，还在6月7日职业农贸、四十五岁的梁介屏就进行了申诉，称被报复。

> 诉恳质分，情石昌宽昨经差队等拿获到案，于阴历四月二十一日庭讯，供民有通匪情事，沐将民收监狱，应切诉明，缘民自前清统三年分居，办公数载，直道事人，易招怨尤，理所必然，吏民家尚殷实，由师范学堂毕业，既非久饥寒所迫者比，又非愚昧无知者同丰甘为败法之事，祸由今阴历二月，昌宽借搕索谢明之钱一百串，经民从场，深斥昌宽搕项未遂，殊伊怀恨钉心，欲图报复无隙，迄今伊被差队拿获解案，无计抵塞，庭供咬民通匪，其挟嫌扳害，情节显然，兼伊供通匪，出伊一人

之口中，并无确据，切民实系身家清白，扪心无愧，遭此不白，冤抑奚似，伏乞清廉明鉴，准民邀谢明来案质对，应泾渭攸分，而民屈可伸，沾戚上禀。"

毛知事一直未答复，结果 6 月 10 日就有人为其作保，于是 6 月 13 日才批示："静候查明核办，毋庸妄渎经。"

6 月 11 日琅琊场民李建齐、文宝森、蒋子良、周盖臣、李欣然、孙冠杨、亲子德辉、郑子刚、成福元、李开茂、楚健安、杨子献、聂鸿儒、刘沛封、邹良材、郑化俗、张德一、周昌都、郭春和、邓明通、刘成道、孙启忠一行十多人取保刘炳焜未准。

> 恳保释事，情曾德宣具控团总梁之桢及团长刘炳焜在卷，沐恩讯将炳焜收民事看守所，咎有应得。民等曷敢旁渎，缘炳焜为人勤慎正直，去岁当团长，乡街咸谓委任得人，奈炳焜年逾六旬，再四辞退，经民等苦口力劝，方允就职，无如文字浅淡，难当重任，只以经收厘税为己任。然百里之外，祸生不测，殃及池鱼。民等不忍坐视，现征收局长催款，济解情急，各样厘税，多乘此狡，耐炳焜做事，禀恩原情，赏准。民等自行到庭，愿以身家结保，宥释刘炳焜回场办公，后有应讯之处，随传随到，否惟民等保人是问，甘咎无辞，如蒙赏准，不胜沾感。上禀。

毛知事当即批示："该刘炳焜尚有应待查办之处，所恳终难照准。"

6 月 12 日，遵照惩治盗匪法，孙启林被处死刑。

随后，相关劫匪被追捕到案后处以极刑。

但梁之桢是个例外，既没被判极刑，也不准取保。6 月 22 日，范春朋、邹之栋、张心仁、王四合、刘建富、孙平章、邓祥兴、楚洪中、郑建安、梁光顺、李魁林、张必成、陈光才、吕双合、黄祥兴等为梁之桢取保未准。称：

> 民等曷容旁渎，缘之桢为人廉洁谨慎，心性慈祥，乡里中有冠婚丧祭，无力措办，则将学赀酌量给予，偿者收，不能偿者不行也，嗣任事解无，或因一二串三四串钱，将酿讼端，之桢尽数垫付，总劝其无讼而后已，故前清颜、周诸公，咸称许之。宣统三年，县会成立，选举参事员，十月同志军起，县令周诚将印交之临时司令，二十日未领薪水一文，嗣蜀军政府委任周诚为司令，又推之桢为司法课员，民团办蒙知事委充

团务局长，五月团练改组，沐充南路团总，其团局设立县会地，团练会设备场，之桢常在团练会处或一月或两月始归家省亲，况团总以下有团长，团长以下有甲长，甲长以下有牌长，地方中不法行为，耳目难周，固是实情，好人受累，民等协恳查核，赏将之桢宥释交保，如需应讯，随赴质对，违甘坐保无辞。上禀。

知事 6 月 26 日批示："梁之桢被控案情重大，所恳终难照准。"

6 月 23 日，看守所报告梁之桢染寒病："第二看守所罪犯梁之桢，在所身染寒病，实系沉重，饮食少进，恐致不保，失看守之责，不敢隐匿，只得禀明作主。"毛知事廿六号批示："速提验核夺。"

同日，梁之桢儿子取保梁之桢未准。

小学校毕业生梁锡龄，年十九岁，住琅琊场，大竹卸任曾知事被捉一案，沐讯将生父之桢收民事看守所，曷渎。缘生父之桢幼读书，壮入洋，前清被人控告，民国成立，忝列县会参事员，兼任公署科员。知事莅任，蒙委团务总长，渝变聊有维持，其间兢兢自持，心百公事，未敢稍懈，心有指挥，罔不竭力。生父世非报知事眷顾之隆，实未贪恋公务，罘□□州戕害于广安，匪首杨显珍又系大竹人已捕，生父实常住渠城公地，随时听知事命令，今忽遭此不自在，生不足惜，而冤生不测，是孰可忍，惟据曾德宣信函，言曾知事初匿于琅琊场乡下，琅琊场纵横四五十里，又与大竹、广安界连，即生父常住琅琊场，亦耳目难周，况常住渠城乎？兼之盗匪行为岂与人知？既不与人知，生父岂有闻，生父究属何罪。痛定思痛，错任公务而已，悔无可悔，传受署毒甚深，现生父病体沉重，数日未食，三字无怨，一介儒生，难受苦中之苦，是以泣恳知事大施鸿泽，准生父自邀店保出外养病，如因案情重大并无穷矣。谨禀。

知事还是在 6 月 26 日批示："看后禀内批候提验，仰验明核办。"

6 月 25 日，县城绅士徐宗稚、罗爕卿、雍相臣、郭元凤、邓德棋、郑相臣、张通济、王大亨等也集体取保梁之桢，亦未准。其具保状之关系为：

今阴历四月，沐讯曾德宣具控之案，着将南路团总梁之桢斥单押收民事看守所，绅等曷敢旁渎。具保状之原因为：缘梁之桢前任各局职务，并无妄举，反正后旋任县会参事员，并任司法科员，知事莅任亦历任要公无异。曾知事案情重大，似应静待申雪，奈之祯在所染病沉重，命在旦夕，协恳准保在外医调，不致耽延。具保状之责任为：如蒙允释之后，稍有再犯，即惟保人是咎无辞，伏乞。

渠县知事仍于6月25日批示："已于看役禀内批准提验，仰候验明核办。"

同日，渠县琅琊场绅粮汪汝洋、孙平章、邓仁安、王德明、李霞裳、聂鸿献、郑朗亭、邹之茂、刘福一、蒋子良、奉至如、孙冠扬、张奉仙、刘笃生、饶子青等取保梁介屏仍未准。

民等场属乡绅梁介屏，业蒙讯收监狱，民等曷敢插渎，缘介屏学识颇优，赋性极刚，每遇不平之事，即为从中言公，虽公论直言，忌伊仇伊者固属不少，而词严义正，仰伊服伊者，亦且良多。以故民国成立，选任本乡议长并任本场团务，及乡会停办，复沐恩鉴充场长维持四乡安堵。俗美风清，一场公务，有条不紊，视彼声名恶劣、行为悖谬者，曷克瑧此，无如天地之大，人尤有憾，刚直招祸，理数之常，今者匪风四起，毒似虎狼。伊系富厚之家，方且自顾不暇，常与本场士绅共筹，乃求禁匪绝匪之方全，得毁及遭池鱼之殃，感慨何极，至清廉镜讯，前后各匪均无扳伊词供，问有扳伊者，并无确据，一再提讯，终系咬供，捏诬不攻自破。民等系属同场，深悉底蕴，如不赴辕代诉，诚恐鱼目混珠，冤沉海底，是以不避嫌忌，据实声明，伏乞早鉴高悬，事分泾渭，民等不胜顶祝之至。此呈。

6月26日批示："该民等事不关己，尽力居家各执其业，毋庸来署妄渎。"

6月28日，四川东川道尹公署饬第六八六号令要求渠县抓好梁介屏的审判工作并上报。

为饬行事案，据大竹县知事详报获解渠县要犯梁介屏等一案到署，当经本道尹批据详已悉，仰候饬行渠县知事将获解匪犯梁介屏等研审究报，并候巡按使暨高等审判厅批示，此缴，除批印发外合行饬仰该知事遵照即将大竹县获解要匪梁介屏等提案讯取确供，按拟详办，切切，此饬。计抄发原详一件。

道尹刘体干

原来，大竹县知事公署详细地将抓获梁介屏及渠县解押回渠之事上报东川道尹公署，既想减轻责任，又怕当地庇护。

为获犯解办事，案查本年五月十三日接准陆军第一师三团一营张营长烈先来信，将匪于渠县之望溪属要隘堵截，知事审地势察贼情，有大竹之西山绵亘一百余里，皆与渠县、广安邻近，三县接壤，头头是道，在在堪虞，当派警备队五十名驰赴最要之妈妈场，遏其冲，并令该警队严重盘查，预为之防，兹于五月二十六日据派去警队在该场附近之赵鼎臣家查获，梁介屏即朝藩及梁朝儒二名解城究办，随经知事提案研讯，据梁介屏供称，渠县琅琊驿居住，茶铺生理，广安、渠县各处匪人常来琅琊驿估站，小民阻挡不住，没有通匪情形，事此次到赵鼎臣家想要买烟就被警队拿获的，梁朝儒是雇工等供，据此质诸赵鼎臣等供词支吾，颇有秘密不法情事，且该犯解城之后，外间互相惊疑，一若该犯声势非警力所能拿获者，然正拟备咨调查，旋准渠县毛知事来文咨关续，又接得该知事公署函谓梁介屏系重要人犯，加派警队四十名来县催提。知事查琅琊驿地方上为李渡，下为望溪观音阁，匪徒盘踞已久，该处人民相与偶居无精求，其不通匪不知匪者几不多，得梁介屏等虽于大竹未犯有案第，值官兵清乡之时始行逃之邻疆，则其畏罪心思已可概见，况渠县函称系属要犯传闻，该犯于曾卸知事及渠县分知事两拉案均有关，凡自应由犯事地方审办，易得真情，除将该犯等点交来队并加派警队解交渠县收审外，理合详报。宪台俯赐察核示遵除详。巡按使暨高等审判厅外谨详。

署知事郭浏

中华民国四年六月廿三日

不知是毛焕煊知事破案不力，还是其他原因，1915 年 7 月初，毛知事初离任了，接替者是云南阿迷县人纳汝弼。而大竹知事郭浏只干了不到四个月也在 1915 年 8 月离任，继任者是河南邓县人、本省高等学堂毕业的郑国翰。

至于此案破获的最终结果怎样，档案中未有更多资料，且两县的县志和档案记载有些不一致。留下疑问还需继续探究。

郑迪光民事诉讼案

民国十八年（1929）初，渠县鲜渡场开木匠铺的郑二木匠家出了一件大事，做团练收支员的大儿子郑士明，字迪光，被举报侵吞军粮款被驻军抓了，交了大额罚金才被赎回。

1929年2月7日，鲜渡场团总郭云甫、督练员刘正权向渠县知事府报告，称本场团正贺灵杰等指团款收支员郑迪光营私舞弊侵吞军粮款，在斗内加木枋，低价收粮高价卖给部队，因不当得利，已被驻军扣留，请求知事府处理。

其文称：

> 呈为据情转呈事项，准本场团正贺灵杰保等函开，为藉公营私，希图渔利，声请转解，严究以顺舆情，事团练办事处收支一席，向系殷实富绅充任，其所以然者，以欵项不接济时，即能暂垫，免致提款多所费用也。乃现任收支员郑迪光富甲全场，不惟不临时暂垫，反敢营私舞弊，侵蚀军粮。以收入之款私自营业购米出售。凡购军米皆彼定价。以一元六七之米卖军二元一二，所获概入私囊，公家一钱莫名。不持此也，该迪光利欲熏心，异想天开，竟敢于米斗底板上钉一木枋，瞒漏军米，希图渔利。嗣经阎承连、蒋华兴瞥见，即行取消。该迪光犹向承连问及斗内之物系何人取消，而承连答以关系非轻，是我取消。讵料是夜迪光又以工钱四百文请木匠另钉一木枋于内侧，此方比前更大，每斗足少七合之多。殊知成事在人谋事在天，业于全月十九日与汪连长购米，升斗不

符。汪连长与督练长刘正权几乎大动声色，后正权秘密调查，始将此斗拿获。随即如集各团甲绅首百余人在教育办事处开会讨论。金谓此种举动关系全场生命财产，不犯则利归迪光，设或败露被军队拿获，无不日鲜市人民欺诈，无理已极，对军人且如此，其他可知。幸驻军纪律严明，秋毫无犯，决不致有意外之虞。设遇河东军队，则我场民众即被迪光一人断送矣。相应声请贵处转解严究，以顺舆情，此致等由，准此。查贺灵杰等所称本场收支员郑迪光于斗内私钉木枋，希图渔利等情，业经团学各界当场证明属实，金斥迪光非是，惟事关重大，未敢擅自处理，兹准前由，除迪光本人与私钉木枋之米斗已由驻军周团长扣留外，理合据情转呈钧署俯赐依法惩处，实沾德便，谨呈。

渠县知事胥

鲜渡场团总郭云甫、督练员刘正权

民国十八年二月七日

时任渠县知事胥鉴渊，蒲江人，清附生，绅班法政毕业，民国十五年（1926）十一月任。胥知事收到呈文当天批示：

呈悉该场团款收支员郑迪光，营私囤利，有忝厥职，着先褫职，听候查办。一面由该团迅举殷实富绅接充，勒令交代清楚，如有亏欠公款情弊，务须据实举发，以凭核究。此令。

鲜渡场团总郭云甫接到知事府令，立即组织对团款收支员进行了票选，半个月后的2月23日报告知事府请求委任。

呈为遵令票选呈请核委事，窃团督转呈贺灵杰函请严究团款收支员郑迪光营私舞弊一案，奉钧署指令开呈悉，该场团款收支员郑迪光，营私囤利，有忝厥职，着先褫职，听候查办。一面由该团督选举殷实正绅接充，勒令交代清楚，如有亏欠公款情弊，务须据实举发，以凭核究。此令等因，奉此，爰于本月十六日召集阖场士绅及团务人员，依法票选收支员，当众公开章迪安得十七票，陈智文得五票，李干臣得二票，郭庆于得一票，郑迪光得一票，除榜示外，理合将当选收支员姓名及所得票数呈请钧署核委，以专责成而重要公，实沾德便，谨呈。

鲜渡场团总郭云甫、督练员刘正权

胥知事当日在呈文上批示：

> 呈悉该场团款收支员一职，推选委章迪安接充，仰即饬郑迪光迅将经手款项算明移交清楚，是为至要。此令。

郑迪光由驻鲜渡部队扣留十余日，又送到五混成旅司令部，被判处罚金1000元才释放。这么重的罚金让郑迪光父亲郑学万，当地有名的郑二木匠几乎倾家荡产。幸好郑二木匠送出去在北京医科大学毕业的三儿子郑士智，字若愚，在万县开了一家药房，勉强支撑着在中央大学学土木建筑的老四郑士宏、读高中的老五郑士玺（少愚）和老六郑士禄就学。

由于郑二木匠手艺精湛，又刻苦经营，省吃俭用，在镇上开的木匠铺生意兴隆，就有了点节余，能供老大士明（迪光）、老二士刚读私塾。后来老大士明做小生意，经营山货，运往重庆售卖后，买回盐巴等日用品回乡出售，开设商号"裕和春"，也有了收入。团练收支员需要垫款，所以郑士明于民国十八年（1929）起任团练收支员。家境好，人品也佳，怎么就营私舞弊了呢？于是郑家几兄弟经过认真调查，发现是军阀安排爪牙横行乡里，诬告陷害，以掩盖挪用公款之阴谋。于是2月28日，郑子光、郑元恺、郑若愚联名向知事陈明缘由，以正视听。

> 呈为被认受累蒙判罚释代为申诉请予息案事，窃本场团督郭云甫以据情转呈贺灵杰等以藉公营私不情控报民兄郑迪光一案，沐恩明白批示在卷，现迪光已由驻鲜周团部扣留十余日，复送五混成旅司令部，判处罚金释放在案，民等以一事两案应请归综了结而息后患，故代陈明缘由。民等或业商务或从军外方，对于本乡诸事概未预闻。家兄迪光奉钧署委充本场团款收支员，服务至今二载有余，矢勤矢慎，清白自许。早为本场民众所共知，民等常以家兄为人忠实不谙社交，办理地方公务难免不生嫌怨，屡次函劝请辞皆未蒙钧署批准。不意去岁阴历腊月中旬，本场督练长刘正权藉收发军米事件，诬陷家兄迪光，意在挜索，以图报复。情因正权前在代理团总任内玩弄小旦汪彩凤，连拉公款五百余元花费罄尽，丑声四扬，烦言啧啧。早邀钧署洞鉴之中，不待赘陈。而迪光既负本场公款收支责任，不得不尽职索款，再四催讨，竟不付还，并因此引为深仇。时切报复，故趁此次管理军米事，裁证移害。伊怂恿党徒自带

木方一块，钉于斗内，竟称诬迪光所为借以渔利，即将迪光私自扣留，百般恐吓，估令迪光须将伊欠公款五百余元代为赔垫，并另馈送伊数百元作为私下和解，否则报官等语，但迪光自问办事无愧，何能无故受搕，势不承认。该正权知搕索难遂，乃控词将迪光送交本场驻军周团长团部扣留，一面串通贺灵杰等，函请团督转呈钧署，双方蒙蔽，以遂夙恨。查迪光对于军米事件，仅负收发米款之责，至管理军米，出入有本场团总雇用之司事段绍周经理，提斗者有巡丁李国太经手，并未亲身预开，讵料正权更以利诱威吓串通该巡丁出而坐证，并唆使该司事潜逃，藉图以假作真，锻成事实。况办理军米，为时已久，领米各军并非盲目。如果斗内钉有尺大木块，何能甘认亏耗向不告发，直待事经多日始由正权等发觉。至于军米何等重大，稍知利害者尚不忍为，如迪光薄有身家，久任公事，岂肯冒此不韪之事，自干部罪庾乎？纵迪光办事实有弊端，亦应直送钧署究办，而正权等更不应私自扣留估认赔伊私款，搕诈不遂，方送驻军团部。至团总郭云甫当事出之际并未在场，人人皆知。其转呈钧署之公文，仅盖公戳，并无该团总私章，其为刘正权从中作祟，显而易见矣。又贺灵杰等诸人，其所以听正权指使者，因正权扬言若果将迪光诬告之后，此次预征廿七廿八两年粮税即可由迪光一人缴出，大家可以无事。故灵杰等甘于作伥，听其指使，竟自构成冤狱。我钧座来宰渠邑，秦镜久悬，此种鬼蜮伎俩不难邀蒙明察，现蒙第五混成旅司令部，讯以迪光责任收支，失于觉察，疏忽有罪，业经判处罚金，缴部宥释了案，民等以事属一起，理应陈明原委，恳请钧署俯赐鉴察，准予息案而弭后患。至该场收支一职，俟迪光宥释后即遵钧批交代清楚，再行呈报备查。再家兄迪光此次虽受正权诬害被罪，但以桑梓关系，惟知敬恭，不敢相较。祗得代恳销案，庶省讼累。伏乞。批示只遵谨呈知事胥。

渠县鲜渡场彭家沟保氏郑子光、郑元恺、郑若愚押胥知事 2 月 28 日在呈文上批示：

查该次团总、督练原呈，均各盖有公章，究竟郑迪光现经驻军处罚详情及有无亏吞实据，仍俟该场团总呈复到署再行核夺，所恳销案之处，暂毋庸议，此批。

鲜渡场团款收支员经选举并委任章迪安接充，他晓得这里面很复杂，坚决不上任，该场只好又再选举，甯达川当选。团总郭云甫也辞职，由阎国俊代理。郑迪光经手款项也未移交，新任团款收支员无法接事办理，卸职团总郭云甫、督练员刘正权于3月25日向知事公署呈请签饬郑迪光迅速完清手续。

呈为呈请作主签饬交代事，案查前奉钧署指令开，呈悉该场团款收支员一职候遴委章迪安接充，仰即督饬郑迪光迅将经手款项算明移交清楚，是为至要，此令等因，奉此遵即转饬迪光家属将伊经手款项算明移交清楚，殊迪光匿不谋面，迪安坚不就职。复由团督另选甯达川所得最多票数，业已另请如委，亦奉有指令在案。讵料迪光迄今日久仍匿不谋面抗不将经手款项当众算明移交清楚，致使甯达川虽将收支委状接手，仍延不在事。团督莫奈何，只得代收代支，时逢多事之秋，均各染疾，精神颓败，总迭电呈请辞职。蒙恩准于另委阎国俊代理团总在案，但团款收支员现无人接事办理，只得呈请钧署作主，赏准签饬郑迪光迅速交代以清手续，而便新届接替，不胜沾感指令，祗遵谨呈。

胥知事3月25日在呈文上批示：

呈悉，仰准签饬迅速交代，达即带署讯究。此令。

3月28日，县知事公署发出《签饬鲜渡场团督具奉郑迪光迅将经手款项移交一案》令，右签仰员裴光斗和法警罗立孝、郭一福带人审讯，并限在4月1日销案。

为签饬事，案据鲜渡场团督郭云甫、刘正权等，以呈请作主等情具奉，郑迪光抗不交代一案，合行签饬，为此签仰该员前赴该场，会同团督，即饬郑迪光迅将任内经手款项监算明晰，并将簿据公物等项移交新任接收清楚，该员仍将往饬情形，具复备核。倘敢抗违，该法警即依限随签带县，以凭讯究。去员警毋得藉签需索滋延干咎，慎速须签。

民事股员裴光斗和法警奉令赴鲜渡场捉人，可郑迪光却不知下落，只得于3月31日向胥知事报告：

为遵饬呈复事，案据鲜渡场团督郭云甫、刘正权以呈请作主等情具禀，该场收支员郑迪光抗不交代一案，沐恩签饬交代等，因员遵即至彼，会同该场团督，即饬郑迪光迅将经手款项簿据执出算明移交，以清手续。无如迪光现又未家，当即转饬该家属，迅将迪光经手款项簿据及未完事件交代明晰，以免后累，当据迪光之妻廖氏吐称，该夫自去腊因五混成旅周团长驻扎该场，勒要该夫挪垫公款无出，以致畏究外出，现时不知去向。团局事项，无从知悉等语。经员再四详查，并嘱队多方探询，亦属实情，所有往饬情形，理合据实呈复、核示，祇遵谨呈。

胥知事4月1日批示：

郑迪光隐匿不面，显有弊混杂，令该场团督彻查，务获解署讯究，此批。

于是，渠县知事公署4月2日发出第七四八零号训令：

令鲜渡场团总、督练，为令饬事，案查前据该团督以呈请作主等情，具禀该场收支员郑迪光抗不交代一案，当经本署派员饬交，去后，兹据该员裴光斗呈复，称员遵即至彼云云，谨呈等情，据此除以郑迪光隐匿不面云云，此批等语宣示外，合行令仰该团督即便遵照办理，切切，此令。

4月4日，在县城治病的郑迪光回到家中被抓，他说并非抗拒不交账，主要是因重病在县治疗，且团款庶务段绍周被督练长刘正权唆使，连同簿据藏匿，无法交账，请求宽限两周找到段绍周就交清。其呈称：

具呈鲜渡场卸任收支员郑迪光为缕晰声明，恳恩宽限事，情今团总郭云甫以呈请作主等情呈署，沐批，候签饬交代，迅即带讯等因，奉此，民前在团款收支任内所有经手收支款项账目，理应交代清楚，以清手续，曷渎。乃因前驻鲜军队向民勒借款项，民家虽属小康，何能担此重款，兼之身染重疾，在县治疗未归。讵团款庶务段绍周，早被督练长刘正权，连同簿据唆使潜匿，以致经手团款无法结束。民虽在病中，对于交代急欲清理完竣。既因军队所逼，又因患染沉疴，加以段绍周被其习逃，以致延未交代，并非故抗。然前经手团款收支任内，每有公款粮款，多不接济曲全，民向外抓垫一千余元，其账未结，其款虚悬。现病稍愈回家时，突奉钧署签饬，迅速交代。应遵德化，惟庶务段绍周迄今日久仍不眸面，民已着人四路找寻，一俟绍周归家，即行会同交代清楚，决不致慢。只得将未交情形据实缕恳仁天怜情作主，准予撤消队员并宽限两星期，将段绍周寻回，即行交代清楚，以明界限而清手续，兹免受累，沾感上呈。知事台前公鉴。

胥知事当日批示：

团款关系重要，不能一日停办。即使患病，也当早日移交，岂容迭次延宕。姑准展限一星期交代清楚，所恳撤销员队之处着不准行。此批。

5月21日，在前任团总郭云甫邀集阁场绅首的见证下，郑迪光找到团款庶务段绍周将任内经手款项交出核算，移交现任，完清了手续。只是账簿上称督练员刘正权从自己手内挪用钱七百二十余元未还分厘。于是刘正权5月24日向知事府禀报事情来龙去脉，称郑迪光做假账陷害自己，要求拘郑迪光到案严究，以儆挟害而免枉累。

呈为挟匿造害录恳拘究以正奸究而枉累事，情员同前任团总郭云甫以呈请作主等情，具禀本场收支员郑迪光一案，嗣奉钧署第七四八零号训令，除原文有案邀免全录外后开，候令该场团督彻查该收支员经手款项，如有不实不尽即派丁随时查挐，务获解署讯究，此批等语宣示外，合行令仰该团督即便遵照办理，切切，此令等因奉此员遵于奉令后，转念迪光系属同场同事，人情攸关，时与云甫向伊父言及，命迪光早将经手款项交出核算，以清手续，殊迪光居心叵测，隐匿不面，日推月缓，迟至于今本月二十一日云甫邀集阁场绅首，将伊任内账项当众核算，移交现任。而迪光始乘此执出账簿，称员长用伊手内洋七百二十余元，未还分厘等语。员闻之不胜愕骇，窃员对于迪光往来账项，连次扣结两清，并无长用。且员于去岁经手游击队伙饷，迪光应支费洋三百五十余元，屡次催讨未给，竟挪垫至今，尚未归还。乃不意迪光挟员攻讦之怨，畏究匿藏，胆敢鬼蜮为怀，造抹重款，意图累害，报复前仇。员当向众绅声明，如迪光列员之账实任意抹湖，不谓无欠，即日有之。值此军饷艰难时代，预征垫粮，拨队追收，穷于应付，迪光又非木石，以员长款作为抵缴，虽至愚者亦知具为正当办法，岂容为富不仁、奸究居心之迪光，而计不出此。至迪光充任收支，已历三任团总，即糜伯珩、交员代理、员后移交郭云甫，但每次交卸时，必将款项之存欠当众算清，继任者始能接手，是亦必要之手续。查迪光所列员账，于伯珩任内，尚该伊款，既不禀追于先，复不员任内扣除，含默至今，行将账列出，此足证迪光之挟抹私造者。一、兼查迪光列账并未将员还款开出，此足证迪光之说诬陷害者；又一、兹迪光根据假账恶称不还此款，拖害了无底。止员思迪光如此现象，悔前不应举发其奸，既思受客军之忌，几遭生命危险又还得。不然，讵料迪光受罚后，不深思己过，一味谓员忍心加乎其身。所有以上挟匿造害各缘由，理合备文录恳仁天，赏准拘郑迪光到案严究，以儆挟害而免枉累，沾感上呈。

胥知事 25 日批示：

呈悉郑迪光前充该场团款收支员，所有经手账目是否仅只该督练之账不合，其余业已移交清楚，准令现任团总详查具复，一面将与该督练鳌葛满同清算，究竟孰实孰虚，并呈复再行核夺。此令。

5 月 30 日，县知事公署发出七七七九号训令，令鲜渡场团总详细查明郑迪光经手账项是否移交清楚，搞清楚是非：

为饬令事，案据该场督练员刘正权以挟匿造害等情，具控郑迪光到署，除以呈外云云此禀等语指令外，合行抄发原呈，令仰该团总即便遵照，详细查明郑迪光经手账项是否移交清楚，一面将该督练账目鳌葛，当同清算，究竟孰实孰虚，并案具复，以凭核夺，切切，此令。计抄发原呈一件。

同日，郑迪光提出三项证据证明刘正权代理团总期间挪用款项事实，同时抓住刘正权控词中的用语错误进行反驳，并附上支付刘正权的付款清单，请求公署彻底清查，拘刘正权到案严究。

呈为霸吞公款反诬造害诉恳，彻究以分泾渭事，情本场督练长刘正权以挟匿造害录恳拘究一词，捏控员在案，沐批，呈悉郑迪光前充该场团款收支员，所有经手账目是否仅只该督练之账不合，其余业已移交清楚，候令现任团总详查具复，一面将其押送来署以凭质讯核究，此令。本应静候庭讯，曷敢捶渎，惟亏挪情形及账内真相，有不能不详细缕呈者，缘员于糜前团总任内接充团款收支员，正权斯时在员手只用去洋一百六十四元九角八仙五星，嗣经糜团总交由正权代理，而正权乘伊代理团总任内，不惟前用之洋，分毫不还，反含沙射影、指鹿为马，陆续又亏挪洋数百余元之多，乃于十七年阴六月十九日员将账簿执出由正权亲笔批明并盖私章甚伙，有账可查，此证明亏挪昧良者一；迨后正权交卸时伊所列账单亦载明由正权手除收之外，共享去洋七百零九元九角八仙，所有账目列单粘呈，亦盖有私章可查，此证明亏挪昧良者二。后郭团总接任，因见正权所列账单欠征收局临时军费及十八年附加未缴，正权挪用之洋未还，团款用费亦未报销，以致呈请划分界限在案。员屡向正权催讨，伊多方推缓，延至今日，反捏词妄控昧良恶霸，至于此极。综上数端，用户正权亏挪公款之经过实在情形也，查正权词内捏称往来账项，连次扣结两清、并无长用等语，既云连次扣结又两清，必系正权与员当面算清，批明账单画押并盖私章，用防后患无疑，何得此种正当手续，尚付缺如？岂人熟而手续可忽略耶？然正权自任以来，与员结算者仅只一次，此外实无结算之事，该正权竟捏谓连次扣结，实属荒谬已极。只此一端，足见正权亏挪公款、恶霸不还之铁证也。又查该词有云，不谓庶欠，即曰有之，值此拨队追收穷于应付之际，该迪光既非木石，何以不将正权长用之款作为抵缴，此语诚然，但五混成旅来场催收时，该正权即先事卸责，预问周团长云，办团是我之责，款则问团总收支等语，而周团长遂不管款在谁手，逼员垫缴，虽迭催正权还出照缴，无如恶霸已极，倏起不良，藉斗陷害而受屈，是其先例也。值此今日，正权所挪用之款仍未还出，忍无可忍，然莫奈伊何。亦惟有仰恳仁天俯念员与郭云甫垫款已久，立饬正权如数还出，以重公款而便归还。查伊词谓员既不禀追于先，后不于彼任内扣除，含默至今，始行将账列出，并云正权还来之款，未予开出，即系挟抹私造，诡诈陷害等语，窃正权与员谊属同事，而又均属任职人员，况彼时当面结算，盖有私章，承认缓后还出，是以未便禀追。查督练长月薪仅四元，全年四十八元，而挪用者用户七百余元之多，况区区月薪，早已通索用去。试问伊任内究以何款扣除？殊不可解。至谓还款未予开出，更不知从何说起，既云还款，究竟款交何人？账在何处？何人在场？有何证据？且账簿上何以并不批明结清、押盖私章，以防后患？信口雌黄，何足为凭？又谓员根据假账恶称不还。总之，世道如此，人心狡诈，务恳仁廉彻底清查，如有不实不尽，假账陷人情事，员愿具结枪毙，素稔钧座铁面无私、公道为怀，合无仰恩大人准拘督练长刘正权到案严究，以儆霸吞而免后效，实沾德便，谨呈。计抄粘账目于后：一付刘正权洋二十八元二角五仙，一付刘正权洋一百八十七元九角九仙，一付刘正权挪用关岳庙还来之洋九十元正，一付刘正权洋二百八十九元六角五仙，一付刘正权钱三十吊申洋十四元另五仙，付刘正权洋一百元正，以上六笔共挪用洋七百零九元九角八仙。

胥知事5月31日批示：

> 昨据刘正权呈控前来本署，已令饬现任团总将所造账目当同查算具复再夺。并未饬将尔解署，着即遵照自向现任团总陈明请予核算，用昭复实而杜争执，粘附。

随后，郑迪光和郭云甫对收支款项及垫款会同阁场绅士团甲逐条彻底核算，花账流水章据件件查实无误，两人共计垫洋一千六百零三元五角七仙七星，新任团总阎国俊当时当众承诺抓紧催收完清手续，哪知追收到手后，前后两任团总互相推诿，拒不返还。一直拖到胥知事离任，新县长上任，新县长是熊玉璋，乐至人，十一师旅长，民国十八年（1929）十月奉委兼署。看到收钱无望，年关将近，郑迪光于12月5日向熊县长陈情追收垫款。

> 呈为泣恳质讯究追把持以释垫累事，缘民迪光于民国十八年五月内，郭云甫与迪光同时辞去鲜渡场团总、收支等职，并附录前在团总任内垫款洋一千六百余元，又在各商号挪借洋五百元，共计洋贰千壹百余元，均蒙胥前知事批准在卷，据批云呈暨各册均悉，候令饬现任团总将移交各项逐一清厘，所有不敷之数，既系垫支团练办事处用费及垫缴刘正权挪用之款，亟应赶将团费报销簿迳送团练局查核。切切，勿延，此令等谕，职任收支跟即遵令交代并郭云甫届内收支款项及垫款，会同阁场绅士团甲逐条彻底核算，花账流水章据件件查实无讹。但此款概由郭云甫、迪光私自挪垫，云甫垫洋七百五十三元零一仙五星，迪光垫洋八百五十元零五角六仙二星，共计垫洋壹千陆百零三元五角七仙七星。新任团总阎国俊彼时当众承认，于最短期间将公款团款粮税尾欠，及督

练员刘正权挪用之款上紧催收，陆续付给清楚，以完手续。民信为然，殊云甫与同阎团总将团款及粮税尾欠追收在手，仍分厘未得付还于民，后经民亲向云甫、阎团总迭次催收，伊阎团总前犹唯唯然诺，后竟东指西吾。问云甫则推于阎团总手未付，问阎团总则推于云甫手已收，彼此推卸宕延至今，竟无从入手归还。在民收支任内垫支团费款洋九百余元，有报销簿具可查。应由团款项下填还，然为是理，而云甫仅将此笔专项的款把持在手，未得如数归还于民。使民债台高筑，无从解释，长此以往，理于何存？素稔县长明镜高悬，德威素著，常以公道为怀。若不严追出垫款，恐将来办事者必视可畏途，故敢冒死直陈，泣恳政府体念下情，准予质讯，究追把持民垫款之洋，限期清还民，以释垫累而清手续，感激无涯矣。谨呈。

熊县长12月8日批示：

该民前充团款收支员，因交代不清，曾经郭前团总呈报到府，当即合饬后任团总督同清算在案，昨准保卫团办事处咨称，据阎团总报称该民实垫洋五百余元无着。如果确系因公支用，自应准由该场团款项下拨还归垫，免滋旁累。核阅来呈文称尔代垫洋九百余元，然与团核所称不符，难令阎团总复重公挈。此批。

县长熊玉璋发现郑迪光报称款数与阎团总报称数不合，于是在12月11日发出渠县政府第八二七号训令，令鲜渡场团总阎国俊彻查：

为令查事，案据该场前任收支员郑迪光，以泣恳质讯等情具呈到府，除以该民前充团款收支员云云此批等语宣示外，合行抄发原呈，令仰该团总即便遵照彻查明晰，据实具复，以凭核夺，切切，此令。计抄发原呈一件。

鲜渡场团总阎国俊得令后，认真复查了一番，将款项的来龙去脉收支状况理得清清楚楚。连民国二十四年（1935）至民国二十九年（1940）共六年的粮票工本及办公手续费都收来充公，也入不敷出，无法在团款项下发还郑迪光所垫款五百八十九元。民国二十年（1931）1月24日，鲜渡场团总阎国俊向县政府报告了调查结果。

呈为遵令彻查复恩核夺事，案奉钧署训令军字第八二七号，饬将前任收支员郑迪光以泣恳质讯等情具呈到府一案，仰即遵照彻查明晰，据实具复，以凭核夺等因，查本场团练办事处收支员一职，自民国十六年六月糜团总伯玙届内起，其中王蔼廷接任，刘督练员正权兼任，郭云甫又接任，至十八年三月底止，所有各届团总收支员均由郑迪光负责充任。是年四月一日起由职奉任团总，后该迪光会同郭前团总交来团谷，其账虽有一百六十三石余，除刘正权在四月一日以前，呈准售支游击队伙饷，去谷七十石零三斗外，实接收团谷账九十三石余，惟彼届挪亏十八年粮税附加尾欠八十余元。十九年粮税附加八百六十五元，及挪借各粮户商号五百元。又刘正权亏空七百余元，共挪亏二千一百余元。除陈端伯代刘正权缴十八年附加洋一百元外，合计实亏洋二千零几元。此外，应收各团尾欠与应支彼届各团薪金及手续费，大致品迭两抵。彼届呈报有案。窃职届未接收现款，不时未与计较。犹以乡谊关感，代为设法，将变卖接收团谷九十余石，及添售本届团谷十余石，共售洋九百钱十元。与夫二十四年起至二十九年止，共收六年粮票工本及办公手续费五百余元，以私有归公，作价前届亏挪之债，以上各项共洋一千四百余元。代缴十八年粮税附加尾欠八十余元，十九年粮税附加八百六十五元，并还各粮户商号垫洋五百元，适符一千四百余元，与彼届亏空洋二千零几元品迭，尚有五百八九十元无着，早经呈报在案。此五百八九十元虽由前届收支郑迪光垫付，确系刘正权兼任团总时与郑迪光来往账项。当刘正权在日，曾经彼此控诉，有案可查。至于职届团款，业经报至十九年六月底止，仅余团谷二石余斗，本年秋季共收团谷三百零五石，随洋二千四百余元，每月薪公等费，撙节开支实需洋二百四十余元，祇敷九个多月支付。自七月份起，现已开支七个月，除奉令支刘正权抚恤洋二百元，阎忠诗烧埋费二十元，梁子体医药费六十余元，抚恤洋二百元，游击队军服子弹费八十元外，所余团款二百余元，仅足二十年二月份开支，其三四五六四个月费用，恐在统筹以后，尚须另外设法拨付，方能进行。兹奉前因，所有无法在团款项下发还郑迪光垫款，各缘由，理合将前后详情彻底查算明晰，据实呈复钧府俯赐鉴核，指令祇遵，谨呈。

即将离任的熊玉璋县长当日批示由团款归还：

呈悉郑迪光前垫洋五百余元，既系因公垫累，曾经将账算明白，自应由团款项下归还，用昭公允。仰仍设法筹付可也，此令。

阎国俊得到熊玉璋县长批示后，看到熊县长离任了，就将训令藏匿了一个多月，人也许久不露面，三月底才将训令揭出。郑迪光经过仔细了解，又从三方面举证阎国俊霸吞公款的情况，于是在民国二十年（1931）4月8日，起诉鲜渡场团总阎国俊，还找了两个证人。

恳呈鲜渡场彭家沟保卸任收支郑迪光为霸吞愈薮再恳究追以释垫累事，情民于民国十八年三月，内同郭前团总云甫辞去本职，移交届内账项，除入付品迭外，实垫缴洋一千六百零三元五角七仙，均由郭前团总与民在外挪垫，备有移交案卷可查。又团款项下，存团谷一百六十余石，移交继任团总阎国俊接手收足，可案。该阎团总理应出售填还。前届团练办事处费用不敷洋九百五十三元九角九仙，然为是理，伊不惟不填还垫款，反而将此笔专项的款笼统朦报在团款报销簿上，究其阎国俊将此款交与何处，不得而知。意图霸吞者一也。前故督练刘正权挪用公款洋七百余元，由阎团总唆使正权报禀游击队费用，自行售卖团谷七十余石，如数扣清，余存团谷九十余石，完全收入私囊，并未列账呈报到府，意图霸吞者又一也。移交账上垫缴二十四年至二十九年粮票，全数不及三百元，该阎团总既不以每票二仙催收，反照粮加派每斗六角，计收洋六百余元之巨，余剩款资卷入私包，意图霸吞者又一也。如民于去年十二月四号以泣恳质讯究追一词，呈控蒙钧府批饬，候令阎团总复加查算，分别归还，用重公帑等训，逾月余，阎团总始呈复到府，于本年一月二十六号沐批在卷。训令阎团总处，依令照办。乃阎团总将此训令没匿，许久不面，竟于近日训令揭出，故意延宕，意图霸吞者又一也。前届团练办事处不敷资用，系由二十六年粮税收入陆续挪用。民垫缴二十六年粮税洋八百五十元零五角六仙二星，在团练办事处费用不敷九百余元之内，殊阎国俊竟将此笔款朦报团款报销簿上，公然没吞在手，未得如数归还与民，致使民债台累筑，久悬不解。兼伊居心叵测，霸吞公款，视如利薮，似此横行霸道，莫奈伊何，兹阎国俊因案在城，理合再恩钧府赏准提讯，从严究追，勒令还清，用释垫累，以重公谊，沾感谨呈。县长台前公鉴。计开被告阎国俊。证人郭云甫、郭行脩。

此时县长是刚上任两个月的刘治国，蓬溪人，二十军旅长，民国二十年（1931）二月委署。其4月9日批示："准予唤讯察夺。此批。"

县长刘治国于4月14日发出传票：

为票唤事，案据鲜渡场卸任收支员郑迪先以霸吞愈藐等情，具控阎国俊一案，合行票唤。为此，票仰该法警前往该场协同团甲，即将后开有名人证逐一唤齐，依限随票赴县以凭讯究。去警毋得藉票需索滋延干咎，慎速须票。计开被告阎国俊，证人郭云甫、郭行脩。原告郑迪光，郑迪光续票添唤刘碧山。

> 右票仰法警梁玉成、黄兴顺准此
> 中华民国二十年四月十四日
> 裴光斗

附距城四十里限三日销

此时，鲜渡场团总阎国俊因刘正权等遇害案被人提起诉讼，已于3月29日被关押。

两天后的4月16日，鲜渡场团总阎国俊进行答辩、提出邀请证人当庭质询。

呈为乘危妄控诬抹图索弗准、添唤真象难明、沉冤莫伸事，情郑迪光以霸吞愈藐等情捏控职名一案，沐批准予唤讯察夺等，谕应遵曷渎。缘查郑迪光于民国十六年充任本场收支员，历经四届团总，所有一切公款收缴均系迪光专责。缴垫款不虚，抑应向郭前团总交涉收归，然为是理。该迪光经手账项东指西画，混淆不清。曾经刘前督练正权告发有案。嗣迪光于熊前县长任内始以泣恩质讯，归还垫款。饬职彻底查算，业经据实详细呈覆，恳调查前案，即迪光之鬼蜮居心，希图朦惑聪听，乘危图索、故人入罪也。本年三月二十九日奉钧府法字第八号指令，迪光垫款仰仍投法筹付等因，当召集全场绅首讨论迪光所垫之款，果系正用，应当设法筹付，正提议间，忽奉陈处长功甫电谕，饬职立即进城，事因刘正权等遇害之存案。现熊昌干提起诉讼，旋经庭讯，职被关押，赔偿损失。不意迪光遂乘此危机、妄控陷害，败毁名誉，摸污颜面，在所不愿，忍不与较。假使迪光对于经手账项果系正垫，何不告刘正权于主前，乃告正权于遇害之第二日，既不告职于未事之先，竟控职于因案受累之候，其含血喷人、诡计何毒。且伊词称收各垫款被职霸吞卷入私囊之语，窃查郭云甫团总交卸时，职虽接收各监查员交来团谷有九十三石余，嗣职曾与伊届内垫缴亏挪十八、十九两年粮税附如，并还挪借各粮户商号之暂垫共洋一千四百余元，均有证据，审时呈验，而霸吞卷入私囊之数又系何款？以此图索诬抹横加陷害，非添唤郭云甫团总与新旧各团团正戴年茂、蒋志文、章福一、黄百川、阎承绪、陈才义等到案质讯，冤难剖白，第捏诬陷害。律有明文，钧座所不许，为此谨呈。

刘县长 4 月 18 日批示："准邀质讯，此令。"

于是，根据当时民刑诉讼费用的规定，4 月 21 日缴纳大洋贰拾元诉讼费用，渠县财政局发给执据：

> 照得前地方税收支所奉知事公署训令，自民国十四年四月一日起我印联四票，经收民刑讼费等因，遵办在案。现奉令收支所并归本局，仍应照旧旧案办理，制发联四票。据兹据原告郑迪光、被告阎国俊以霸吞愈蕴等情与讼一案，照章应征洋贰拾元，业经如数收讫，给予收据执存。
>
> 承缴人□□□经收人□□□。

4 月 24 日开审。从第一科审讯单可知参加审讯的人有：郑迪光、郭云甫、郭行脩、阎国俊，后添加了戴年茂、蒋志文、章福一、黄百川、阎承绪，顺票邀质陈才义。

问据郑迪光供：

> 小的于民国十六年充任收支员，团总糜伯珩，改换郭云甫继任，收支一职仍系小的充当，延至十八年同郭团总辞职，清算经手各账。郭云甫垫款七百多元，小的垫洋八百五十余元，又在各商号上挪欠银五百元外，存团谷一百六十余石，移交新任团总阎国俊收存，原有谷售小的归还垫款，殊伊把谷子卖了七十几石，挪填已故督练刘正权抓用公款七百余元之坑及各处借账，下余九十多石完全被他私吞，小的迭次向伊收还垫款，日推月缓，拖延至今分文未给，小的无奈故来把他告了的。今沐

审讯，只求恩恩作主，此供。

问据郭行脩供：

小的胞兄郭云甫充当团总，于十八年二月间患病，托小的代理，这郑迪光任收支员，时有五混成旅驻场等办伙饷不及，在商号上及学堂处借兑支付，嗣后售存团谷洋还清借款。惟督练刘正权私行挪去公款七百余元，经郑迪光代垫，实系私人账项镠葛，与公款无涉。迪光垫款应该刘正权付还，不料去年正权死了，此项款资无着，才向现任团总还。阎国俊摊派，人民不出，无从等措，郑迪光就来告案，邀小的赴质，小的是实话，此供。

问据阎国俊供：

小的于十八年奉委充任团总，只接收前任移交小的团谷九十三石余斗，嗣后把谷子卖了，垫缴前届挪空粮税附加及各粮户商号垫借之款，共洋一千四百余元，均有收据。他郑迪光于收支任内垫有公款五百多元，系十六年縻团总伯玠及前任团总郭云甫届内的事，小的前奉熊县长训令清查他垫款，确系前任督练刘正权私人来往的账，与小的无关。而正权在日不能索讨，于郭前团总移交期间又不呈请归还，延今刘正权死了，小的遇事才来归收垫款，此款应由何处归给，有这个团正代年茂们证质，他郑迪光乘此陷害小的受累，恩恩作主，此供。

问据戴年茂、蒋志文、章福一、黄百川、阎承绪、陈才义交供：

小的们均系鲜渡场人，委充任国正。民国十七年是郭云甫团总、刘正权为督练员，收支员一职历系郑迪光充当，时有五混成旅来场驻防，筹办伙饷不及，全凭挪借支付，于十八年团总与收支员辞职清算各款，郭云甫垫洋八百多元，刘正权抓用公款七百多元，系郑迪光于收支届内代垫，至新任团总阎国俊接收，移交团谷九十余石，出售之洋连同各款尾欠，除付还前届粮税附加及垫借各账共洋一千四百余元，下无存款。这郑迪光垫款系与刘正权私人账项，应该正权付还，现今刘正权死了，迪光无从归收，才向阎团总索还未遂，因此才打官司。这阎国俊邀小的们赴案，小的们是从实说的，此供。

当庭宣判：

查讯郑迪光所垫款项尚属不虚，惟事经两届团督刘正权已死，今迪光见所报款项无着，乃挽着继任团总追索垫项，维任团总向民众筹还，民众咸知为刘正权挪用，均不肯出银。谕令迪光仍向正权家属索偿，如敢抗不遵，还着郑迪光来府起诉，本府自与作主，此判。

于是，民国二十年（1931）2月27日，郑迪光又添唤刘正权之父刘碧山起诉。

呈为藐渝横抗恳添质追事，情去十二月四号，民以泣恳质讯追把持等情，具控郭云甫、阎国俊伙握垫款洋八百五十元零五角六仙二星不还一案，沐前熊县长批候令阎团总复加查算，分别归还具复以重公帑，此批，奉批之下，探前团总郭云甫已付民洋五十三元五角八仙五星，犹欠洋七百九十六元九角七仙七星不结，延至本年四月八号，民，复以霸吞愈藐再恳究追录控到府，沐批，准予唤讯察夺，已于四月廿四号荷蒙钧府审讯。查阎国俊狡不承认，致沐判查郑迪光所垫欺项尚属不虚，谕令迪光仍向刘正权家属索偿，如敢抗不遵还，着郑迪光来府起诉，本府自与作主，此判各等因在卷可查，判谕至公极明，应遵德化，毋渎。缘民遵判回场，邀同前届团总郭云甫、阎国俊理向已死刘正权之父刘碧山索讨垫款余洋七百九十六元九角零七仙七星，只冀碧山遵谕如数偿还于民，以释垫累。殊之碧山藐违判谕如戏，奸狡非常，不惟抗不承认还银，反推诿伊子正权物故，其款早由郭云甫、阎国俊在团款项下扣握在手不与，犹虚指正权塞责等语，该云甫、国俊彼此相觑，面色厌死，结舌无词以对观。此情形明系伊等推躲骗不偿还于民。恃强欺弱已可概见。姑勿论其究竟，民之垫款既沐讯，确应追偿，早告结束，免负累赘，是以遵谕声明恳恩，详情作主，准予添唤刘碧山到案，并饬警勒集全案人证以凭讯质追勒，令偿还俾民归垫而省讼累，此呈。

鲜渡场彭家沟保民郑迪光

刘县长廿九日批示："准添唤讯追，此批。"

5月11日县府安排承发吏黄兴顺、梁玉成前往鲜渡场传唤刘正权之父刘碧山到案，结果二人回来报告刘碧山跑了，没抓到人。

案据鲜渡场郑迪光以霸吞愈藐等词具控阎国俊、续禀添唤刘碧山一案，吏等奉票前往该场、协同团甲清询，刘碧山早于未票之先遁逊无踪，不知去向何方，旋又私询近地土人，所言亦符，以致无从传唤，理合呈报伏祈。府大人台前作主，具报告人、承发吏黄兴顺、梁玉成。

刘正权的父亲刘碧山跑了，刘正权的妻子刘阎氏急忙澄清缘由并对质，以清实情。也就在 5 月 17 日提起诉讼。

  刘阎氏，廿七岁，住聚宝寺保，农民。为来欺牵累，遵批赴诉事，情郑迪光以蔑论横抗恳添质追，具控一案，沐准添唤讯追等因在卷，缘氏故夫刘正权存日，早由氏翁刘碧山分析，已达十余载，各户别炊，父子各清于续，彼此毫不相顾。况氏翁碧山素性本朴务农，亦不干预公务。惟氏故夫正权前曾充任督练，继又充任游击中队长，先后二职均系管枪或管辖练丁，责务所在，应无辞责。团练章程载，在政书详，于案牍历，属团总经管，款项责有攸归。且郑迪光前后所控数词，毫未提及正权，有卷可查。况正权未死之先，伊等并未攻许欠款。待去阴十月爆遭刺杀，迄今届满半载，既死之后，亦未闻及欠款，直待四月廿四日，荷沐审讯之际，阎国俊亦无辞可对。殊遭伊之寄子代年茂素称估办，来机转奸，欺氏夫正权死无对证；欺氏翁刘碧山本朴可嚼，以故任口罗织，遂藉张冠李戴，欺将数百元款项，妄指抬诬，希图塞责，亦欲讨团总之好。鉴沐讯后，已曾当众对质，国俊结舌无辞对付。佥查清情形，亏心毕露。郑迪光时亦良心昧故谓国俊，藉氏夫死推诿，词达乎意，是为有诸内必形诸外也。第沐批准，家属赴质，曷难一讯即明泾渭，是以遵批赴诉，伏恩昭雪含冤，俾免无辜牵累。谨呈渠县政府公鉴。

中华民国二十年五月十七日
具状人刘阎氏

刘县长 5 月 18 日批示："呈悉该氏故夫刘正权果无欠款，情来仰即来案确审，本县长执法平允，不难一讯，即明泾渭攸分，此批。"

由于安排的公差没及时将刘碧山、郭云甫、阎国俊等唤获送审，而郑迪光一直在城里等候，让自己进退不得，还欠了很大一笔住店费。一了解，听说是刘碧山和阎国俊向公差行贿，所以压案不送。刘碧山的另两个儿对其支使。郑迪光于 5 月 23 日提请加添刘碧山的另两个儿子文凤、文鼎到案质询。

还提供了前保卫团据阎国俊民国十九年（1930）十二月三号呈报的账目案词抄附于后作为自己收款依据。

其称：

　　呈为贿纵塌害续恳添究事，情今民就前控阎国俊等之案以藐谕横抗等情，控准刘碧山等唤讯一案，应候镜讯，竭再恳添，缘民奉批在城守候原差梁玉成、黄子兴等，迅将本案要被刘碧山与郭云甫、阎国俊等唤获送审候，只冀原差谨遵恩令，迅至鲜，暗受碧山、国俊等贿赂，竟卧票不行，而碧山次子刘文凤、三子刘文鼎等仗恃案无伊等名目，故意刁纵其父抗不投审，害民在城守候，店账累深，迭催原差等送讯，则以语言支吾，塌案不送，现使民欲进不得、欲退不可，含冤满腹，伤心惨目。且查碧山家事，一切纯由其子文凤、文鼎主理。如民控碧山等之案，属于公款，已沐讯确。惟迁延日久，讵容文凤、文鼎弟兄贿纵原差，卧票不行，塌案不送。若不添唤文凤、文鼎弟兄到案，终无了局，累害伊于胡底，只得将前保卫团据阎国俊呈报案词抄附于后，续恳大府查案作主、赏准添唤刘文凤、刘文鼎到案质讯究追，以省延累，上呈。

计粘抄词为：

　　阎国俊呈报案词呈称，为遵令呈报，恳予鉴核备查事，窃职届收支团款业经呈报在案，旋奉钧局指令饬将团款游击费分别注明，并遵照前令将十六、十七、十八三年度收入租捐确数分别具报来局，以凭审核等因，查职届自十八年四月视事起，不特未曾接收郭前团总现款，且移交该届载至十八年三月份止，共不敷洋九百五十三元九角九仙五星，挪移十九年附加洋六百三十元零七角五仙六星，此外又由该届郑收支员迪光自垫洋五百余元，以上各款共挪亏洋二千一百零三元五角七仙七星，再四筹商，除在团款项下填该届不敷洋九百五十三元九角九仙五星，及二十四年起至二十九年止，共收六年粮票费以填彼挪移十九年附加洋六百三十元零七周五仙六星。至郑迪光自垫洋五百余元尚无着落外，复预算职届每月应支游击团款等费，约需洋八百五十余元仍无款支付，乃请同邹区队长召集阎场绅民议决，自十八年四月份起至十月底止共七个月，每月另由绅民摊派游击费团款费八百五十七元，按月实收实支，余存仍为团款作正开支。前经分呈县府钧局在案，报销薄亦有账可查。至于十六年秋季起至十九年六月底止，共收入租捐九百一十四石五斗，已经先后列入团款报销，共去谷六百九十六石四斗五升四合，其余之二百一十八石零四升六合，分售填还郭前团总不敷洋九百五十三元九角九仙五星，支职届本年六月份止不敷洋三十一元九角五仙四星，又刘前督练正权于十八年三月份以前移交游击队薪饷售谷七十石零三斗，又该队官兵欠薪一千九百七十三千零一百文、申洋一百七十九元一角，系由刘正权以中队长名义专案呈报，复奉大队部令饬照支，均未列入团款报销簿，综上各项共售填洋一千一百六十五元零五星，照前后平均价，每谷一石价值八元计算，去谷一百四十五石六斗三升，连同刘正权售谷七十石零三斗，实去谷二百一十五石九斗三升，与所余之谷二百一十八石零四升又合，品选下余谷二石一斗一升又合，所有遵令分别申叙各由，理合具文呈复钧局俯赐鉴核备查，指令祗遵，谨呈等情，据此除以呈悉，查该场十六七八三年度收入租捐确数共谷九百一十四石五斗，按粮计算尚无大差，准予备查。除已售外，余谷二百一十八石零四升，又合。售填郭前团总不敷洋九百五十三元九角九仙五星，查阅郭前任移交报簿数尚相符，应准核销。至称刘正权以中队长名义专案具报各款，核阅前卷，亦尚属实。仍候转请县府备案存查，相应咨请贵府鉴核备查，实为公便，此咨。

十九年十二月三号

刘县长没同意添加刘碧山的另两个儿子文凤、文鼎到案质讯，只要求"着原吏速将刘碧山、阎国俊等唤案送审，如再籍词搪塞，使诉讼人拖累无穷，定行重责不贷，此批"。

刘县长的传唤令下，公差认真对待，6月23日当天就开庭进行了审理，原告是郑迪光，被告是阎国俊、刘碧山、刘阎氏，证人戴年茂、蒋志文、黄百川、阎承绪，带人的承发吏是梁玉成、黄兴顺，对被告阎国俊实行了看管。

问据郑迪光供，小的于十八年收支任内，私人垫缴粮款洋八百五十余元，除归收五十元外，下余洋七百九十多元。前沐审讯，判令小的回场自向刘正权家属索讨等，谕小的遵谕理向刘碧山归收，殊伊异常奸狡，推说此款早由郭云甫与阎国俊在团款项下，扣握手中不认还银一厘，以致小的还款又无着落。至郭云甫移交团谷一百六十石，他阎国俊接收在手是实，今沐审讯，只得恳恩作主，此供。

问据阎国俊供，小的前沐审讯，供明在卷，他郑迪光垫这公款五百余元，因此代理团总刘正权挪去洋七百零九元几，小的有前届团总郭云甫移交册可核。至租捐谷一百六十石，小的核实只收有九十三石余斗，嗣后卖了就填还各商号借贷及垫缴挪空粮款，均有收据。今沐恩讯，只求作主，小的遵判，此供。

问据刘碧山、刘阎氏供，小的务农为业，小的儿子刘正权充任游击队长，于昨年十月间被人刺杀都无有一人说争款，迄今已隔半年。这郑迪光告小的儿子刘正权该他垫款，然何正权在生不催收，而死后又不先行告小的，仅告他阎国俊无理可对，就往死人刘正权脑壳上推，此款该何处付还，小的实不晓得。小妇人刘阎氏故夫刘正权当游击队长，并不争款，他阎国俊该郑迪光的垫款，与小妇人故夫无涉，余供与氏翁刘碧山供全。

问据戴年茂、蒋志文、黄百川、阎承绪供，小的们前沐审讯，供明在卷。这郑迪光前在督练刘正权兼代团总任内曾垫支洋七百余元无着，嗣正权被其款遂而悬延。这阎国俊接郭前任移交郑迪光所垫之款七百余元，称系刘正权挪用，应归其家属付给。今沐覆讯，判令郑迪光与阎国俊凭郭前团总云甫及现任团总王平安们，到保卫团将账眼同彻算，谕小的们静候公决就是，此供。

庭判郑迪光与阎国俊垫款纠纷，着再凭前届团总郭云甫将账明集讯判决，至阎国俊任内经手各款如租稳捐一项，自应切实清以重团款，暂交保卫团管押，候令新任团总王平安到保卫团眼同彻算，呈候核办，此谕。

6月24日，再次开庭审理。居住聚保寺、64岁的刘碧山和27岁的大儿媳刘阎氏共同向县府进行了呈辩，同时供出其躲藏是阎国俊指使。称：

为遵批投诉协恳雪诬一案，被控辩诉事，情郑迪光以藐谕横抗等词，具控阎国俊牵连民等在案，沐批准予添唤等因理应投诉，缘历系乡恳朴农，从未干预公务。前十载分拨另居之长男刘正权，前曾充任督练、继充游击分队长，于去阴十月惨遭刺杀之后，即由阎国俊逐款具报有卷可核。查伊词称，谓郑迪光垫款洋五百余元无着，词内并无正权欠款之语，即此可为铁证。由国俊等信口罗织，欺正权死无对证，并乘民朴质口纳，疑将数百元之款项妄指抬诬，希图塞责。但迪光垫款追讨于国俊，是时正权存在，倘有关系，岂不向讨？原来毫不与之相涉，即至去五月呈控，亦未提及，不惟国俊等互相均未攻讦，抑且面约认还迪光之洋，兼又债与收，确鉴可据。既未提及正权于生前，又未提及于死后，直待正权死至迄今，事隔半载之久，邃然妄扳，显然可见。兼之正权凶故之夜，即被代年茂扭锁掣去私章各物，预图架害亦可概见。不妨迄今发现牵连，于今四月二十四审讯之际，国俊等既诬欠于前由；讯之后，支使民规避于后。民原愚朴之人，不解其意何居，致民虚耗甚巨，并且抛荒田业，费无所措，惨民典质青苗无辜而遭牵累，情实难甘，第经质讯，不难泾渭即明，是以遵批投诉，伏恳昭雪，含冤俾免无辜枉累，实感德惠，谨呈。

刘县长批示："果如所诉，来案一质即可照是症结，苟与该民无涉，今因以发生费累，自可当庭请求赔偿也。"

当日，充当证人的鲜渡场团正士绅戴年茂、黄百川、章福一、张顺富、陈才义、阎承绪、蒋志文、熊昌华、王盛芳、李兴太等人出庭作证，主要指证刘正权挪用之款用于置了产业，且是与郑迪光的私下交往，与公款无关。称：

> 为协恳证明免滋枉累事，情民国十六年縻伯珩团总届内收支员，经民众票选郑迪光，县府加委充任，迨十七年春伯珩辞职，票选王蕴廷接任，不旬日而蕴廷病故，刘正权以督练兼任团总。是年八月内始由郭云甫正式接充，所有各届收支员均由郑迪光负责充任。至十八年大军云集驻防鲜市，办款迫切，云甫疾劳，病久不愈，乃票选阎国俊任团总，继选梁子体任督练，刘正权仍任游击队中队长，所有云甫与迪光当同团绅等移交之账，除入付品迭，实不敷洋一千六百零几元，外借各粮户、商号洋五百元，内迪光账支刘正权用洋七百零几元，嗣后除陈端伯代缴十八年附加税洋一百元，刘正权实挪用洋六百零几元。在当时阎国俊接事之始，曾约团绅等齐集公地确查，迪光称系此项乃正权私人挪用之款，彼此争执、互控有案在卷，登即否认无效，与公家无涉。查

正权十七年偿熊开治产业去洋八百多元，十九年又买熊氏清明会田地去洋一千二百六十元，阖场妇孺咸知，均请调查，如虚反坐。团绅等与正权无尤不过，居公言公，殊迪光仗金作胆，舍本求末，勾结刘璧山翁媳伙同一局，枉累旁人，天理何在？查前月阖国俊移交时，列出垫支郭云甫届内款项，如垫缴十八年附加税洋八十四元五角六仙一星，十九年附加税洋八百六十五元，还各粮户、商号洋五百元，支一团贺灵杰欠薪洋八元四角，支二团蒋志文欠薪洋十七元三角一仙，支四团章福一欠薪洋一十八元一角八仙，支三团张顺富欠薪洋九元，支三团桑汉鼎欠薪洋七元八角，以上共垫支洋一千五百一十元零二角五仙一星，比云甫移交列入不敷之账除正权偿田挪用不计外，长支洋一百元之普。国俊迭次约云甫、迪光算账，此拢彼不到，此系经过之实在情形，团绅等同居鲜市，深知底蕴，何敢袖视长此枉累？若不协恳证明，将来办公人人视为畏途，后效何堪设想矣？是以不揣冒昧，缕陈真象，协恳钧座垂怜体恤，庶免讼累，曷胜祷祝之至，谨呈。

三天后的 6 月 27 日，刘县长批示："准予备查，此批。"

6 月 27 日，27 岁的刘阎氏单独再提出辩诉，说自己丈夫因事牵涉父亲于心不忍，而且是他们陷害刘正权挪款置产，想死无对证。其称：

为免遭拖累泣恩昭雪一案被控辩诉事，情郑迪光以藐谕横抗等词，具控阎国俊牵累民翁刘碧山在案，昨沐钧庭审讯，明晰分别发落，着民翁碧山静候复讯宽释、氏归等因，应遵静候曷再奴渎。缘氏夫刘正权存日，早被氏翁分析十余年，子之讼事累及于父，良有不忍，况氏存在，为妻儿义不容辞，不得不再陈诉。因为刘正权前充督练，又充游击中队长，只能管束练丁，所有款赏责在团总，岂任外人抓款而甘含默纵，谓正权曾代理数月交卸与郭云甫，于公事上呈报备案；于交际而论，上届不清，下届不接，云甫又转交国俊，果然两届不清，是时岂不查票追究？第以郑迪光身任收支，倘系正权抓款，伊不控追正权而控追国俊，况存日毫无是语，死后数月亦不与闻，今乘死无对证，串戴年茂等信口捏诬，谬谓抓款置产。若论置买熊开治之产，就偿成买所补业，价乃系卖产二百四十挑得来，价洋二千四百余元。置之谷田六十挑，仅值洋数百元，况买后即取偿价洋数百元，乡街咸知悉，可调察，免遭国俊等阴谋陷害，欲藉正权搪塞。迄今势成骑虎，简直坚诬到底，致氏翁碧山无辜而遭拖累，兼迈年昏聩耳又重听，难堪霸累。况氏应司其咎，理应候质，是以据情泣恳钧府怜情作主，赏准候覆质讯昭雪，免累，俾免枉拖，实感德惠，谨呈。

刘县长6月29日批示："俟阎国俊与郑迪光将账算明再行处讯察夺。此批。"

6月27日，渠县县政府发出军字第一〇九八号训令，令鲜渡场团总王平安：

> 为令饬事，案据该场卸任收支员郑迪光以霸吞愈藐等情具控阎国俊一案，当经本府饬吏传集原被两告、人证于六月二十四日开庭审讯，判郑迪光与阎国俊垫款纠纷云云，此谕除将阎国俊暂交保卫团管押外，合行令仰该团总即便通照，赴日驰赴保卫团眼同彻算阎国俊任内经手租稳捐及各项公款，清理明晰，据实具覆，以凭核夺，切切，此令。

6月30日，郑迪光再次向县府恳请质追阎国俊吞骗前任移交款项并归还自己垫款。其称：

> 呈为缕恳覆追以惩吞累事，情本年四月八号，民以霸吞愈藐各由录控卸任团总阎国俊等吞骗接收前郭团总移交、民届垫款实洋七百九十六元九角七仙七星不纳一案，已蒙仁恩讯查，阎国俊狡不承认，并查郑迪光所垫款项尚属不虚各等因在耳，应道德化，又何缕恳。缘民国十九年十二月四号，民以泣恳质讯究追把持等情呈明，民与前团总郭云甫分别私自挪垫，顾全公款，云甫垫洋七百五十三元零一仙五星，民垫洋八百五十元零五角六仙二星，共计垫洋一千六百零三元五角七仙七星。新任团总阎国俊彼时当众承认于最短期间如数付给清楚，以清手续等语可核。嗣据郭云甫手已付民洋五十三元五角八仙五星，犹欠洋七百九十六元九角七仙七星。迭阎国俊理讨不与致激，民无奈起诉请追，既沐判查明晰，该国俊仍前奸握款资在手不纳，害民既被外债逼索，势如雁行，又遭因讼累深，店账已属不资，冤被国俊陷害无已。据国俊不良由，郭团总云甫移交，现团款一百六十余石，有案可稽。国俊接款不问售价若干，即民挪垫款项应在团费项下归还。该国俊理应先将民之垫

款付结，然后始能簿报销。殊之国俊一洋不名取，于十九年十二月三号以遵令呈报恩予鉴核备查等情，将民垫款预报保卫团局正副处长熊玉璋、陈石安，以咨请备查转咨钧府，有案可查。又据民以泣恩质讯一词呈控，该阎国俊随以遵令彻查复恩核夺各等情呈复到府，均谓民垫款属实，查郭团总云甫移交十九年度所欠征局附加洋六十五元。据国俊朦报始称廿四年起至廿九年止，共收六年粮票费以填彼挪移十九年附加洋六百三十元零七角五仙六星，继称十九年度粮税附加八百六十五元各等语在卷，可调可查。讵国俊仅接郭团总移交欠征局附加六十五元之微，而伊竟以本场军粮一百零五石一斗，强籍六载粮票费钱每粮一斗加派人民出洋六角，有正式派据为凭。计收洋六百数十余元之钜。亦指填十九年度附加税为名究之。伊加派并售团款收入在手，其款仍悬欠未填分厘，较之国俊行事，正供尚敢如是虎吞，何况民弱质木讷之垫款，而不欺骗抹煞乎？总之，民前挪垫款资案证确凿，不沐严追勒缴，势必拖化乌有。兼民店账累深，难以久待，情迫激切不甘，只得继恩查案作主，准于复讯，严究勒追，速缴以惩恶吞而便归垫，价债不忘，谨呈县长刘公鉴。

> 鲜渡场前任团练办事处收支员郑迪光
> 证人郭云甫、郭行脩

7 月 5 日，刘县长批示："准予质讯核夺，此批。"

后来，经过两年半的拉锯战，郑迪光的民事纠纷得以了结。

又过了七年，郑迪光之弟郑少愚（1911 年 8 月出生，1926 年考入五卅中学，1932 年回达复习高中课程，1933 年春考入中央航校第三期，1934 年以飞行技能第一名总成绩第三名毕业、已任副队长）所在空军第四大队 22 队，在 1938 年六月初二那天，向渠县政府发出公函（乙汉字第三八六号）：

> 兹有本队副队长郑少愚其家属兄迪光，现居住于贵县鲜渡河。现本队因担任抗战任务，驻防无定，照料家属诸多未便，缴请贵府按照慰问出征军人家属办法及优待抗战军人家属之各项规定，赐予慰问应妥慎优待保护，一面仍请转饬乡镇长保甲长等善为照料，以免该员有后顾之忧，而期增强战斗效率。相应函达，至希查照办理见复，至级公谊。

于是县政府于 1938 年 7 月 1 日向第八区发出《令照章优待该区出征抗战军人郑少愚家属由》训令。郑迪光享受到了出征军人家属优待。这是后话。

1931 年筹建新渠县渠光电灯股份公司始末

民国以前，人们夜里常用的照明为传统的油灯，火苗忽闪忽闪，光线昏暗。到了清末，洋货横流。美孚石油公司输入煤油（俗称"洋油"），又兴起洋油灯，由可贮存煤油的玻璃灯座、可以旋转升降灯芯的灯头和玻璃灯罩组成，既可防风，又可调节亮度，且移动方便，故为城镇家庭照明首选。洋油灯虽比较明亮，但黑烟经常把玻璃灯罩熏得黢黑，所以每天还要拭擦干净，使其光洁明亮才能继续使用。

1879 年爱迪生发明电灯，1882 年上海公共租界工部局的英国电气工程师毕晓浦（J.D.Bishop）在乍浦路一幢仓库里以 10 马力蒸汽机为动力，带动自激式直流发电机发电，点燃了碳弧灯，成为中国点亮的第一盏电灯。

光绪二十九年（1903），四川总督锡良派人进欧洲采购机器，购回小型发电机发电，在督院街点亮了成都市第一盏电灯。1908 年，成都最繁华的商业中心劝业场建成。曾留学日本的周善培等人在劝业场筹集白银 2 万两，购置 40 千瓦电机等设备，创办电灯部，供全场照明使用。光绪三十二年（1906），启明电灯公司在北新街创立，1909 年 7 月开始发电，装机容量为一台由蒸汽机带动的 7.5 千瓦直流发电机，供应 300 盏 15 烛光的电灯。

1918 年北洋政府颁布《电气事业取缔条例》，这是中国第一部要求在全国范围内施行的电气事业管理条例。1929 年 2 月，国民政府建设委员会从交通部接收并主管全国电气事业。同年，中华全国民营电业联合会成立，第二年加入了万国电业联合会。1929 年 12 月 21 日，国民政府颁布《民营公共

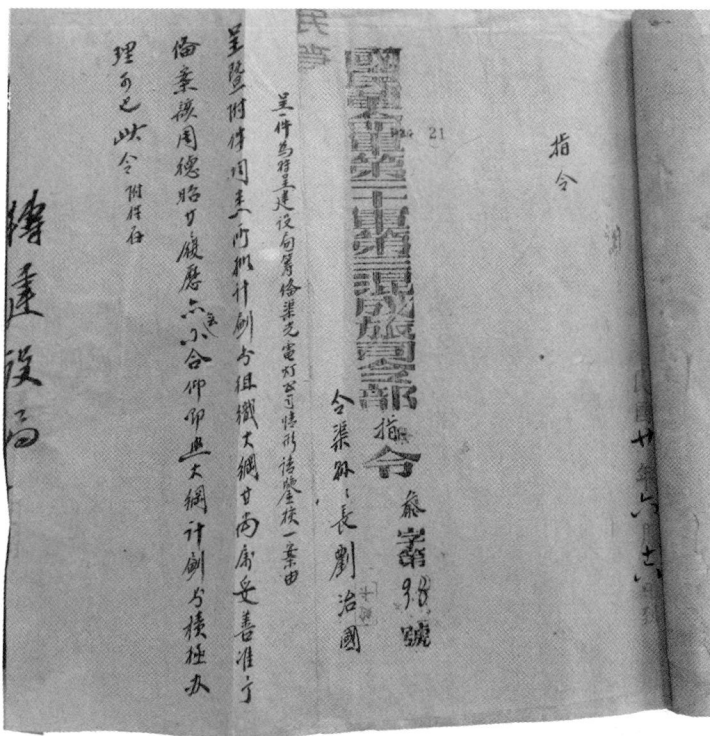

国民革命军第二十军第三混成旅关于渠县筹办电灯公司的指令

事业条例》，1930 年，国民政府颁布《电气事业条例》，逐步实现了全国频率、电压的统一。

1931 年 6 月初，渠县也开始筹建电灯公司，而且起步不凡，一出手就搞的是股份制，这也可能是渠县最早的股份制企业。

1931 年 6 月 2 日，渠县建设局长李逸仙向县政府呈报《工程师德昭奉电返渠》：

> 遵照钧府训示暨中央颁布电气事业条例，已将计划书及筹备处组织大纲拟具完善，函咨到局，经职局查明所拟各节尚属真确，如开办之器具物品共需洋壹万九千九百八十二元，每月经常费四百二十四元，每月收入壹千二百元。按月可得纯利七百七十六元，决能收美满效果。但凡百事业创始维艰，非专责办理妥为筹备，鲜克奏效，拟恳钧府合委周德昭为梁光电灯公司筹备主任兼工程师负筹备一切之责，雍相臣、王庭五为筹备副主任，负经理银钱之责，赶日成立筹备处以便拟具简章及股份条例，开会修改后呈请核准遵照进行，以上各缘由是否有当，理合将计

划书及筹备处组织大纲连同周德昭、雍相臣、王庭五履历各表具文呈请钧府，俯予鉴核并转呈国民革命军二十军三混成旅司令部鉴核备查，指令祗遵，谨呈旅长暨县长刘。附呈周德昭、雍相臣、王庭五履历表及计划书、组织大纲各二份。

县长刘治国6月5日批示："候转呈师部核示，饬遵此令。当时，县政由驻军管理。"

拟好的渠县渠光电灯公司计划书分为甲乙两款，即机器设备和开支及营业状况：

甲、关于体制者。计有煤气机一部，价值一万二千元，备注说此机系三十四马力配西门子发电机（十八启罗瓦特）一部，连同石板、电压表、保险灯及一切应附器械。电灯八百盏，三千二百元，说此灯系十六枝光燃灯，灯盖、灯泡、瓷壶、木板、花线、小皮线、龙头俱全，平均每灯四元。大线一里半，二千一百元，此线系二号，十八根铁钩、瓷壶、柏木杆俱全。小线四十六圈，五百五十二元。钢管三丈，九十元。宽皮带一根，三十元。洋灰二桶，四十元。Etaut一个，二十元。大木桶一个，五十元。运费五百元，由渝至渠，运上下货力资在内。关税一千二百元。杂费二百元，修理房屋，购买铅丝、洋钉及其他一切杂用。合计一万九千九百八十二元。特别说明：上列各物系照洋行来价计算，将来订立合同时各物价值或有变更，总之不能超出预算。至交款分三期，订货时交三分之一，交货时交三分之一，安好开灯时毕价。

乙、善于每月开支及营业状况。煤炭四十五元；滑油四十元；薪饷三百零九元，其职别人数另详简章内，其简章筹备期拟具；办公费三十元；合计四百二十四元。说明：此机能发灯九百盏至一千盏，每灯每月定价二元，以七五折扣实收一元五角，每月能有四百盏灯出售，公司即无亏本之虞。若能售至捌百盏灯，每月即有一千二百元之收入，全年计算共收一万四千四百元，除去全年开支费五千零八十八元，及股本子金（一分利行息）二千元，可获红利七千三百一十二元，再以此红利提出百分之五作为奖励公司员司，实获红利六千九百五十七元，三年即可收回股本。

拟好的《渠县渠光电灯公司筹备处组织大网》，共四章十二条。

第一章，总则。第一条，本处奉国民革命军第二十军三混成旅旅长杨暨渠县县长刘令饬，于渠县市筹备电灯公司，故定名曰渠光电灯公司筹备处。第二条，本处以筹备渠光电灯公司开办为宗旨。第三条，本处自刊一寸二见方木质图记一颗，文曰"渠光电灯公司筹备处"图记以昭信守。第四条，本处暂设公园内。第二章，组织及权责。第五条，本处设筹备主任兼工程师一人，由建设局遴选电学专门人才，保请县府委任，总揽本处对内对外一切事宜，并负筹划公司建筑机械安置、鉴别机器及觅技工之专责。第六条，本处设副主任二人，由建设局遴选理财专家，保请县政府委任，协助主任办理一切并司出纳经济及购置材料机器之专责。第七条，本处设文书员一人，由筹备处委任司本处拟撰并缮写一切文件之责。第八条，本处设收发一人，由筹备处委任司收发一切文件并保管之责。第九条，本处设伙夫一人，杂役二人，司炊事及呼遣之责，均由筹备处雇用之。第三章，职员任期。第十条，本处职员任期暂定四月，以电灯公司成立日为止。第四章，附则。第十一条，本大纲有未尽善处，由本县最高级长官暨县政府鉴核修改之。第十二条，本大纲自呈请本县最高级官厅暨县政府核准施行。

渠光电灯公司筹备处主任兼工程师履历表：周德昭，三十二岁，渠县人，法国梭米尔工业学校暨巴黎工业大学毕业，曾任涪陵县城区马路工程师。

渠光电灯公司筹备处副主任履历表：王庭五，三十八岁，渠县人，现任渠县商会主席。

渠光电灯公司筹备处副主任履历表：雍相臣，五十岁，渠县人，现任渠县财政局第三课课长。

6月11日，渠县县政府发出《转呈建设局比拟办渠光电灯公司各情一案》：

呈为转呈职县建设局筹备渠光电灯公司情形，仰祈鉴核示遵事，案据渠县建设局长李逸仙呈称，呈为呈请令委渠光电灯公司云云，俯予鉴核并转呈鉴核备查指令，祗遵谨呈，附周德昭、雍相臣、王庭五履历表及计划组织大纲各二份等情，据此，县长查核所拟计划组织大纲尚属周详，除将各件提留一份备查外，理合连同履历表、计划组织大纲各一份具文呈请钧部俯赐鉴核指令，祗遵谨呈师长杨。计呈履历表三份、计划书一份、组织大纲一份。

渠县县长刘

6月16日，国民革命军第二十军三混成旅司令部向渠县县长刘治国发出第三十八号指令：

呈一件为特呈建设局筹备渠光电灯公司情形请鉴核一案由，呈暨附件同悉，所拟计划书、组织大纲等尚属妥善，准予备案，该周德昭等履历真实，小合仰即照大纲计划书积极办理可也。

刘县长得令，23日批示"转建设局"。

6月24日，渠县县政府发出第一〇七七号《令建设局遵照三混成旅司令部指令办理电灯公司一案》训令：

令建设局长李逸仙，为令饬遵办事案，查本政府转呈该局长呈请筹备渠光电灯公司情形鉴核一案，本年六月十六日奉国民革命军第二十军第三混成旅司令部参字第三八号指令开，呈暨附件均悉云云，此令附件存等因，奉此合行令仰该局长即便遵照办理，勿迟，此令。

县长刘

7月1日，县政府发出委任令。先是一张便条给拟稿人员："委周德昭为渠县电灯公司筹备主任，委任令一件，筹办委任一件送建设局李局长公馆。"接着正式行文第一一一零号《令委周德昭充任电灯公司筹备主任并具复备查一案》：

令委新渠县渠光电灯公司筹备主任周德昭，为令委事，照得新渠县渠光电灯公司筹备主任一职，查该员才学兼优，堪任斯职，除填给委任状外，合行令委，为此，令仰该员即便遵照，赶旦就职，将应办事宜从速规划，组织办理，勿负委任，仍将就职日期及开办情形具报备查，切速毋延，此令。计发委任状一件。

兼县长刘

7月8日周德昭就职，7月10日、11日周德昭分别以新渠县渠光电灯有限公司筹备处主任名义向县政府和转三混成旅长呈报就职备查：

呈为呈报就职日期，仰祈备查事，本年七月七日案奉钧府委任令内字第一一一零号开，"为令委事，照得新渠县渠光电灯公司筹备主任一职，查该员才学兼优，堪任斯职，除填给委任状外，合行令委，为此，令仰该员即便遵照，赶旦就职，将应办事宜从速规划组织办理，勿负委任，仍将就职日期及开办情形具报备查，切速毋延，此令"等因，计发委任状一件，奉此，职遵七月八日敬谨就职，并启用图记，理合具文呈请钧府予鉴核备查，示遵谨呈。

7月12日，刘县长分别批示："就职日期准予备案存查，此令。""呈暨到职日期已悉，仰候转请备查可也，此令。"

7月11日，周德昭向县政府呈报新渠县渠光电灯有限公司筹备处其余重要人员委任事。

中为呈请委任，以专责成事，情职处奉令成立，所有重要职员应按照组织大纲保请委任，以昭郑重。查王庭五勘为招股经理，雍相臣勘为财务经理，杨精益勘为文自牍，理合具文呈请钧府委任，共策进行，是否有当，指令祗遵，谨呈。

7月12日，刘县长批示："呈悉准予委任以专责成，此令。随即填发三人委任状。"

7月14日，新渠县渠光电灯有限公司筹备处主任周德昭向县政府呈报经费来源及办法。

呈为拟具组织大纲及计划书仰祈转呈鉴核备查并恳转饬庙产清理委员会拨给经费达万元，以资开办事，窃吾渠自二十军接防以来，对于各项建设事业积极整顿，以故交通便利，市场繁荣，大有一日千里之势。我旅长杨、县长刘长以革新之意志，顺市民之心理，放未有之曙光，谋将来之福利，乃召集机关法团筹办电灯，曾经几度会议询谋，佥同一致，赞成电委德昭为筹备主任，遵于七月八日返梓敬谨就职，拟具筹备处组织大纲及计划书，业经呈报三混成旅司令部暨钧府核准在案，兹已筹备就绪，即应订赐机器等项，以便着手开办，特道照军政长官与法团机关士绅代表等议决案，共需费两万元，向十区士绅集股一万元，恳请军部转令庙产项下拨支公股一万元，是以缮录新渠县渠光电灯有限公司筹备处组织大纲及计划书连同具文呈请钧府核转军部鉴核备查，并转饬庙产清理委员会拨给公股万元以资开办，是否有当，伏乞指令祗遵谨呈。计呈组织大纲及计划书各一份。

刘治国当日批示："新渠县电灯公司组织大纲计划书等四件着该科速即呈转军部拨款进行。"

7月15日，周德昭向县政府呈报文员委任：

呈为呈令委以专责成事，窃职处接办伊始，事务纷繁，所有庶务文书员两职即应委定，以专责成而利进行，兹有杨精益从政有年，长于钧稽，勘任职处庶务，王临轩娴熟公牍，勘任职处文书员，除已函促先期来处供职处，理合具文呈请钧府分别令委，以专责成，实沾公便，谨呈。

7月18日，刘治国批示："准委杨精益为该处庶务，王临轩为该处文牍，以专责成，此令。"

7月17日，渠县县政府县长刘治国向二十军军长杨森呈报《呈军长查核电灯公司指拨款洋进办一案》，称：

呈为转呈职县渠光电灯公司筹款情形，仰祈鉴核示遵事案，据渠光电灯有限公司筹备处主任周德昭呈称，呈为拟具组织大纲及计划书云云，谨呈计呈组织大纲及计划书各一份等情，据此，县长查核所拟计划书、组织大纲尚属周详，理合具文连同计划书及组织大纲各一份呈请钧部俯赐鉴核拨款办理，指令祗遵，谨呈。

并附上已经完善的新渠县渠光电灯有限公司筹备处组织大纲。

第一章，总则。

第一条，本处奉国民革命军第二十军三混成旅旅长杨暨渠县县长刘令饬，于渠县市筹备电灯公司，故定名曰新渠县渠光电灯有限公司筹备处。

第二条，本处以筹备渠光电灯公司开办为宗旨。

第三条，本处自刊一寸二见方木质图记一颗，文曰"新渠县渠光电灯公司筹备处"图记以昭信守。

第四条，本处暂设女中校内。

第二章，组织及权责。

第五条，本处设筹备主任一人，由建设局遴选电学专门人才，保请县府委任，总揽本处对内对外一切事宜，并负筹划公司建筑、安置机械、鉴别机器及觅技术工人之专责。

第六条，本处设财务经理二人，由建设局遴选理财专家，保请县政府委任，协助主任办理一切并司出纳经济及购置材料机器之专责。

第七条，本处设庶务、文书员各一人，由主任保请县政府委任，司本处出纳、采买暨拟撰并缮写一切文件之责。

第八条，本处设收发一人，由筹备处委任，司收发一切文件并保管之责。

第九条，本处设伙夫一人，杂役二人，司炊餐及呼遣之责，均由筹备处雇用之。

第三章，职员任期。

第十条，本处职员任期暂定四月，以电灯公司成立日为止。

第四章，附则。

第十一条，本大纲有未尽善处，由本县最高级长官暨县政府鉴核修改之。

第十二条，本大纲自呈请本县最高级官厅暨县政府核准后施行。

修订后的《新渠县渠光电灯有限公司计划书》为：

甲、关于体制者。计有煤气机一部，价值一万二千元，备注说此机配西门子发电机（十八启罗瓦特）一部，连同石板、电压表、保险灯及一切应附器械。大皮线一里半长，二千一百元，此线系二号十八根，铁钩、瓷壶、柏木杆俱全。小皮线四十六圈，五百五十二元。铜管二丈，五十元，此管系一寸口径，每尺三元。铜管二个，四十元，大小各一。十六枝烛灯八百盏，三千二百元，说灯盖、灯泡、瓷壶、木板、花线、龙头俱全，平均每灯四元，此款为暂垫，安灯后即可收回。宽皮带一根，三十元。洋石灰二桶，四十元。大木桶一个，五十元。运费五百元，由渝至渠，上下货力资在内。关税一千二百元，此数系暂定，实际恐不止。杂费二百元，修理房屋，安设机械、购买铅丝及其他一切杂用。合计一万九千九百七十二元。特别说明：上列各物系照洋行来价计算，将来订立合同时各物价值或有变更，当视金价为转移。至交款方法分三期，订合同时交三分之一，交货时交三分之一，安好开灯时交清毕价。

乙、关于每月开支者。煤炭一万二千斤，六十元；油二十五元，机油、滑油其他一切在内；薪饷三百零九元，其职别另详简章内；办公费三十元；合计四百二十四元。说明：此机能发灯九百盏至一千盏，每灯每月定价二元正，七五折扣，实收一元五角，每月能有四百盏灯出售，公司即无折本之虞。若能售灯八百盏，每月即有一千二百元之收入，除去开支四百二十二元，尚余七百七十六元。全年十二月计共收入一万四千四百元，除开支五千零八十八元，尚余九千三百一十二元，除去股本子金（每年一分利行息）二千元，可获红利七千三百一十二元，再以百分之五提作奖励公司职员，每年实获红利六千九百四十七元，三年即可收回股本，以渠城现实情况而言，推销八百盏灯尚不致发生困难。总之，二十世纪电气事业大可经营。若政府予以相当保护，而公司管理得法，决无折本之虞也。此机本可发灯千盏，妥为保护机械起见，似不直随时开足此数，以免损坏机械之虞。但遇特别事故，将灯完全开足，亦属无妨，合并声明。

7月18日，周德昭向县府呈报拨付办公款项：

呈为呈请暂时拨济以资办公事，窃职奉委以来阅时已久，所有一切事务亟应着手开办以期早观厥成。昨经面陈钧座，当邀俞允，暂由庙产项下拨洋二百元以作职处开办费，刻已督饬职处员司着手办公，急需款项支付，理合具文呈请钧府转知庙产清理委员会如数拨给，以利进行，无任翘企待命之至，谨呈。

刘县当日批示："准暂拨，仰将公司计划书按照简章从速推报，以凭对详。军部核示，此令。"

7月20日，县政府发出第二四五八号指令：

令新渠县渠光电灯有限公司筹备处主任周德昭，呈一件呈请令委杨精益为庶务，王临轩为文书员之职由，准委杨精益为该处庶务云云，此令。

7月21日，县政府以《呈报职县成立渠光电灯公司并组织情形一案》向国民革命军第二十军三混成旅司令部呈报备案：

呈为呈报电灯公司并委用主任组织办理情形，仰祈鉴核事，窃查渠县渠光电灯有限公司成立筹备处，当即委任周德昭主任办理在案，兹据周德昭呈称，呈为呈请转报就职日期云云，查核转请鉴核备查，示遵谨呈等情，呈请转呈前来，县长复查无异，理合具文呈请钧部俯赐察核备案，指令祗遵。

渠县县长刘

同日，县政府以《周德昭呈请暂拨庙产洋二百元作开办费一案》发出第二四六一号指令：

令新渠县渠光电灯有限公司筹备处主任周德昭呈一件呈请转知庙产清理委员会暂拨洋二百元以作该处开办费一案由，准暂拨仰将公司计划书云云，此令。

7月23日，二十军、川陕边防司令部发出第252号指令，令渠县县长刘治国：

呈一件据转该县渠光电灯公司筹备处主任周德昭为呈具组织大纲暨计划书请备查并请转饬该县庙产清理委员会暂拨洋一万元以作开办费由，呈暨组织大纲、计划书均悉，准暂由该县官公会庙产项下拨借洋一万元，以后近期归还为要，此令。

军长、司令杨森

县上一接令，立即转给电灯公司筹备处。

7月25日，县政府以《令电灯筹备主任遵照军部指令准予拨款开办一案》发训令，令新渠县渠光电灯有限公司筹备处主任周德昭：

为转饬照办事，案查本府转呈该主任拟具组织大纲并请转饬庙产清理委员会拨洋开办一案，奉国民革命军二十军、川陕边防司令部秘字第252号指令，开呈暨云云，此令等因，奉此合行令仰该主任即便遵照办理。

7月29日，第二十军、川陕边防司令部发出第90号训令：

令渠县庙产清理委员会正副会长杨汉域、刘治国，为合遵事，案据该县县长刘治国据转该县渠光电灯公司筹备处主任周德昭呈称该公司兹已筹备就绪，即应订购机器等项以便着手开办，特遵照军政长官与法团机关士绅代表等议决案，共需费贰万元向十区士绅集股壹万元，恳请军部转令庙产项下拨支公股壹万元，祈呈核示遵一案等情前来，除指令呈

朝花夕拾

暨组织大纲、计划书均悉，准暂由该县官公会庙产项下拨借洋壹万元，以后开办费由，呈暨组织大纲、计划书均悉，准暂由该县官公会庙产项下拨借洋壹万元，以后按期归还为要，此令印发外，合行令仰该会印便遵照办理为要，此令。

军长、司令杨森

县上接令立即批示："转建设局知照。"

于是，7月30日，县政府向建设局发出《令建设局知照军部训令电灯公司办理一案》第一二一六号训令，令建设局长李逸仙，"为令知事案，查本府转呈渠光电灯公司组织大纲、计划书一案，本年七月二十九日奉国民革命军第二十军、川陕边防司令部秘字第90号训令开，为令遵事云云，此令等因，奉此合行仰该局长即便遵照办理为要"。

命令下达早，款始终未到。8月19日，周德昭再次向县政府报告请求拨款：

呈为呈请转令拨给事，窃职处奉令成立月余，兹所有开办一切费用，前曾呈请钧府允在庙产项下暂拨洋二百元以资办公，嗣因庙产款无着，讫未如数拨发，刻职处开办已久，实属垫累，不胜思维。再四，此种电灯设置，实与建设有密切关系，所用款项应由建设局担负，合无仰恩钧府转令建设局，暂拨洋二百元，一俟庙产有着，即与归还。如此，则于公于私均感敏活矣。所有呈请转令建设局拨款，缘由是否有当，理合具文呈请钧府鉴核令遵至沾德便，谨呈。

刘县长到8月30日才批示："准予令饬建设局设法暂垫，以策进行。"

9月2日，县政府发出《令建设局长遵照电灯筹备主任周德昭呈请转饬拨款各节一案》第一二六九号训令，令建设局长李逸仙，"为令遵事，案据渠光电灯有限公司筹备处主任周德昭呈称，呈为呈请转令拨给事云云，谨呈等情，据此，除以准予令饬建设局设法暂垫，以策进行，此令等语，指令印发外，合行令仰该局长即便遵照批示办理"。

钱没到位，工就停了。稍有好转，军长杨森亲自找周德昭继续办电灯公司，没钱就通过募股的方式进行，于是开始募股筹建了。10月21日，周德昭向县政府呈报募集情况。

呈为呈请转呈核示事，窃职前奉委任筹办渠光电灯公司，所有筹备情形业经呈报钧府有案，一俟招募股金收集成数，即行购置机械开灯，委以时局影响，款项无着，遂至中途停顿。昨奉军长面谕，仍饬继续办理，期在早观厥成。兹谨拟就招股简章，是否可行，理合呈请钧府鉴核，转呈军部鉴核令遵，至沾德便，谨呈。计呈招股简章二份、各场认股数目表二纸。

刘县长 9 月 22 日批示："呈暨招股简章均悉，仰候据情请军部核示饬遵。"

到了 11 月 3 日，县政府向二十军司令部杨森呈报《转呈军部查核渠光电灯公司简章核示一案》。

呈为转呈仰祈鉴核示遵事，案据职县渠光电灯有限公司筹备处主任周德昭呈称，呈为呈请转呈核示事云云，谨呈计呈招股简章二份，各场认股数目表二纸等情，据此除将招股简章、认股数目表各提一份备案外，理合连同招股简章暨各场认股数目表各一份具文赍请钧部俯赐鉴核，指令祗遵，谨呈军长杨森。

附件：新渠县渠光电灯股份有限公司各场认股数目，本表系依照各场粮石之多寡分为特等及一、二、三、四共五种等级，各场应缴股金数目按等级列于后，特种场有涌兴、三汇、有庆、清溪等四个，各五股，每股 200 元，共计股金 4000 元；一等场有临巴、李渡、鲜渡、琅琊、土溪、静边、岩峰七个，各四股，每股 200 元，共计股金 5600 元；二等场有李馥、贵福、宋家、宝城、北关五个，各三股，每股 200 元，共计股金 3000 元；三等场有南关、锡溪、流溪、文重、丰乐、茶房、板桥七个，各二股，每股 200 元，共计股金 2800 元；四等场有东关、柏林、杨家、清河、廻龙、卷硐、望溪、中滩、新市、龙会、龙凤、河垭、望江、青龙、大兴、水口、小杨家、义和、青丝、白兔、八庙、万寿、三板等二十三个，各一股，总计股金洋 4600 元，以上四十六场统共募集股金贰万元正。

新渠县渠光电灯股份有限公司招股简章：

第一章，总则。第一条，本公司纯系官办端为，渠县刷新市面增进文明起见，故定名为新渠县渠光电灯股份有限公司。第二条，本公司基金经县属机关法团议决筹集贰万元为限。第三条，本公司股本由县政府负责转令县属各场募集齐数备用。第四条，本公司基金共分为一百股，每股定为贰百元，每股又分为十小股，每小股定为贰拾元。第五条，入股后须由本公司发给股东证，以资信守。

第二章，分息。第六条，员司将全年入、付账项造具计算交众历查以示公开而昭属实。第七条，各股基金除以年利一分行息外，其余所出子金除本公司经常费及临时开支外，各股东均享平均摊分之权利，但未经年终股东会议决不予任何人随便通融。

第三章，股东取缔。第八条，凡县属各界遵章缴足股金者，皆有股东资格。各股东有妨碍本公司事件，得由本公司呈请县政府取消其股东资格，并追还股东证。第九条，各股东或有时丧失私人权利发生破产事件，所入本公司股本不得请予退还。第十条，各股东领执之股东证不得转售或让给他人，并不能移作他项抵押品。

第四章，附则。第十一条，本简章自呈准县府后即发生效力。第十二条，本简章如有未尽事宜得斟酌修改之。

11 月 10 日，国民革命军第二十军、川陕边防司令部发出秘字第 532 号指令，令渠县县长刘治国：

呈一件呈为转报渠光电灯公司招股简章及各场认股数目表，请鉴核示遵由，呈暨简章均悉，遵照办理。简章暨表均存。

军长、司令杨森

刘县长十一日接令批示："转令电灯公司知照。"

到了 12 月 2 日，县政府才发出《转令渠光电灯公司主任知照军部指令照办一案》训令：

令渠光电灯公司主任周德昭，为令知事，案查本府转呈该主任拟具招股简章及各场认股数目表请核示遵一案，奉国民革命军第二十军、川陕边防司令部发出秘字第 532 号指令开，呈暨简章均悉，准照办理，此令。简章暨表均存等因。奉此合行令知，为此，令仰该主任即便知照，再查前呈招股简章及各场认股数目表，当只各贲一份，业已转呈本府无凭备案，仰速各补造一份来府以凭备查，毋延为要，合并饬知。此令。

命令好下，款难到位，事情就难做，这不，县政府陆续拨款六百元，可已支出了近七百元，新渠县渠光电灯公司筹备处主任周德昭已经垫支了近百元，可连机器的影子都还没看到。

但账目还是要报告的。于是12月初，周主任报上了收支情况。

呈为呈报收入支出款项，仰祈鉴核备查事，窃职奉令成立渠光电灯公司筹备处，业经呈报就职，正式成立日期并缮具计划书，奉有指令，批准备查各任案。兹自二十年七月八日成立起，自十一月八日止，计共收入县政府拨来洋陆百元正。支出职处员司薪工伙食暨购置文具，消耗杂支一切洋陆百九十捌元捌角壹仙正，入付品选实不敷洋玖十捌元捌角一仙正。此款系由职私人向外挪垫支付，一俟下月拨有款时即予归还，理合具文连同四柱表贵呈钧府俯赐鉴核备案存查，指令抵遵，谨呈。附四柱报销表一份。新渠县渠光电灯有限公司筹备处造呈二十年七月八日成立起十一月八日止收支四柱表：旧管无；新收，一入县政府拨来洋陆百元正。开除，一支主任与马，月支六十元，洋贰百肆拾元正。一支庶务薪水，月支十八元，洋柒拾贰元正。一支文牍薪水，月支二十元，洋捌拾元正。一支司书兼收发薪水，月支十六元，洋陆拾肆元正。一支杂役二人每人每月贰元正，工资洋拾陆元正。一支伙夫，月支四元，工资洋拾陆元正。一支购置应用一切，洋贰拾叁元柒角正。一支修葺各项材料，洋陆元捌角贰仙正。一支杂支消耗洋肆元玖角柒仙正。一支应酬费洋拾肆元五角正。一支灯油洋柒元叁角正。一支邮费差费肆元陆角正。一支文具，洋贰拾壹元玖角贰仙正。一支伙食，洋壹百贰拾柒元正。以上共付洋陆百玖拾捌元捌角壹仙正。实存，一入付两品，实不敷洋玖拾捌元捌角壹仙正。

1932年初，电灯公司还没建起，省政府关于内政部《电气事业人检查窃电及追偿电费规则》的转令电来了，想偷电都无从下手。民国二十一年（1932）1月13日，四川省民政厅第一八号训令，令渠县县政府，为令遵事，案奉四川省政府省字第三二二二号训令开：

为令遵事，案准内政部警字第三四六号咨开，为咨请事，案准建设委员会第四八四号公函开，以本会为扶助民营电气事业发展起见，前经公布电气事业人检查窃电及追偿电费规则，通令各省建设厅及各市政府转饬遵行，并呈奉国民政府核准转令司法院通饬所属司法机关一体知照在案，惟该项规则之切实执行，全赖各地政府及公安局协助电厂办理事关公用，相应检同该规则五十份，函请贵部查照。希即令发各省民政厅由厅照印分饬各县县政府及公安局协助电厂切实执行，以重法令而维电业，至级公谊等由，计附送检查窃电及追偿电费规则五十份，准此，除函复并分行外，相应咨请查照转饬所属一体遵办为荷，此咨等由，计附检查窃电及追偿电费规则一份，准此，除分令外合逐抄发，令仰该厅即便转饬所属一体遵照办理，此令。计抄发检查窃电及追偿电费规则一份等因，奉此，除分令外合亟抄发原件，令仰该府即便转饬所属一体遵照办理，此令。

厅长刘文辉

所以，刘县长 11 月 25 日在文件上只批了一个"存"字。

电灯厂没建成，渠城照明仍然只能用煤气灯。渠县公安局垫钱从重庆购回了十架煤气灯。

公安局长杨华林民国二十一年二月十九日向县政府呈报无力支付城区、北关、东关、南关共十架煤气灯的工本费和灯油费，要求四区使用者分摊。呈为呈请转令分派以维公安事，窃职局奉命由渝购有煤气灯十架，共值工本洋二百六十元，每夜分发本市各要衢以维市场而利行人，惟所费工本系职局挪垫，每夜灯油消耗亦暂由职局垫支。查职局经费拮据，曷克担此重任。欲维久远，应由享受此灯利权各街住户分担用。特拟具分发各街煤气灯工本费洋及每月应缴灯油费洋一纸，随文呈请钧府，转令第一区团督照数分派各户，按月缴纳，职局以利进行而免纷扰，指令祗尊，谨呈。附各街应纳煤气灯工本费及每月灯油费一纸。各街应纳煤气灯工本费及每月技师煤油酒精纱罩等费：东关、南关燃灯各一架，各应缴纳工本费洋二十六元、每月煤油费六元五角、每月技师工资一元五角、每月玻罩灯罩酒精费二元，各共三十六元；北关燃灯二架，应缴纳工本费洋五十二元、每月煤油费十三元、每月技师工资三元、每月玻罩灯罩酒精费四元，共七十二元；城区燃灯六架，各应缴纳工本费洋一百五十六元、每月煤油费三十九元、每月技师工资九元、每月玻罩灯罩酒精费十二元，共二百一十六元。

刘县长二十日批示："呈悉煤气灯关系市面交通，所需各费应由该局酌量摊派，分上、中、下三等，饬令各街铺户按月缴纳用资，久远为安，此令。"

据县政府第六八号训令，建修女中校工程处监修员李自中调县府顾问，遗缺着该县府顾问周德昭前往接任，以策进行，周德昭于1932年4月1日接收并召集各项工人加紧工作。至此，电灯厂成了烂尾工程，而新渠县渠光电灯有限公司筹备处主任周德昭又有了新的工作，成了女中校工程处监修员，工作地点却没有变。

1935—1936 年渠县的办报经历

民国时期，各地为了宣传需要，开始办报办刊。

一

1932 年 8 月 23 日，渠县县政府向四川省政府呈报，请求立案设立渠县县政月刊。

　　呈为呈请鉴核立案事，窃维政报之设，愿以颁布法令，宣达政情，联络各省文化，采择民间剪尧，欲图实施新政，促成统一，法之良实，舍此莫属。故钧府统一川政以来，即发行政报，裨下属知所遵循，民众有所观感，暮鼓晨钟，振声启瞆，其收功岂曰浅显。近查海内各县，亦多遵从体制发行政刊，虽范围较隘，而其奏效则。职县地处幽僻，交通滞塞，藉以发表政情，启迪民智者，实无所资以为工具，兹拟依照钧府政报之旨，步各县先进之后，成立县政月刊一种，目录纲要，胥依钧府所订，而参以地方习惯，编纂成册，期于普遍，庶乎地方事业，善者得以勉励，不善者得以改张，管蠡之见，不知当否？除分呈专员公署外，理合具文连同拟具月支项算，赍呈钧府，俯于鉴核立案，指令祗遵。

渠县县长黄功隆

　　附预算书一份

其 1935 年县政月刊预算书为：

　　每月预算支出经费一百五十元，全年预算数一千八百元；薪资每月五十元，全年六百元；职员每月五十元，全年六百元；第一节主编每月三十元，全年三百六十元（编辑主任一人总纂各项材料督促本刊一切事务月支薪三十元）；编辑每月二十元，全年二百四十元（编纂员一人，编纂各项材料兼书记核对各项事务月支薪二十元）；印刷费每月八十二元，全年九百八十四元；二目印刷费每月八十二元，全年九百八十四元；第三节印刷每月四十元，全年四百八十元；第四节纸张每月三十元，全年三百六十元；第五节装订每月十二元，全年一百四十四元；邮寄费每月六元，全年七十二元；邮票每月六元，全年七十二元；杂支每月一十二元，全年一百四十四元；草墨纸张每月六元，全年七十二元；消耗每月六元，全年七十二元。预算自本年度开始实行，故无上年度预算数。预算每月需银一百五十元，全年共需捌百元正。

1935年9月7日，四川省第十区行政督查专员公署得报后下达《据渠县县政府呈请立案成立县政月刊一案由》指令，同意办刊，只是要等省政府指令：

令渠县县政府：呈一件，为呈请立案成立县政月刊一案由，呈暨附件内悉，该府成立县政月刊，借以公布法令，宣达政情，事属可行，应准备查，既据迳呈，并候省政府指令祗遵，此令！预算书存。

专员刘景淑到了9月16日，等来了"四川省政府二十四年民字第16110号指令"，称要等专员公署转呈来府再定。

令渠县县政府：呈一件，民

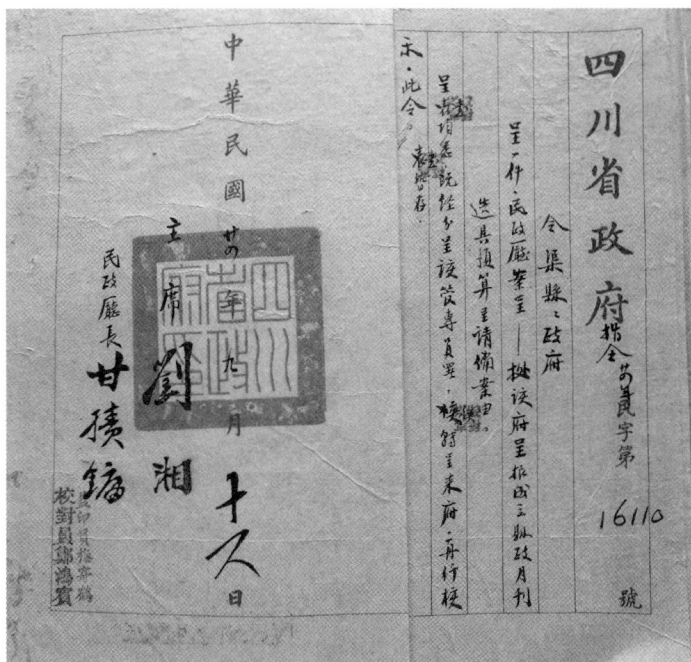

1935年9月16日四川省政府关于渠县筹办《县政月刊》的批复

政厅案呈——据该府呈报成立县政月刊，造具预算呈请备案由。呈壹表均悉，既经分呈该管专员署，俟转呈来府，再行核示，此令。

主席刘湘

民政厅长甘积镛

此令9月24日到县政府，黄功隆县长9月29日批示："呈书准予备查。"

经费及编辑运行班子还未搭建妥当，有人建议说月刊发刊间隔时间太长，不如改为三日刊。于是县政月刊还未出刊就胎死腹中，三日刊班子又建。

二

拖到1935年10月底，民教馆主任三汇人熊子衡被任命为渠县三日刊编辑，于是他向县政府呈报说明就职日期及办理情形。

呈为呈报就职日期及办理情形，请予鉴核备查事：奉钧府委令，委子衡任渠县三日刊编辑等因，奉此。遵于十月二十五日就职，在钧府第三科设立编室，订十一月一日出刊，以后每三日出版一次，其稿先交第三科审核。所有就职日期及办理情形，理合备文呈请钧府鉴核备查，实为公便！

谨呈渠县县长黄。

县政府黄县长得报，10月28日在县政府便条上批示秘书：

令三日刊、民教馆协立候知照并按月造具预算款书。另令财委会：

1. 县政月刊改为渠县三日刊，自十一月一日出版，即月刊经费每月一百元作三日刊经费，该刊编辑业已委熊子衡充任，以后经费即按月迳拨。

2. 民教馆主任已充唐亚衡充任，该馆经费即按月拨付该主任。

于是县政府10月29日发出《令财委会按月拨付三日刊及民教馆经费一案》第2377号训令：

令财务委员会：为令遵事，1. 查前据办之县政月刊，现已改为渠县三日刊，自十一月一日起出版，即以月刊经费每月一百元，作三日刊经费，该刊编辑主任已委熊子衡充任，以后此项经费即按月迳拨该主任，以便支付。2. 查民众教育馆主任已委唐亚衡充任，该馆经费即业案按月拨交该主任承领。综上两项，除令该主任遵照外，仰该主任即便遵照办理，是为至要。此令。

10 月 30 日，县政府向财委会发出《令三日刊民教馆需经费由财委会按月迳拨并造具预算报查一案》的 2460 号指令：

> 令三日刊主任熊子衡、民教馆主任唐亚衡，查县政月刊改为渠县三日刊、民众教育馆，自十一月一日出版、成立，前已令遵在案，三日刊所有经费一项，即以月刊经费，每月一百元，由财委会按月迳拨以省手续，民众教育馆由财委会照案按月迳拨以便支付，除分令外，合亟令仰该主任即便遵照，并按月造具预计算，呈报来府，以凭查核为要！此令。

11 月 3 日，县政府便条敦请谢公布先生担任《渠县三日刊》记者，按月发放十元。原定的月刊经费每月一百元，但实际现在改为三日刊，每月经费严重不足。到了 1936 年 1 月 3 日，编辑主任熊子衡在《渠县三日刊》编辑室向县政府第三科写报告，转请县政府每月增加经费五十元。

> 查县政月刊预定每月出版一次，单独公布县政，其经费经财委会核定，每月百元。尚未开刊，又经县政会议议决，改为渠县三日刊，每三日出版一次，除公布政令外，并登载国内外要闻，及撰述训练民众之言论，所发篇页六百份，亦较月刊预定数为多，印刷、纸张、邮费，俱较月刊增加，而编撰、校对、分发，又非一人之力所能兼办。如仍照月刊预定经费每月百元，则不敷甚巨，进行多感困难。查月刊七、八、九、十，四个月未办，尚余存洋四百元，拟请科长转呈县长，令知财委会自三日刊十一月一日开刊起，每月除原支经费一百元外，另将县政月刊七、八、九、十共四个月余存款资再按月拨支洋五十元，以资弥补，似此三日刊经费每月共支一百五十元，可以减少困难，而与地方财政预算并无妨碍。附月支预算书二份。

第三科科长当日收到报告后，报批：

> 查所称经费每月百元，确系不敷，所请增加每月共支一百五十元，实究此难于办理，理拟请转令财委会照拨，请核示。

县长当日批示：

> 据呈办理困难，尚属实情。查阅预算，不属复实，准予令财委会每月加拨洋三十五元，并于预算费内寄及杂费共减洋十五元预算书分别存发。

1936年1月4日，县政府向财委会发出《令财委会遵照加拨三日刊经费预算书按月各数拨支一案》训令：

第三科签呈，据三日刊编辑熊子衡报称：查县政月刊云云，此报等情，附月支预算书二份，据此，除以据呈办理困难云云，预算书分别存发等语指令外，合行检同原预算一份，令仰该会即便遵照，按月各数拨支为要。此令。附预算书一份：刊支出经费一百五十元，薪资每月六十五元，职员六十元，编辑主任四十元，编辑二十元，杂役五元，印刷费六十五元，邮寄费十元，杂支十元，笔墨纸张五元，灯油杂费五元，每月共支一百五十元。

经费问题刚解决，却因文稿用语失误被国民党县党指导会委员指责要求处分，纠纷以至闹到省政府，让刚新上任的县长黎师韩感觉左右为难。

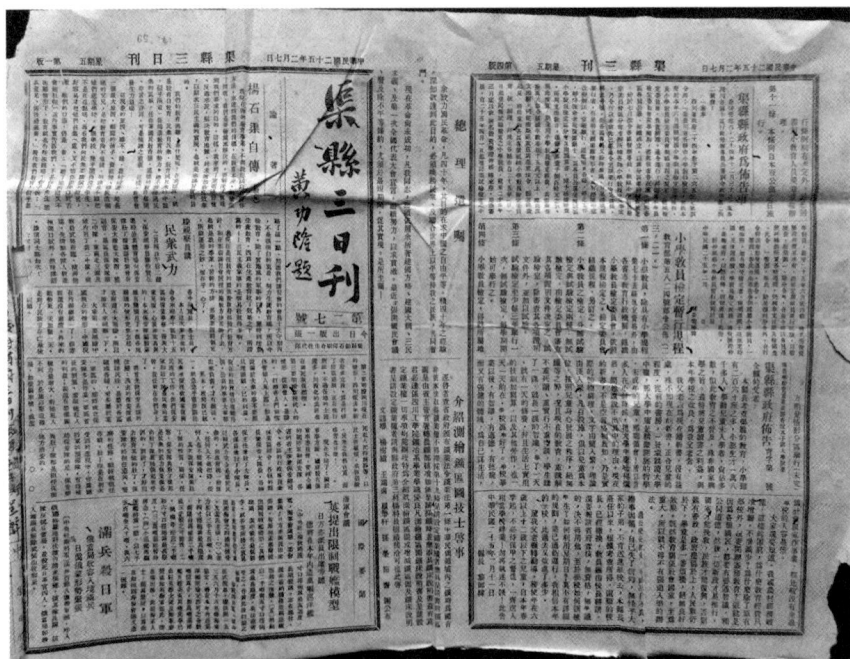

1936年2月7日的《渠县三日刊》

2月11日，国民党渠县指导委员会的几名委员向渠县县政府公函称：

……兹查渠县三日刊第二十七号所载"满兵杀日军"新闻一则，公然将"满""日"两字相提并称，似已承认该伪政府之独立，敝会对于言论界负有纠正责任，诚恐该报发出，日人据此记载，藉为要挟中央地步，其贻害将至不可收拾。除函请邮局将该三日刊依法查扣，以免流传外，相应函达贵府请烦查照，严饬该三日刊停刊三期，以后记载并应详加审慎，以免谬误，实纽党谊。委员杨秀思、杜味涩、唐修，省特派处服务员杨体中、孙荣。

黎县长2月12日批示："《渠县指委会公函为三日刊记载失检请严饬停刊三期以后记载应详加审慎以免谬误一案》由第三科查照。"

2月13日，编辑主任熊子衡在三日刊编辑室向县政府写报告陈述事情经过，称：

> 窃三日刊于去年十一月一日奉令出刊，迄今三月有余，无异。殊本日晨间，据印刷所工人报称，稿件被渠县党指委会估逼搜去；查其来由，闻指委会认为三日刊第二十七号所载"满兵杀日军"新闻一则，公然将"满""日"两字相提并称，似已承认该伪政府之独立，除函请邮局将三日刊查扣外，昨已函请钧府严饬三日刊停刊三期，正考核在案。"满兵杀日军"消息一则，成渝各报，俱有登载，重庆新蜀日报登载此项消息，大标题"苏满边境形势紧张"，小标题"满军一连反日避入苏俄境"。成都复兴日报登载此项消息，大标题"满兵杀日军"，小标题"日伪俄蒙间形势紧张"。三日刊转载此项消息，大小标题同于复兴日报，职以为满系指地域而言，在伪组织未成立以前，我国东三省之总名称即名满洲，至今云满，系就旧有名称而言，并非承认该伪政府之独立。职查成渝各报，常有将"满""日""俄""蒙"四字连缀成句者，即如与三日刊二十七号同日发出之成都快报载"日本对满投资"，新蜀日报载"日对苏满争案"等，举不胜举，俱未如指委会所谓记载该伪政府事实，必标其名曰"伪政府"或"伪国"。然亦未致淆乱国人之视听，贻国际上以口实。指委会之持论，似有未当，且昨日既已致函钧府严饬停刊，应候钧府主裁，该指委会何得于复函以前，实施强迫手段，横加阻止。保障言论，律有专章，指委会之行动，实属有干法纪，三日刊今已被指委会强迫停止，除函致成渝两地新闻界主张正义外，理合具文呈报钧府鉴核示遵，谨呈县长黎。

2月15日，《渠县三日刊》编辑主任熊子衡再向黎县长呈请撤销停刊三期处分，称：

本刊第二七号登载"满兵杀日军"新闻一则，小标题"日伪俄蒙形势紧张"，盖以我国东三省原名满洲，其人曰满族，言满指其地名或民族而言，与言蒙言藏相同；言满兵系以地名族名作该兵之形容词，犹言蒙人藏人。且"满兵杀日军"系该兵个人行为，非伪政府对日本之行为也。若以伪字为形容该兵之词，题曰伪兵杀日军，则足以表示其杀日军者，系奉伪政府之命令，与事实不符。故杀日军之兵，以满字形容较为妥洽。小标题中之伪字，乃系指伪国而言。查国内各报纸，多有以日满苏俄等字连织而成语句者，如十月卅一日，成都复兴日报载该项新闻，标题与本刊同。重庆新蜀日报载该项新闻，标题"苏满边境形势紧张"，"满军一连反日避入苏俄境"。又二月七日即本刊登载该项新闻之日，成都快报登载"日本对满投资"，新蜀日报登载"日对苏满争案"，诸如此类，举不胜举。以上各报发行，经过新闻检查所检查，未见其有指为失检者。本刊系照复兴日报转载。指委会所指"公然以满日两字相提并称，似已承认该伪政府之独立"等语，未免误会。所拟处分，不应接受。拟恳函复指委会撤销其处分，以资保障言论。是否有当，指令祗遵！谨呈严科长转呈黎县长。附缴还原件一份。

三科科长又向县长请示"此件如何解决，请核示"。黎县长2月15日批示"转函指委会说明仍照常出刊"。2月16日又批示："候据情转指委会，望撤销处分可否。"

事情越演越烈，杨秀思2月11日私拆熊子衡信件，熊子衡于2月17日向法院起诉了杨秀思触犯刑法。起诉书称：

起诉人熊子衡，四十岁，男，籍贯渠县，职业新闻界，住三汇镇。保人萧晹若。为被告人杨秀思无故开拆他人缄封信函，请依法判处事：情本年二月十日，即阴历正月十八日，三汇友人致子衡缄封信函一件，由三汇邮政局传到渠县邮局，时在二月十一日，被秀思以中国国民党四川渠县党务指导委员会名义并假称会同县政府检查邮电，在渠县邮局将此缄封信函开拆重封，封皮上印有"戒严区域检查记重封"九字，并加盖该会红图记一颗，原件粘呈，业经特向渠县邮局清问，据称确系渠县党指委会人员开拆，伊云"系会同县府检查"等语。查中央通过之部电检查办法，其第一条载"县市于军事时期，遇有检查邮电之必要时，其检查事宜，由县市党部与县市政府会同办理"。再查中央宣传委员会解释该项条文，"查中央第八十九次常会通遇之各县市邮电检查办法，系指军事时期而言，平时自无须检查邮电业"，业于去年转行县市党政机关遵照释理。本年二月十一日，渠县并未宣布戒严，非军事时期，该会冒称会同县府，单独开拆子衡私人信函，此属明知故犯，其事该会委员杨秀思应负全责，触犯刑法"第三百三十三条无故开拆或隐匿他人之封缄信函或其封缄文书者，处三百元以下罚金"之所为。党员犯罪加重处刑暂行法"第一条，党员犯刑法或其他法律所定之罪者，加重本刑三分之一"。杨秀思身为党务指导委员会委员，触犯刑法第三百三十三条，应依法加重本刑。特依法起诉，恳予赏准施行。谨呈。附呈三汇致熊子衡信函一件（内一页系许仲鸥请托清查校长委状，外缄封有指委会重封封皮并盖有该会红图记一颗）。

县长为难了，隔了两天才于 2 月 19 日批示："仰候据情函请指委会查复核夺。"

2 月 17 日，县政府向县指委会去函，请即撤销处分三日刊不应以"满""日"相提并称：

贵会公函信开，"相应函达，请烦查照。严饬该三日刊停刊三期，以后记载并应详加审慎，以免谬误，实纽党谊，此致"等由，准此。敝府当即发交三日刊主任熊子衡呈复，去讫，兹据该主任呈称，"本刊第二七号登载'满兵杀日军'新闻一则，云云，谨呈等情，附缴还原件一份"，据此，相应转函贵会请即撤销处分可否，仍盼赐复。

眼见指委会未回复，2 月 20 日，县政府再向县指委会公函，为三日刊前已声明着仍照常进行希即查照。据三日刊编辑主任熊子衡报告称：

窃三日刊于去年十一月一日云云，谨呈等情，据此。查此类前据该主任声明前来，业已转函贵会请即撤销处分并着该三日刊仍照常出刊在卷，兹据前情，除批示外，相应再函贵会希即查照为荷。

2 月 23 日，县政府又向县指委会发去《函县指委会查获三汇镇熊子衡具控杨秀思无故开拆他人缄封信函请依法判处一案》公函：

案据三汇镇熊子衡称："为被告人杨秀思无故开拆他人缄封信函，请依法判处事，云云，谨呈"等情，附呈三汇镇致熊子衡信函一件（内一页系许仲鸥请托清查校长委状，外缄封有指委会重封封皮并盖有该会红图记一颗）。据此，除以"仰候据情函请指委会查复核夺"等语批示外，相应函转贵会希即查明赐复为荷。

这边依据不处分，那边却静悄悄。2 月 26 日，终于等来了指委会委员杨秀思、杜昧涩、唐修，省特派处服务员杨体中、孙荣以中国国民党四川渠县党务指导委员会向渠县政府发出宣字第 458 号公函，仍反驳、仍坚持，不依不饶：

案准。贵府先后公函请撤销渠县三日刊停刊处分，并查明具复案，查该刊呈称主要理由，据前呈谓："盖以我国东三省原名满洲，其人曰满族，言满指其地名或民族而言，与言蒙言藏相同，言满兵系以地名族名作该兵之形容词，犹言蒙人藏人"等语，又据后呈谓："职以为满系指地域而言，在伪组织未成立以前，我国东三省之总名称即名满洲，至今云满系就旧有名称而言，并非承认该伪政府之独立"等语，查满洲虽为东三省旧有之总名称，其人虽曰满族，但以地名而言，在伪组织未成立以前，东三省之省名初曰奉天、吉林、黑龙江，继曰辽宁、吉林、黑龙江，满洲固非我国国定省名，与隶籍西藏者而称藏人、隶籍蒙古者而称蒙人，迥乎不同。况溥仪因日本势力，建立伪政府，定名"满洲国"，其鱼目尤易混珠，在此中央否认签字之际，关系国际交涉，惟名与器不易假人，所谓主词之满字，尤不应形诸楮墨，即以族名而言，日本为太和民族，兹既不称太和民族，而曰日军，何能以满兵两字相提并书，且历来之书兵书军者，除种族革命外，类皆冠以主词之国名或地名，并未闻有冠以族名者，兹该刊对于此事标题，不留意于满洲之非我国国定省名，昔之满洲，与今之满洲国，名义容易混淆，满人族名，尤不宜与日本国名相提并举，而悍然即请撤销处分，殊有未协。查前奉中央执行委员会决议取缔不良小报暂行办法第二条载："全国党政机关对于业经登记之小报，如发现有言论荒谬，叙述秽亵，记载失当，及无确定之基金，或经常费足以维持其事业之进行者，应一面依法定手续注销其登记，一面向法院检举依法严予处分，并通知当地警政机关停止其发行发售"等语该刊对于此事，既有上述不合，自属记载失当，敝会以渠地在远东，报纸无多，前请饬其停刊三期，不过略示薄惩，以敬将来，兹既不服处分，除呈请省特派处静候核示应否注销其登记外，相应函复贵府请烦查照，并令该刊知照！

看到指委会的公函内容，熊子衡更不服气，据理力争，并向上告。3月1日，再次向县政府黎县长呈诉缘由及经过情形并请转省政府、省党务特派处，还附上三份三日刊，一份复兴日报，一份新蜀日报。其称：

本府三日刊，系县政月刊改组，以公布政令，传达消息，训练民众为宗旨。每三日出刊一次，每次出刊六百份，分送省府各厅处、成渝万各报馆、各旅外学会、邻封县政府，及本县机关、法团、学校，列入二十四年度施政计划，呈报有案。其经费即县政月刊经费，由财委会拨付，每月一百三十元。自去年十一月一日开刊，今已出刊三十余期矣。缘二月七日，三日刊转载复兴日报所载"满兵杀日军"新闻一则，被渠县党指委会委员杨秀思、杜味涩等认为：满日两字相提并称，似已承认该伪政府之独立，除函请邮局将三日刊查扣外，并函请钧座严饬停刊三期。钧座按函，查三日刊转载新闻，并无过失。面谕子衡照常进行，并拟检同复兴日报函复指委会查照。殊次晨指委会派人到印刷社向捡字工人将三日刊新发稿件夺去，吐称"应行停刊三期"等语。其后舆论宣腾，金谓满日两字各报皆有，如复兴日报可查，又如新蜀报登载该项新闻，标题"满军一连反日避入苏俄境"满字未加括号，经过新闻检查所检查，并未禁止发行。三日刊依报转载，有何过失？且既已函请县府令饬停刊，县府犹未复函，该杨秀思等遂向捡字工人夺稿。保障新闻，律有专条，此种行为，大干法纪。该杨秀思等经人开导，自觉非是，一面将稿件送还，一面嘱杨卓荣等转达子衡照常出刊，并请不将此事之经过披露。子衡听卓荣等劝息，惟指委会公函，尚应致复。及钧座据情函复，请撤销其处分，本属正当办法。而指委会复函乃谓兹既不服处分，呈请省特派处注销其登记等语。窃秀思等既已自觉非是于前，忽又呈请注销于后，是否因子衡最近具控该杨秀思无故开折他人缄封信函，已沐钧座批示"函请指委会查复再夺"在案？其呈请注销，有无挟嫌朦诬情事，不得而知。特将经过情形叙明，并检刊三份，呈恳钧座鉴核并恳呈省政府、省党务特派处鉴核示遵！谨呈。计附三日刊三份，复兴日报一幅，新蜀报一幅。

3月2日，黎县长批示："应据情转呈省府并函知省特派处查核。"

同日，县政府向三日刊发出《转令三日刊为县党部请注销三日刊登记已呈省党部知照一案》训令：

> 令三日刊主任熊子衡，案准中国国民党四川渠县党务指导委员会公函宣字第458号开："案准。贵府先后公函请撤销渠县三日刊停刊处分，云云，此致"等由，据此。合亟令仰该主任即便知照。

这边，渠县党务指导委员会也没闲着，3月2日向渠县县政府发出宣字第四六三号公函回复邮件检查一事：

> 案准。贵府公函查复三汇镇熊子衡具呈检查邮件一案，除原文末全录外后开："相应函转贵会，希即查明见覆为荷，此致"等由，准此。查该呈所引各县市邮电检查办法第一条自无不符，但同办法第二条载："县市之邮件或电报需要检查与否，由省党部决定，或由县市党部呈请省党部核准，函省政府令饬县市政府会同县市党部遵办"等语，又第四条载"县市发现反动邮件或电报，除紧急处分之外，须分别呈送省党部、省政府核办"等语，查四川近属剿匪区，军事尚未结束，反动邮电时经发现。省特派处决定各县市邮电有检查之必要，特以秘字第三六八号训令饬令各县市党部派员检查往来函件，并令函请县府转饬邮局遵照，敝会当即录令转达，旋准任前县长学字第一二三六号公函准函邮局遵照在案。此后，敝会并未奉到停止检查训令，本年一月又有大批反动派国家主义之破获，均呈报省特派处鉴核，所以对于往来邮件仍事检查，曾列入上年度工作概要具报，民报一零一期可查，既属奉令检查，自非无故开拆，既经贵府转函邮局遵照，自非假藉县府名义，该呈所称各节不免误会，兹准前由，相应函复贵府，请烦查照，并令该子衡知照！委员杨秀思、杜味涩、唐修，省特派处服务员杨体中、孙荣。

3月3日，渠县县政府向省政府报告《为据转省府三日刊编辑熊子衡呈辩诉该刊转载"满兵杀日军"新闻一则并无过失由》：

> 据三日刊编辑主任熊子衡呈称：本府三日刊，系县政月刊改组云
> 云，并恳转呈鉴核示遵谨呈等情，计附三日刊三份，据此。查三日刊与
> 指委会纠纷，委因该刊特载"满兵杀日军"新闻一则，指委会认为失检，
> 公文往返，已经数次，然证以成渝各报，类于此项登载者，颇为不少，
> 该三日刊似无任何过失，已饬照常出刊，免兹纠纷。兹据前情，除据情
> 特函省党务特派处，鉴衡酌夺外，理合特请钧府，俯予鉴核，指令祗遵。
> 附呈三日刊一份。

3月3日，渠县县政府也向四川省党务特派处公函《据三日刊编辑主任
熊子衡呈辩诉该刊转载"满兵杀日军"新闻一则并无过失函转省特派处由》。
称："渠县县政府公函第4484号，案据三日刊编辑主任熊子衡呈"中讲道：

> 本府三日刊，系县政月刊改组云云，并恳转呈鉴核示遵，谨呈等
> 情，计附三日刊三份，据此。查三日刊与指委会纠纷，委因该刊特载"满
> 兵杀日军"新闻一则，指委会认为失检，公文往返，已经数次，然证以
> 成渝各报，类于此项登载者，颇为不少，该三日刊似无任何过失，已饬
> 照常出刊，免兹纠纷。兹据前情，除据情转呈省府核示外，相应转函贵
> 处，即希鉴衡酌夺，赐复为荷。计附三日刊一份，复兴报一幅，新蜀报
> 一幅。

黎县长成了二传手，哪边来文就向哪边走。3月5日，县政府向三日刊
发出第4486号《转令三日刊主任熊子衡呈复县党务指导委员会检查函件称系
省特派处命令曾由任前县长转函邮局遵照一案》训令：

> 令三日刊主任熊子衡，案准，中国国民党四川渠县党务指导委员会
> 公函宣字第四六三号开：案准贵府公函查复三汇镇熊子衡具呈检查邮件
> 一案，云云，此致等语，准此，合亟令仰该主任即便知照，呈复为要。
> 此令。

不堪重负的熊子衡于3月6日因办刊经费不敷向县政府提出辞职。称：

> 去年十月奉钧府委令，令子衡任渠县三日刊编辑一职，并订十一
> 月一日出刊，遵于十月二十五日呈报就职，按期出刊，又奉钧府训令内
> 开："县政月刊改为三日刊，所有经费一项，即以月刊经费每月一百元，

由财委会迳拨，以省手续"，并饬造具预算呈核。赓即以月刊改为三日刊，经费不敷甚巨等情，连同预算呈请钧府鉴核准在月刊七、八、九、十共四个月未办存余经费项下，每月增拨洋三十五元，共计每月支经费洋一百三十五元，并令知财委会遵照拨付，复经财委会核减洋五元，每月支经费洋一百三十元。自十一月份起，拟截至三月十号止，共计四个月另十天，照财委会核定范围，共享去经费洋五百六十三元三角三仙。兹悉省府颁布二十四年度地方财政收支预算，内列政刊费六百元，当系指县政月刊而言，内除三日刊已用经费五百六十三元三角三仙，所余无几。职以今后经费不敷，难于进行，恳予辞退。所有恳辞缘由，理合具文呈请钧府鉴核示遵！谨呈。

县政府收到熊子衡辞呈后，第三科3月7日建议：

三日刊经费不敷，可否改组为县政月刊，仍由该主任继续办理，请核示。

县长批示："提交署务会议解决可也。"

3月11日，熊子衡收到县政府训令，向县政府写了一件长呈文，对县党务指导委员会所谓查邮理由逐字逐句进行辩驳，针锋相对，理由十足：

案奉钧府训令，饬呈覆县党务指导委员会检查函件一案，遵即查明此案原告人以被告人杨秀思于本年二月十一日，无故开拆他人封缄信函提起刑事诉讼。业经函请指委会查复在案，兹查得指委会复函将省特派处原令变造，自认检查，其检查邮件，实与法令不符。卷查任前县长届内，民国二十三年九月，指委会录转省特派处秘字第三六八号训令内开："窃查赤匪窜川，两载于兹，其行为之凶残，尽人皆知。值此各路会剿之时，正本必先清源，关于该县往来函件，该会当派员检查"等语，指委会函称："查四川近属剿匪区，军事尚未结束，反动邮电，时经发现，省特派处决定各县市邮电有检查之必要，特以秘字第三六八号训令，饬令各县市党部派员检查往来函件"等语，原令发于民国二十三年，今则更以"近"字。原令指明"各路会剿之时"，今则更以"军事尚未结束"。并加入"反动邮电，时经发现"二句。原令"关于该县往来函件"，今则易以"各县市邮电"。原令"该会当派员检查"，今则易以

"各县市党部派员检查"。此"各"字极关重要，盖无此"各"字，则照中央法令检查邮电，只限于省党部决定需要检查之县市，由省党部函省政府令饬县市政府会同县市党部遵办者；或省政府认为某县市有检查邮电之必要时，函省党部令饬该县市党部会同县市政府遵办者。其他各县市，平时自无须检查。查中央通过之县市邮电检查办法，第一二条曰"县市"，第三条曰"某县市"者，盖谓此也。今指委会易"该县"为"各县市"，易"该会"为"各县市党部"，意图以川西残匪，尚未肃清；川西军事，尚未结束，而将今日川东之渠县牵混入于戒严区域，以掩饰其无故开拆他人封缄信函之罪恶，此与省特派处原令不符，亦与中央通过县市部电检查办法不符。复函又称："此后敝会并未奉到停止检查训令，二十三年发现共党函件，本年一月又有大批反动派国家主义之破获，均呈报省特派处鉴核，所以对于往来邮件仍事检查"等语。当民国二十三年九月，省特派处发秘字第三六八号训令之时，正赤匪再陷营蓬巴达，"各路会剿之时"，渠县与营蓬巴达接壤，当时实有检查邮电之必要，省特派处原令，业已指明检查原因及其时期，原因消灭，当即自行停止。不必奉到停止检查训令而后停止也。去春营蓬巴达，次第克复，川北剿匪军事，早告结束，渠县邮电检查原因，既已消灭，指委会久已自行停止检查，至今查复被告人杨秀思无故开拆他人封缄信函一案，乃曰："敝会未奉到停止检查训令"，实则原令先已指定有时，不得永久援用。二十三年无论矣。本年一月，指委会在小学教师寒假讲习会破获国家主义派，如果因此即认定渠县邮件须要检查，则宜照复函所引县市邮电检查办法第二条之规定，"呈请省党部核准，函省政府令饬县市政府会同该市党部遵办"，指委会不遵此项办法，擅行单独检查，实属违背法令。此案原告人初先认为杨秀思无故开拆他人封缄信函，至今指委会全体委员自认检查，检查既不合法，开拆仍属无故，并变造原令，意图文罪，似应呈请省政府转咨省特派处一并处理。理合呈复。钧府鉴核，谨呈。

渠县三日刊编辑主任熊子衡

3月25日，四川省政府指令编字第一一二号，准予三日刊照常出刊，重要新闻要审慎处理：

令渠县县长黎师韩：呈一件，为据转三日刊编辑熊子衡辩诉与县指委会纠纷经过请核示由，呈暨附件均悉，查该县县政三日刊，因刊载新闻，与县指委会发生纠纷一节，既经该县长函达省党务特派处查酌办理，并饬三日刊照常出刊，衡情处理，尚无不合，除指令外，合行令仰该县长转饬该县县政三日刊，以后关于重要新闻应审慎将事，是为至要。此令。附件存查。

3月30日，县政府收到省政府指令，黎县长4月3日才批示"转令知照。"

三

此时，有人建议三日刊更名为报，以适应当时社会环境，叫《新渠报》。

1936年4月6日，《新渠报》编辑按要求拟就声请登记文稿送县政府审定：

查出版法第七条之规定，发行新闻纸，应由发行人声请该管省政府转请内政部登记，新渠报系由政刊改组，其发行人仍为县政府，兹特拟就声请登记稿件，送请核示。

当日，渠县县政府就向四川省政府声请登记。

新渠报编辑室案呈渠县政刊，业经县政会议议决，改组为新渠报，除宣达本县政情外，并登载国内外重要新闻，以广宣传，定期每周出版一次，其经费仍由地方公款开支。拟依照出版法声请登记，并缮具登记表恳请予由府核办前来，理合检同原表二份，备文呈请钧府鉴核转请登记。

声请登记表记载：

名称，本报除宣达本县政情外，并登载国内外重要新闻，定名为新渠报。社务组织，由县政府委编辑一人，在府内设立编辑室，办理本报一切事务。经济状况，本报系由政刊改组，其经费仍由地方公款月拨洋八十元，不另收报费；开支编辑月薪三十五元，工役六元，印刷费、寄费、杂支共三十九元。刊期，每逢星期二出版一中张，共印六百份。发行所，渠县县政府收发室。印刷所，渠县印刷合作社。发行人，渠县县政府。编辑人，渠县县政府新渠报编辑室。

4月8日，县政府向三日刊下发637号指令《转令三日刊编辑主任熊子衡辩诉与县指委会发生纠纷一案奉省府指令以后关于重要新闻应审慎将事仰即知照由》：

令荷任三日刊编辑主任熊子衡，案查本府转呈该主任辩诉与县指委会纠纷经过，请予核示一案，奉四川省政府指令编字第一一二号开："呈暨附件均悉。云云。此令。附件存查"等因，奉此。合亟令仰该主任即便送照。

收到渠县县政府声请登记《新渠报》报告后，四川省政府4月22日以编字第一三〇号下达指令：

令渠县县长黎师韩，呈一件为发行新渠报声请登记由，呈件均悉，查新渠报既由该政府发行，应依出版法第六条之规定，毋庸声请登记，惟应按期以刊物二份，呈送中央党部宣传部及内政部以备查玆可也。此令，附件存。

渠县县政府得到省政府指令后，黎县长4月29日批示："转令知照。"

于是渠县县政府在4月30日发出对新渠报的教字第762号《转令新渠报勿庸声请登记一案》训令：

令新渠报编辑主任熊子衡，案查本府发行新渠报声请登记一案，奉四川省政府指令编字第一三〇号："呈件均悉，云云，此令"等因，奉此，合亟令仰该主任即便知照。

改报信心十足。

刊改报纸，经费保障要省政府批，于是7月5日，渠县县政府向省政府报告新渠报经费预算。

本府二十四年度县政月刊经费，呈奉钧府核定预算，全年开支六百元在案。兹据将月刊改组，定名为新渠报，每三日出版一次，每次出刊七百张，除宣达本县政情外，并登载国内外重要新闻，以及关于训练各级民众之言论，此种设施为适应环境之需要，业经县政会议通过，其经费全年开支需一千八百元，除造具预算交财委会审核并列入二十五年度县地方经费支出预算外，理合检预算一份专案呈请钧府鉴核示遵。

8月29日，省政府下达财字第12615号指令：

令渠县县政府，廿五年七月呈一件为政刊改组造具预算，呈请核示由，呈暨附件均悉。查该县地方财政拮据，开支应力从紧缩，所请将原有月刊改组为三日刊一节，应毋庸议，预算书发还。此令。发还预算书一份。

主席刘湘

这样铺张浪费，省政府没同意。

民国时修建沈公阙亭、冯公碑亭始末

1935年12月24日，四川省第十区行政督察专员公署转发四川省政府1935年12月11日民字第164号"设立古物保管委员会"训令：

> 民政厅呈行政院代理院长、军事委员会委员长电令，因各省市古物史迹近年迭被摧毁，在国家文化民政精神上损失匪浅，为统筹保管，设立了中央古物保管委员会，应当将该会成立宗旨及其工作纲要十端，饬令协助进行在案，1935年度，中央核定概算归并内政部，由行政院指令内政部常务次长许修直为主席委员，并由内政部延聘叶恭绰、腾固、李济、蒋复、朱希祖、马衡、董作宾、舒楚石、徐炳昶、黄文弼、袁同礼、卢锡荣、张锐等为委员，指定腾固、李济、叶恭绰、蒋复为常务委员，继续启用郑方，在内政部开始办公，仍依法聘请古物专家充任各委员，所有职习亦并无变化。对于中央公布之古物保存法及其施行细则，则仍须切实奉行，毋稍疏懈，发扬民族复兴文化。

12月25日，渠县政府接令第二天，立即在第一科专门设立"专署训令转古物保管委员会卷宗"，对渠县古迹进行专卷管理。

1936年2月17日，四川省第七区行政督察专员公署对渠县县政府发出第63号训令，奉省政府1936年教字第514号训令继续转发四川省政府1935年12月11日民字第164号"加强文物保护"训令。

1936年2月17日，四川省第十区行政督察专员公署向渠县政府发出第64号训令：奉四川省政府廿五年二月一日民字第二五九四号训令开：

民政厅察呈廿五年一月十八日案准：内政部礼廿一至廿四年十二月廿三日发零一八零五号咨开："查有关于历史文化之碑版造像画壁等古迹、古物，各地必多留存，拟请贵省政府转饬所属各县市政府，对于此项古迹古物应认真保护，不得任意毁坏，又该项古迹古物凡可拓印者，无论是否完全，并须一律拓印二份转送列部以凭考查，除分行外相应咨请查照办理，见复为荷。此咨等由准此除咨复并分令外，合行令仰该署，即便遵照转饬所属各县，凡将境内古物古迹加意保护并拓印二份呈报来府，以凭口转为要，此令"等因：奉此，除分令外，合行令仰该府即便遵照，对于该县境内古物古迹，照应加意切实保护，并赶速拓印二份，贵呈来署，以凭此转为要！

2月20日，县政府下令第十区行政专署第63号训令遵照执行：

立即安排呈报文物拓片事宜，一是饬北关将冯公碑、八蒙山碑拓印呈府转送。二是呈复连同拓碑送寄。

同日，渠县政府下令，对十区专署"中央古物保管委员会附属内政部切实奉行古物保存法及实施细则"转令全县各区遵照执行。

2月21日，渠县县政府令北关联保主任廖季生迅将该镇原有《冯公碑》《八蒙山碑》各拓印二份，呈送来府，以凭转送要。

3月初，渠县北关镇联保办主任廖季生遵照将《冯公碑》《八蒙碑》各拓印二张呈送。并附呈送《冯公碑》《八蒙碑》各二纸。7日，渠县政府对北关镇呈送的《冯公碑》《八蒙碑》各拓印二纸，批转"转呈专署"。11日，渠县政府向四川省第十区行政督察专员呈文，说"查本县地处偏僻，并无其他古物古迹，就境内有《冯公碑》《八蒙碑》各拓印贰份，是否有当，现合文贲呈"。时任县长黎师韩，欺上瞒下，说境内偏僻，无其他古物古迹，只将境内《冯公碑》《八蒙碑》二碑文拓印贰份，还说是否不当。19日，第十区行政督察专员公署回复渠县县长黎师韩，已于3月16日收到《冯公碑》《八蒙碑》拓片。

6月8日，四川省第十区行政督察专员公署向渠县县政府发出第60号训令：

奉行政院廿五年四月九日发二一四三号训令，《古物奖励规则》经行政院制定公布，应即施行，抄发该项规则，转饬所属一体遵照。《古物奖励规则》共十条，凡报告国有古物之发现者、捐赠私有古物归公者、寄存私有古物于中央或省市政府直辖学术机关研究及长期陈列者，对于历史艺术或科学有特殊价值者，可申请奖励。奖励分奖金奖状二类，奖金以一万元为最高额，奖状分特种、甲种、乙种三种等等，式样由内政部定。奖励由中央古物保管委员会全体会议审查合格，拟定奖金之额数或奖状之等次，呈请内政部颁给。同时申请人应开具申请书，呈请内政部或呈由当地主管行政官署，呈请各该地省市政府，咨请由内政部交由中央古物保管委员核办。申请书应分别记载申请人姓名，年岁，籍贯，住址，职业，（申请人若为机关应记其名称及事务籍地）古物名称，种类，数目，现状，尺度，及其在历史艺术或科学上之关系，申请年月日，连同古物之照片，或拓印一并送呈。规则自公布之日执行。

6月12日，四川省第十区行政督察专员公署密令第255号按四川省政府二十五年民字第一二八八零号密令，奉行政院二十五年五月二日第零二七二八号，根据内政部二十五年四月二十四日第四一零号案转中央古物保管委员会二十五年四月十七日呈：

拟具非常时期保管古物办法草案，请予审查转呈以密令颁行。《非常时期保管古物办法》共六条，一是中央或地方保管古物机关（包括博物院、古物保存、图书馆及其他保有古物之社会文化宗教等团体），于非常时期依事办法处理所保管之古物。二是各保管古物机关，须就其情形设置安全仓库或联合设置安全仓库。三是各保管古物机关应编定一部分最贵重之物品，随时为入库或其他移动之准备。四是各保管古物机关，须有中央紧急命令时，应将其已编定最贵重之物品，先行入库，或作其他移动时其模型或陈列。五是私有古物之有历史科学或艺术之重要价值者，古物所有人须经由中央古物保管委员会专存于安全仓库。六是本办法适用期间，由中央古物保管委员会决定呈由行政院的密令行之。

6月16日，渠县政府第一科在接到"十区专署密令要慎保留古物由"时，发出1007号训令：

令第一、二、三、四区区长毕平、郑中西、陈志新、周旦各抄发规则一份，各区执行。

6月20日，县政府转各区署按照专署转发非常时期古物保管办法，切实遵照执行并填好回呈。

1937年7月19日，四川省政府发出训令，奉行政院第七一三一九六号训令，根据内政部（民国）二十五年十二月二十一日礼廿三第一四三二号呈，为土地法第八条所列名胜古迹是否仅指向无所有权地而言，经法院廿六年五月廿二日院字第一六七八号决定，土地法第八条所载，不得为私有之名胜古迹，系指原属于国有或公有者而言，若原属于私人所有，在所有权未经依法消减外，应认为其私有，相应咨请查照。并附抄河北省政府原呈及沙河县长原呈一件碑文一份。

案准河北省政府二十五年十二月四日秘二第一四五〇号咨开：案查前据沙河县长据转宋孟贤等，呈送唐相、宋璟墓上碑铭照片拓本，请予登记案，经分别咨函，请准贵部及教育部中央古物保管委员会准予备案，复请饬知转令在奏。按该县长本年十一月十八日呈，以宋孟贤等案转饬到之后，对于贵部原咨所开："惟土地法第八条规定，名胜古迹不得为私有，该民等原呈所请发给私有古迹证一节，应毋庸议"等语，发生产权怪议，陈述理由五款：主张宋墓及碑铭等古物，宜为宋民私有，并仍请发给古迹保管证，现在并无法文可资依授，自难准如所请，惟关于产权一节，土地法第八条，虽有名胜古迹不得私有之规定，但既无院属私有，此品应归国有之明文，推究法意，自系仅捐向无所有权人之一种而言。且依授古物保存法施行细则第五十条规定，经呈请登记之私有古物，原主仍保有私有权，而古迹一项，按照该细则第十五条之精神，应当包括在内，似宋孟贤等原呈，请仍发给保管证一节，现在查无法定明文，足资依授，疑难照准，至关于产权部分所生怪义，应挨咨部准复，自行饬至，仰即转饬照等语：指令饬知照外，相应抄同原呈件，咨请贵部查核校见复，以凭饬转，等由，附抄沙河县县长原呈一件，碑文一件，准此，查此案前准河北省政府咨嘱核办部，经饬按中央古物保管委员会核复，以宋文贞公璟为唐代贤相，其墓确有历史文化价值，自应保存。拟请准予备案等情，前来当以请备案之需，应予照准。惟土地法第八条规定，名胜古迹，不得为私有，该民等原呈所请发给私有古迹证一节，应毋庸议，经咨请河北省政府查照饬知，在卷，前准为由，经查土地法第八条所定之名胜古迹，是否仅指向所有权而言，既无明文规定，复查古物保有法及古物保存法施行细则，应无相当条文可资依据。转咨司法院解释，俾资遵循，谨呈行政院。内政部部长蒋作宾，政务次长陶履谦代折代行。

1937 年 8 月 3 日，四川省第十区行政督察专员公署接省政府 7 月 23 日关于保护古物古迹指令后，向渠县政府下发文物保护指令。1937 年 8 月 12 日，渠县政府下发关于古物古迹保管修理要求的指令，强调按上级指令落实。

1939 年 1 月 26 日，四川省第十区行政督察专员公署（专员卢世雍）令渠县县政府，奉四川省政府廿八年民字第〇〇六九三号训令"案准内政部谕礼字第〇〇〇二四二号咨"因据中央古物保管委员会呈请转咨保护川陕公路旁梓潼广元段之摩崖造像，望咨请转饬保护等由，查川省市县中有摩崖造像以及壁画题镌等古迹者甚多，自应一并保护，切实依据保存并转饬所一体遵照。附抄发原咨一件：

　　　附中央古物保管委员会二十七年十一月四日呈称："准本会李委员济马委员衡二十七年十一月一日合函内开，前因赴南郑经过川陕公路见有摩崖造像两处在公路之旁，残毁过半，一为梓潼业七田山梓潼庙（俗名大庙）南三里许之石壁雕造佛像，百余身躯，刻有南宋嘉定庚长年号，一为广元县城北十余里千佛崖有石窟多所或因修路毁损或因水患冲毁，惟上层石窟则以无路攀登幸获保全，遥望龛中碑刻有贞元干德等刻字竖像，初始于唐，历宋元明皆有续造。查以上两处造像已残毁者，固然无从修补，未残毁者，宜加以保护，应请贵会函请四川省政府令饬各地政府设法保护。勿令再有摧毁现存古迹，其它各县如有同样情形者，亦希一并饬属注意等由，查事关保存古迹似属要图，除函复外，合呈请鉴核转咨四川省政府查照办理。等情查所陈各节事管保护古迹相应咨请，查照饬遵，并希见复为荷。"此咨。

　　　　　　　　　　　　　　　　　　　　部长何链

1939 年 8 月 1 日，四川省政府转教育部七月四日字第一五三六八号令，中国营造学社梁思成、刘敦桢、杨延宾、刘致平、莫宗江、陈明达等人拟于本年八月起调查重庆市及四川省中部古建筑遗迹与民居桥梁状况，急转咨四川省政府与重庆市政府发给调查护照各一份及合行各经由县市长长官查照保护顺利进行。其中有渠县、大竹、营山、蓬安、南部、阆中等县。8月9日，1939年上任的渠县县长李旭（云南昆明人）接令后，立即向全县各区发出指令，为中国营造学社调查重庆市暨四川省中部古代建筑遗迹合仰予以便利。

1935年3月至1939年2月的四年间，渠县换了6任县长，任职最长的一年零五个月，任职最短的一个月，哪里顾得上文物保护？这不，营造学社要来调查汉阙，渠县这才重视起来，于是对沈府君阙建沈公亭、冯公碑建冯公亭予以保护。

1939年11月28日，渠县政府向财委会发出民财字第一二四八号命令，要求财委会拨款五十元助建沈公亭，指本县四区岩峰镇外十里，有汉时沈公碑两座，此种古迹，若长久听其风蚀雨刷，殊为可惜，除饬岩峰镇联保办公处建亭保护外，在县预费项下拨款五十元作补助建亭之需。

1939年11月28日，渠县县政府向岩峰镇发出指令，饬财委会拨款五十元作建亭需用并呈据外，要求该主任备具正副印领来府具领，尅日鸠工建亭，以蔽风雨资保护为要。并严饬当地保长、校长负责保护，以垂久远，合并执行。

1939年11月28日，渠县县政府向专员署呈报：

呈请转呈动支县地方预算内预备费五十元作建亭保护古迹。完工后具据转请核销外，现合备文呈请。

查本县第四区岩峰镇外十里，有汉时沈公碑两座，此种古迹，如长久听其风蚀雨刷，殊为可惜，拟在县地方预算内预备费项下，动支五十元，拨助该镇建亭保护，以重久远。

12月11日，四川省第十区行政督察专员公署收到渠县县政府呈请，发出指令，说所建报汉沈公碑碑亭，为保存古迹计，理由可行，应准，在该县地方第一预备费项下动支，只是未附具预算，碍难拨转，要求迅即造具预算费呈署，再凭核转。

12月14日，渠县县政府接到专员公署要求出具预算书的指令后，于12月14日呈报预算书。总计50元，其中材料费36元，含大树12根、小树3根，椽子44匹，土瓦1400匹，石灰150斤，竹子80斤，铁钉2斤；另工资

口食费 14 元，含木工 28 天 5 元 2 角，泥工 28 天 1 元 6 角，石工 6 天 1 元 2
角，口食 40 天 6 元。

12 月 29 日，县政府要土溪镇立即派人员将该镇石马坝的六朝石狮运至县中
陈列。

12 月 30 日，土溪镇联保主任王昭雍向县政府报告，石狮在码头不便搬
运陈列事项。王昭雍回复原因说：

自己赓即会同所在地第二〇保长赵春一亲往查验，该地原名石马
湾，仅有石象石马石狮各一个（石象身长约五尺宽约三尺，无头；石马
身长约七尺五寸，宽约一尺五寸，无嘴脚尾；石狮身长约五尺五寸，宽约一尺五寸，无头脚尾），并无石狮三个，如遵令运县陈列，道路崎岖，河水枯涸，过于笨重，难以搬运，如何之处，理合具报。

而梁思成等人考察汉阙时，汉亭保护工程还未动工，他们是 12 月 24 日到渠，12 月 30 日离开渠县的。

1940 年 1 月 4 日，渠县县政府接报"土溪镇联保主任王昭雍向县政府报告石狮在码头不便搬运陈列事项"后批复，要求仰备饬自卫队丁、联防值训班会员运

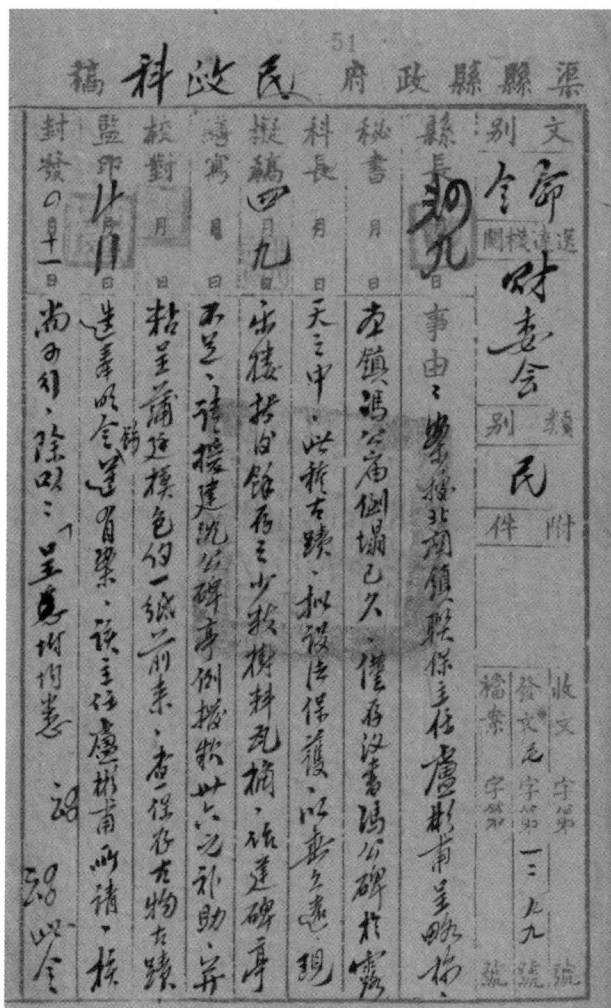

1940 年 4 月 11 日，渠县县政府指令财委会下拨 36 元补助
款修建冯公碑保护亭

往当地关爷梁庙内暂行保管，以免风雨侵蚀，至可否运县陈列，待派员查勘后再定夺。

1月6日，四川省第十区行政督察专员公署收到渠县县政府拨补呈修建沈公碑碑亭预算金予转呈后批复："查尚无不合，应予转呈，仰候复到再饬，此令一件存转。"原来，行政公署审核后，认为没有不妥之处，可以向省政府转呈，等回复后再执行。

1940年1月13日，县政府向第四区区署指示，抓紧用1939年11月拨付的五十元对沈公碑建亭保护，区长要亲自验收详报备案。

第四区署：案查该区岩峰镇外十里有汉沈公碑两座，本府曾于去年十一月拨款五十元。令饬该镇联保主任具领。建亭、保护、在案。合行令仰该区长亲往验收，详报备案。

县长李旭

2月28日，第四区区长王如蛟向县政府呈报"为拨转岩峰呈报建修汉沈公碑亭情形并定期正月十六日开工一案"，称据该镇联保呈称：伍拾元已领，用上款建两护碑亭仍嫌不足，曾由各保长乐捐壹元，各校长亦捐壹元，各公务员乐捐贰元，各绅耆自由乐捐，约可得洋壹佰元左右，同时业请专人卢大伦、燕炳忠监修，系用石基木架瓦盖，决定阴正月十六

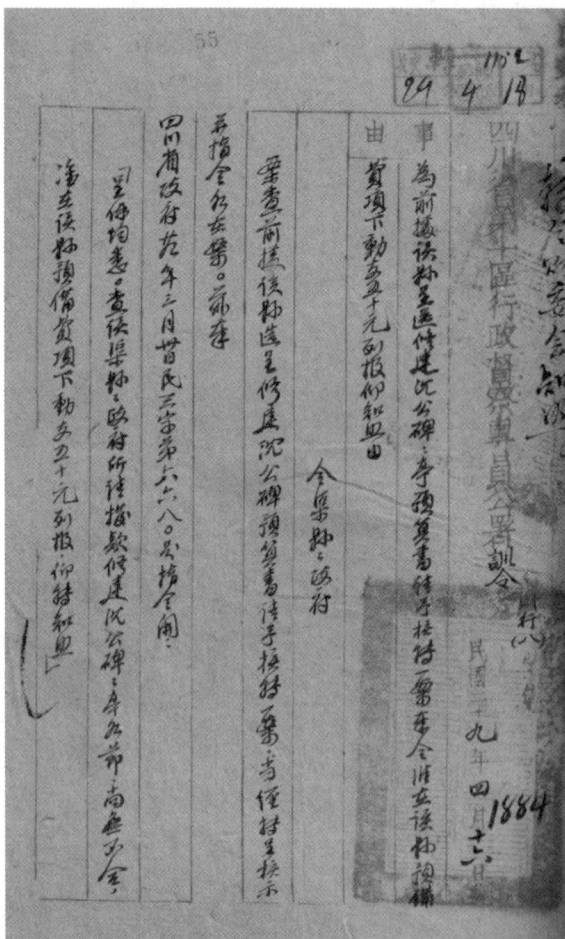

1940年4月16日专署下令拨付沈公碑保护亭款50元

日开工。

4月8日，渠县政府在北关镇联保主任卢彬甫修建冯公碑呈请拨款经费呈由上批示：

> 呈附均悉，准令财委会发给，仰即认真督修坚固，以重久远。

原呈报称：

> 北关镇冯公碑全庙倒塌，所立汉书冯公碑仅存露天之中，前奉钧座令饬保存该庙古碑；现查该庙所存乐楼经钧府会议，拆卸后尚存有少数瓦桷、树料，拟即将此项材料作建立碑亭之用，至木石工及钉子、石灰、纸筋等经众承包蒲廷模共洋叁拾元正，恳请授照建修沈公碑亭拨转资助以存古碑。

同时附上蒲廷模承建冯公碑亭合同：

> 书立认包建修冯公碑亭人蒲廷模，今包到渠县冯公庙古记碑建修亭一座，四面下水门首庄修欠，当凭众人议定，材料、钉子、石灰、纸筋、石工工资五项，共洋叁拾陆元正，排瓦力资在内。其于木料瓦各不与包案人相涉，空口无凭，特立包做文约乙纸为据。
>
> 存证人冯诲如、熊学礼、王正文、董代林
> 执笔人李福瑞

4月11日，渠县政府向十区专署呈报"为报请动支县预备费卅六元建冯公碑亭一案"：

> 案授本县北关镇联保主任卢彬甫呈略称本镇冯公庙倒塌已久，仅存汉书冯公碑于露天之中，此种古迹，拟设法保护，以重久远。现旧楼拆得余存之少数树料、瓦桷作建碑亭不足，请授建沈公碑亭例，拨款卅六元补助，并粘呈蒲廷模标包之约一纸前来，查此冯公碑，为汉时古迹，如经风雨侵蚀，似可惜，拟在县地方预算内预备费项下，动支卅六元，拨作建亭护碑之需，理合具文呈请。钧署鉴核令遵，再该亭系众匠标包。故未造具预算书，合并呈明。

4月16日，四川省第十区行政督察专员公署接到省府指令对渠县县政府发出训令（财行八第1884号），"为前拨该县呈送修建沈公碑碑亭预算书，请予核转一案，奉令准在该县预备费项下动支五十元列报仰知照内。"转发

四川省政府廿九年二月卅日民三字第六六八〇号指令："呈件均悉，查候渠县县政府所请拨款修建沈公碑碑亭各节，尚无不合，准在该县预备费项下动支五十元列报，仰转知照。"渠县县政府接令后，于4月18日签批立即转令财委会知照。4月19日，县政府向财务会发出命令："案查建修岩峰镇沈公碑亭，曾令饬该会，在预备费项下拨支伍拾元并造具预算报告，转核各在案。"

4月23日，专员公署同意动支预备费36元修建冯公碑亭的指令送达渠县县政府。"呈悉，所请由预备费动支三十六元修建冯公碑亭一节，核实可行，应予照准，除呈请省府备案外，仰即知照。此令。"4月25日，县政府指令："知照并转财委会知照。"4月26日，渠县县政府向财委会发出指令："案查前据北关镇联保主任卢彬甫呈报建修冯公碑亭，需款卅六元，本府准在县预备费内拨支，曾令饬该令遵照在案复呈。"

6月8日，四川省政府向渠县县政府训令：

> 查崇尚先贤，必须保护古迹，培植风景，原以发扬文化，四川古称天府，玉垒岷峨，秀甲天下，秦汉以远，名贤辈出，古墓名祠，所在多有，……为移风易俗，发扬文化及激发忠义昭示，……壮国际之观瞻，令仰该县长即便遵照于九到十日内，将所属境内古迹、名胜、山岳、庙宇、瀑布、泉流，凡有关风景文化者，一律表报来府，以凭派员勘察设计整理。

6月9日，四川省第十区行政督察专员公署发出财算第2872号令，同意拨款修建冯公碑亭款36元。"令渠县县长李旭，为前据该县呈报拟由预备费项下拨款三十六元修建冯公碑亭一案，奉令转饬遵照。"并转四川省政府备案在案指令："呈悉。查该渠县县政府呈请在县预备费项下动支三十六元修建冯公碑碑亭，既经该署令准动支，应准备查，惟仍应饬取据列报，仰转遵照。此令。"

6月12日，县政府按令批示"遵令取拨列报。"

6月14日，渠县政府按省政府6月8日指令填报古迹表册，报告"渠县未移运之古物文献"。计永宁二年建立冯公庙冯焕残碑，汉代张飞记功碑，唐代李白诗碑、黎状元墓、城北大悲阁洗砚池、岩峰镇拦水桥、岩峰镇燕家场沈府君阙、蒲家湾无铭阙、王家坪无铭阙、土溪镇汉代冯焕碑（阙）、赵家村东无铭阙、赵家村西无铭阙，土溪镇石马坝六朝石狮石马。来文批示："此次注意，若干碑阙不易迁运，如无法迁运，则办法与预算均应另批。"

6月20日，渠县政府向十区专署报告冯公碑亭建造未造预算书，抄呈包约一张及领条（收据）一张。

> 为遵令检呈修建冯公碑亭证据，恳予核转令遵由：案奉钧署财算字第二八七二号训令，转饬将修建冯公碑亭动支县预备费卅六元。取据列报等因，查前呈请动支此款时，因数字甚微，且系干包与蒲廷模承修，故未造报预算，奉令前因，理合抄呈，包约检阅领条，具文呈请，钧署鉴核转呈，指令祗遵。

6月30日，四川省第十区行政督察专员公署向渠县政府发出指令：省政府同意核拨修建冯公碑亭款项。

7月1日，渠县县政府向渠江镇、城北、土溪、岩峰乡发出命令：

> 查本县渠江城北、岩峰、土溪等处之汉碑、石兽等古物，曾经中央古物保管委员会专门委员会梁思成等鉴别核实，此等古物，至堪宝贵，本年五月卅日，省府胡、郭两所长莅县视察，查询及此，面谕详为规划、保管，以存久远，所需经费，准由省款补助半数。适本县举行廿九年春季行政会议，当提付讨论，经众议决，将是项古物移运本县郊外公园建屋陈列，所需经费，除省款补助半数外，余半数由县地方款第二预备费项下拨支，记录在案。除拟具保管办法、经费预算表，及古物调查表呈请核示外，合行令仰该长妥为保护，并准饬保甲一体保护为要。

这是县政府接到省政府建字第13376号令后，省上派出胡、李二位所长临渠视察提出保护意见后，对古迹所在地发出的命令，要加强保护，要运文物到县陈列室。经费省、县各半。

同时，渠县依据民国廿九年（1940）春季行政会议议决拟出了十一条古物保护办法，等省上核准施行。内容主要有：

> 所称古物系指县境内汉、唐、宋时碑阙；保管古物机关为县政府；在本县郊外公园内建屋一所，将岩峰、土溪两个乡镇散存之汉代碑阙、石兽等迁移此屋陈列，以便管理，并可供游人观览，所需建屋经费由省补助半数，余半数由县预算第二预备费项下拨支；古物所在处之乡镇及

保甲长，有管理并保护古物之责，若将古物损坏，除惩办首要外，当地乡镇及保甲长应受连带处分；有盗窃或吞没古物，经人密报或告发，证明属实者，依法加重究办；有拓印碑文者，无论公属私存，经管理人许可派人监视，概不得私自拓印；除现经调查明确之古物外，若嗣后有继续发现之古物，当地保甲人员呈报县府，以便设法保护；凡古墓古迹古桥等，由当地保甲要为保护，不得毁损，违者查究。

7月6日，渠县县政府向省政府报呈预算书，要求解决一半修建迁运陈列保护费，审定古物保护办法，上报调查表各一份。

查本县域岩峰、土溪等处之汉碑、石兽等古物，曾经中央古物保管委员会专委委员梁思成等鉴别属实，此等古物，至堪宝贵，业经令饬各该镇保甲要为保护在案。本年五月卅日，钧府胡郭两所长莅县视察，查询及此，面谕详为规划保管，以存久远。所需经费，准由省府补助半数，适本府举行廿九年春季行政会议，当提付讨论，经众议决，将是项古物移运本县郊外公园建屋陈列，所需经费，除钧府补助半数外，余半数由县地方第二预备费项下拨支，特拟具保管古物办法，并按照实际需要，

渠县县政府造呈建修古物陈列室及移运古物经费支出预算书

拟具建屋陈列及移运费用预算，共需洋六千七百四十九元，其半数为三千三百七十四元伍角，请由钧府核发，以便早日兴工建筑，用存国宝。

其中材料费四八八九元，工资口食费一四四〇元，古物移运费四二〇元。附呈古物保护办法预算书调查表各一份。

7月16日，渠县县政府向四川省政府专呈渠县古迹名胜表。包括建于永宁二年（302）县城北冯公庙冯焕残碑、县东旧书院汉张飞记功碑、唐代李馥镇南阳寺李白诗碑、八濛山古战场、县城大悲阁后洗砚池、宋代卷硐镇黎树寺、明代临巴寺、岩峰镇拦水桥、岩峰镇燕家场沈府君阙及蒲家湾无铭阙和王家坪无铭阙、土溪镇冯焕碑（阙）及赵家村东西无铭两阙、六朝石马石狮。

到了8月10日，四川省第十区行政督察专员公署向渠县政府发出财行字第四〇九三号训令并转发四川省政府廿九年财三字第一九九六一号指令：

呈及数据均悉，拟转报渠县县政府，呈明修建冯公碑亭动支县预备费叁拾陆元并贯约一纸，查核尚无不合，准予核销，仰即转饬遵照。

这件使用县预备费案，才真正尘埃落定，想来当时财经纪律也是严明。

8月16日，渠县政府向财委会命令拨付修建冯公碑亭费用36元。

查前北关镇联保主任卢彬甫呈报修建冯公碑亭，经呈奉，四川省第十区行政督察专员公署财行字第四〇九七号训令开奉省政府此令，合行令仰该令知照。

县长李旭

10月25日，四川省政府下达关于渠县建古物陈列室及预算书请核指令，要求等候派员勘察再行核。"据呈请拟于郊外公园建屋陈列古物拟具保护办法及预算书核示一案，候派员查勘再夺。"当时的四川省政府兼理主席蒋中正没有批准建立。

11月11日，渠县县政府接到省政府民字第一七四六六号训令，令渠县县政府于境内古物切实予以保护，称近来江北涪陵等县，发现汉代墓数起，其中贮藏颇多，于民族历史地方文献之关系，本府最近成立省立博物馆。如有最近发现者，并应立即列表摄影具报。不得听人取携。渠县政府回复称："指示遵照办理，本县最近未发现古物，附卷存查。"此件由省政府兼理主席张群、民政厅长胡次义、教育厅长郭有守三人共同签发，代理了一年四川省政府主席的蒋中正未再兼理了。

12 月 7 日，四川省政府下达指令，要求渠县县政府不再建文物陈列室，不再移运古文物，就地保护。关于保护此项古物应注意：

一是汉阙石兽切不可移动，如一经移动，即损其历史上之价值，应就原地保护之，使不再遭损坏，汉阙如有倾颓，此可修理之使恢复原状。二是保护及修理之方法，应先由该府摄取照片，或绘图以使专家设计。三是该府拟建立古物陈列室应附属于县立图书馆或民众教育馆，暂时不必另设机关。以上各项仰该府即便遵照切实办理，以重古物，至于派员查勘一节，应候该府将照片赍呈后再行核夺并仰知照！

1941 年 4 月 19 日，李渡乡乡长胡振孝上报县政府，拟请撤销新渡口废塔作修补保校之需。称：

本年四月十七日，据本乡第三保保长王显臣呈称：本保新渡口，原有古塔一座，于民二十六年被雷击毁顶上三层，于二十九年七月复被雷击，毁侧面五丈余。经两次损失，故砖石随时坠落，塔之下面，系人行过道，且有农民耕作。上年十二月内，锡市廖某归家，经过此塔，坠落一石，打伤右足，本年二月，保民陈兆禄上市贸易，塔石坠落，恰从面门经过，幸未中伤。三月二日，农民王福生在塔下耕作，坠落一石，打伤右手，以此情形。如不撤销，则将来之危险更大，如能撤销，则将完整砖石出售，除费用外，余钱即作补修本保学校费，亦可减轻人民负担，是一举两得之利，此次保民会议各甲长及人民，纷纷请求撤销，职不敢擅专，是以恳请，钧以查验，准予撤销，实为公便。

1941 年 4 月 21 日，县长李旭在呈文上批示“不准”：

呈悉，查地方古迹古物上峰有明令妥为保存，不得任意损毁，授转新渡口废塔于移作建筑保校经费，此念虽善，而对于保存古物古迹则大有违背，所请撤销新渡口废塔之事，应不准行，仰即转饬遵照。此令。

5 月 9 日，四川省政府训令秘字第○六九八八号，称国立中央研究院与中央博物院成立川省古迹考察团，由历史语言研究所专任副研究员吴金鼎率领夏鼐、曾昭燏、王介忱等致力于采访工作，其采访范围分为五区，第一区为成都平原及其附近，包含广汉、灌县、彭县等二十二县。第二区为岷江流域。第三区为川陕公路及成都至广元为限。第四区为涪江嘉陵江渠江下游所成立三角形地带。第五区为长江流域以泸县至奉节为限。令渠县政府于该员等到达时妥为保护并予工作上之协助。县政府5月20日在原文上批示："饬属遵办。"

5月27日，渠县政府向各区乡镇发出民政字第七〇二号命令，要求考察川省古迹考察团到达时妥为保护并予工作上之协助。

> 案奉四川省政府三十年秘一字第〇六九八八号训令，转准国立中央研究院同年四月总字第叁零一号代电为考察川省古迹与中央博物馆合组考察团，专任副研究员吴金鼎率领夏鼐、曾昭燏、王介忱等分区采访饬于该员等到达时妥为保护并予工作上之协助。

6月底，四川省政府于三十年（1941）发出民三字第17206号训令，案奉行政院壹字七三〇六号训令，根据国民参政会第二届第一次大会建议请政府下令各省市地方重申保护古代寺观、神祠、壁画及其他陵寝坊表有关历史文化公共纪念物，保存古迹现行法令已甚详备，各相应抄同原建议案函达即请查照执行。

7月2日，渠县政府收到四川省政府民三字第一七二〇六号保护古物训令后，7月4日签发"摘令遵照"，并批示"抄登公报及渠江报"。

> 四川省政府卅年民三字第一七二〇六号训令，饬严加保护古代寺观神祠、壁画及其他陵寝坊表有关历史公共纪念物等古迹，即便知照，并转饬所属一体，注意保护为要！

8月26日，渠县县政府命令各区指导员、乡镇公所严加保护古代寺观、神像、壁画及著名陵寝、坊表等有关历史公共纪念物。

11月15日，渠县县政府民政科报转省府训令：

> 圣庙为中外观瞻之所，如有倾圮，应即修复，以肃观瞻，以昭崇敬。令切实保护，禁止占住。18日，清溪镇镇长张景烨向渠县政府报告，渌沼寺渌沼池因乡镇区划调整，新从清溪镇分设回龙乡，该文物转由回龙乡管辖。

11月27日渠县政府对清溪镇镇长张景烨的报告批示：

> 该镇所属古物庙宇，应由该公所负责保存，至渌沼寺渌沼池既已划

归回龙乡管辖，仰即令饬该乡保管可也，此批。

11月26日，渠江镇镇公所张治平呈报渠县县政府批办，称：

> 李前县长李旭移交之古迹庙宇清册一份，即便遵照所列各项分别保管，并须随时查勘，如有损坏，立即具报，查清册所列圣庙已于三九年设为楠檀中学，该校不幸于昨夜（25日）失火，烧却圣庙前殿，现将失火原因及损失情形逐一呈报备查。

此时的县长是1941年8月上任的合川人，法国巴黎大学毕业的唐锦柏，国民党特务。

12月9日，渠县政府向回龙乡下达管理渌沼寺、渌沼池的命令，渌沼寺渌沼池已划归该乡管辖，该地古物庙宇名胜，应由该所保管，仰遵照由。

12月31日，渠县第五区指导员陈心干向县政府报告，提出拨款修建碑亭保护沈公阙。称：

> 窃职于日前查勘岩峰水口划拨保甲界址，行至岩峰之燕家场，见土溪至岩峰大道之西旁，有汉碑两座，其一文曰"汉谒者北屯司马左都侯沈府君神道"，其一文曰"汉新丰令交趾都尉沈府君神道"。查此碑历年数千，载在县志，李前县长曾在县预备费项下拨款五十元，饬岩峰乡前乡长刘君实建亭保护，惟以款资太少，仅于两碑四周，砌筑石墙，无款建立亭宇，仍不免受风雨之侵蚀，伏查此项古物，颇堪珍重，中央古物保管委员会曾派员查勘，认为全国不可多见，如听其毁灭，深为可惜，刻与岩峰士绅商筹，拟仍建亭保护，所需木料由地方征集，惟瓦桶工资价值太高，估计均需千余元，请县府在县预备费项下，酌量拨款一部分建修，不敷之数由地方募集补充。

1942年1月8日，渠县政府唐锦柏县长收到第五区指导员陈心干向县政府提出拨款修建碑亭保护沈公阙报告后批示："签呈悉，查府库支出，无法补助，仰就地劝募以意全功可也。"由此呈请可看出，当年李旭县长拨款费了那么多周折，请示专员公署，请示省政府转核销的备用金五十元，修建沈阙护亭。地方乡绅竟然作假，虚报冒领款项，并非建亭，只是在四面修了围墙。

川鄂公路渠县段 1938 年整修记

川鄂公路缘起

日本强占中国东三省，这只是其蓄意对外扩张计划的开始。1932 年至 1937 年间，日本帝国主义的气焰日甚一日，一片又一片中国领土落入了日本的虎口，华北、沿海地区处于日军刀锋之下。南京国民政府急急忙忙进入四川，并宣布以四川为民族复兴的根据地，因而令四川省政府赶修并整理公路，以应军需，满足国防备战。1935 年 3 月 4 日蒋介石在重庆出席四川党务特派员办事处扩大纪念周发表演讲，他认为：“就四川地位而言，不仅是我们革命的一个重要地方，尤其是我们中华民族立国的根据地，无论从哪方面讲，条件都很完备；人口之众多，土地之广大，物产之丰富，文化之普及，可说为各省之冠。”10 月 6 日，蒋介石出席四川省党部扩大纪念周，发表题为“建设新四川之要道”的训话。他说，四川是中国的首省，是复兴民族的最好根据地。这是目前见到蒋介石最早把四川作为未来抗日根据地的文字记载。两天之后，蒋介石又在成都行辕对四川各高级将领发表讲演，题为“四川治乱为国家兴亡的关键”，指出：“今后的外患，一定日益严重。……只要我们四川能够稳定，国家必可复兴！”12 月 4 日第五届中执会第一次全会通过《确定国民经济建设实施计划大纲案》，规定“重大工程之建筑，均须择国防后方之安全地带而设置之”。为迅速发挥最大的国防力，根据国情而将全国分为四区，一曰抗战区，二曰警备区，三曰绥靖区，

243

四曰预备区。在抗战区内，为适合防卫之要求，并国情上之关系，又分为防卫区。华北、沿海省份既为抗战区又为防卫区，四川既为绥靖区也为预备区。1935 年中央历次决议，以西南各省，尤以四川一省，物产富庶，及应开展交通。由于军事关系，公路建设功效与碉堡相埒，故国民政府大力赶修毗连四川各省的联络公路。"决定在三年之内，要完成川鄂、川黔、川陕、川湘四大公路干线。……以四川的人力财力，不到两年时间，就将这些建设计划提早完成实现了。"

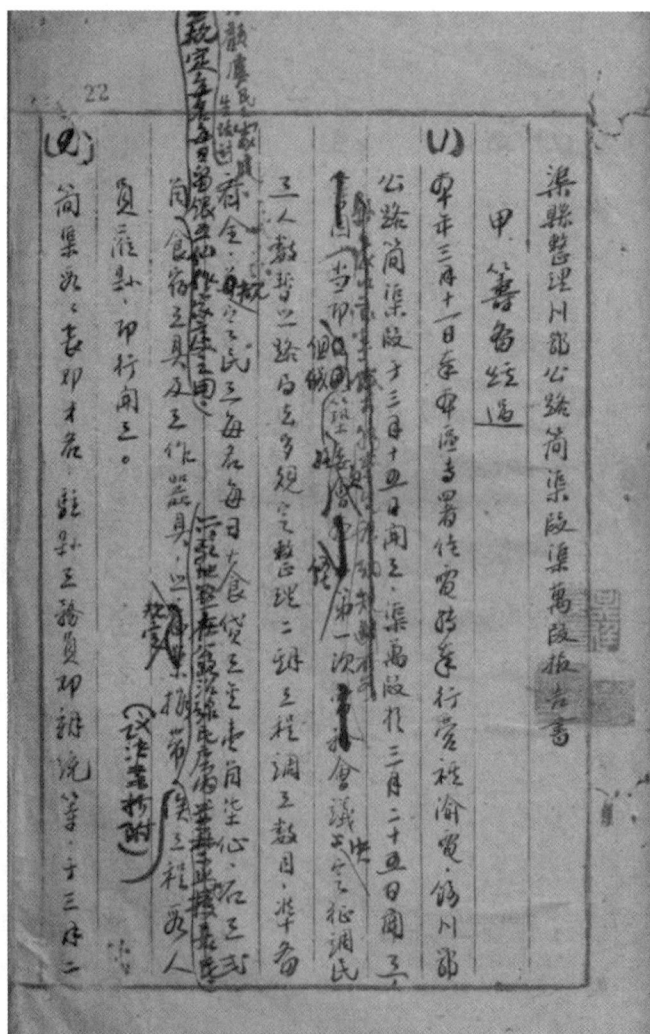

整修川鄂公路报告书

从 1935 年到 1937 年全面抗战开始的两年内，"四川军民确实已做了许多建设大后方的工作""更有无量之价值，尤为四川民众对于国家交通建设之特殊贡献，实为任何人不敢淹没之事实"。四大公路干线在军事上，战时对北战场、南战场及滇缅战场发生效用之伟大，实在不可以言语形容；在社会经济上，也起了明显的作用。

修筑川鄂公路是 1936 年开始的，从湖北利川进入万州，经梁平、大竹、渠县、广安至简阳共 582 千米。沿线的渠县、大竹、梁平依土方而分配应征民工数目。其中渠县段长 44 千米。渠县土方数为 402 980 方（另石方 400 710 方），2 月 15 日开工，做工 25 天，应需民工为 80 060 名。大竹土方数为 890 809 方（另石方 163 009 方），2 月 15 日开工，做工 25 天，应需民工 16 604 名。梁平土方数为 1 317 690 方，2 月 16 日开工，做工 30 天，应需民工为 27 800 名。同年底川鄂公路通车。1936 年为整理川鄂公路，渠县按照户口，全县共征民工 13 万多名，除以代金雇工自代外，平均每日调集民工 8820 名。

而今，川鄂公路融入了 318 国道，在百度上都搜不到了。318 国道始建于 1950 年，起点为上海市黄浦区人民广场，途经江苏、浙江、安徽、湖北、重庆、四川，终点为西藏日喀则市聂拉木县中尼友谊桥，全长 5 476 千米，是中国目前最长的国道。途经的地级以上行政区主要是上海—苏州—湖州—宣城—芜湖—池州—安庆—黄冈—武汉—荆州—宜昌—恩施—重庆—达州—广安—南充—遂宁—资阳—成都—雅安—甘孜—昌都—林芝—拉萨—日喀则。因其横跨中国东中西部，囊括了平原、丘陵、盆地、高原景观，包含了江浙水乡文化、天府盆地文化、西藏人文景观，拥有从成都平原到青藏高原的高山峡谷一路的惊、险、绝、美、雄、壮的景观，而被《中国国家地理》杂志在 2006 年第 10 期评为"中国人的景观大道"。

1938 年的整修情况

组设筑路委员会

各县筑路委员会是临时专职办理工役的重要机构。为此，四川省政府

1935 年 3 月公布《四川省政府各县征工筑路委员会组织条例》（第六次省务会议通过）。1937 年 4 月四川公路局制颁《四川公路局各县筑路委员会组织大纲》。两法详细规定了县筑路委员会的组织、职权。公路局修筑公路，就路线经过之各县组织筑路委员会。1938 年 3 月 11 日，渠县奉十区专员公署转重庆行营电"饬川鄂公路简渠段于 3 月 15 日开工，渠万段于 3 月 25 日开工"要求，"当以兹事体大，非以事先设定规则不可，故组设筑路委员会"。原来，渠县还是川鄂公路的中心点，将其分为简阳至渠县段和渠县至万县段两部分，更印证了渠县自古就是重要交通节点和经济文化中心。渠县县长当即组织筑路委第一次会议，决定征调民工，人数暂照公路局去年规定整理二期工程调工数目，准备民工家庭生活，规定每名每日留银伍角作家庭之用，食宿工具及工作器具照规定携带，所住地点在公路沿线民房内。但简渠段段长邓才名、驻县工务员邓朗于 3 月 25 日才来渠，于第二日召开筑委会第二次会议，议定调工比例：每保调民工 37 名（内含 3 名石工），先调几名整理简渠段（内含 2 名石工），后调 8 名整理渠万段，于 4 月 5 日开工，限 1 月内碎石工程完工，又 1 月内滚压工程完工。随即由县府派第三科会同邓段长、邓工务员制定民工工作分配表，连同决议案及工程须知，会发各区镇遵照执行。

落实民工征调

当时实行工役制度，征调民工的办理程序为：公路总局管理处或工程处估计各县应做的土方石方方数，在开工前 10 日，书面通知该管县长。通知书内附带估计应需民工大概人数及开工、完工的日期，各县应征民工名额。各县县长接到通知书后，按照公路总局管理处或工程处所估该县就摊做的土方石方数目，就全县应征壮丁人数，平均分配。县长组织该县征工筑路委员会。征工筑路委员会负责向各乡镇征派民工。各城市镇乡绅董上报被征民工数目，由县长在开工前 5 日，送交公路总局该区管理处或工程处。县长斟酌工程情形与应征民工居住地点的远近，将民工分为若干组，派定组长，指定工作地段，通知公路总局管理处或工程处，并令征工筑路委员会监督各城市镇乡绅董于开工前率民工前赴指定的地段，听候点验，施行工作。

渠县在实际民工安排上又有调整，按照工程比例，每保调集 17 名（内石工 3 名），先以民工 9 名（内石工 2 名）担任渠简段碎石工程，每保 1 名担任滚压工程，后调 7 名（内石工 1 名）整理渠万段。4 月 5 日正式开工，为免民工全部上路无事可做，让石工先五天上路开石。全县 1073 保，渠简段碎石工程先调了 9657 人，又续调了 332 人；滚压工程调了 1073 人，又续调了 28 人。渠万段碎石工程先调了 6043 人，滚压工程调了 1073 人。

四川公路局规定：

> 征调的民工每 30 人为一小队，设队长一人；三小队为一大队，设队长一人。队长由乡镇长担任。每二大队设管工一人，管工直接受筑路委员会或该会所设该办事处的指挥。民工由各管工员、队长层层管理并受工程人员的指挥监督。民工按规定编制。管工员、队长、队目由区长、联保主任、甲长或其他资深公务人员分别兼任。在实际中，各县有现实的变通之举。

渠县是以联保为单位，每 30 人为一个小组，三个小组为一个中队，三个中队为一大队，并制发旗帜胸章，便于识别。所调民工以精壮者为合格，严禁老弱及以差充数。

做好民工工作分配及督率奖惩

在设置办理工役机构的同时，加强对人员即在事人员和民工的管理。工役在事人员包括行政督察专员、县长、区长、筑路委员、各下级办理征工的人员及各省建设厅或公路局所委派之各级工程技术人员。四川省政府 1935 年 3 月公布《四川省政府各县办理征工筑路人员考成条例》（第六次省务会议通过）。1936 年 11 月川府奉军事委员长行营颁发《办理义务征工在事人员奖惩规则》，同年 12 月国民政府行政院公布《各省市国民工役工作成绩考核及奖惩办法》。在事人员的奖励分为嘉奖、记功、记大功、给奖章、晋级、升迁。惩罚分申诫、记过、大过、罚薪、降级、撤职。记功各三次为一大功，记大功二次者给奖章，记大功三次者晋一级。记过各三次为一大过，记大过二次者罚俸，记大过三次者降级。晋级与降级、记功与记过、申诫与嘉奖，得互相抵销。在事人员在下列情形下分别奖励：组织严密，全境民工于开工日期，能完全到工工作；征工筹备事项，为分配工作、管理办法、民工组织等等，均能计划周详，布置完善，不致中途发生故障，影响工程进行；异常勤奋督率有方，能提前竣工；能依限期完工等。

为鼓励民工努力工作及督促民工在限期以前完成工作，军事委员会委员长行营 1936 年 3 月 7 日颁发《川鄂公路义务征工发给赶工奖金医药抚恤费及工具购置费办法》。由各段工程处处长会同县长拟定给赶工奖金方法，费用由公路局按照标准发给：县境公路全长在 25 公里以下时，1000 元；在 25 公里以上，每增 25 公里或不足 25 公里时，均加发 1000 元。除直接拨发赶工奖金外，还采用以工代赈方式激励民工。1937 年 5 月四川省府令对简阳、乐至、遂宁、苍溪、南充、岳池、广安、渠县以工代赈方式征调民工整理川鄂公路，按方发给津贴，每方发洋一角。省府向路局领得后，发各县府分配。整理川鄂公路共征用了民工 87080 名，共发奖金 72169 元，每名平均约 8 角。整理路程长度决定征工人数和奖金数。

渠县严格按照要求开展工作。碎石之搬运锤堆、拉碾铺压，量其难易妥为分配，轮番更换，以期劳逸平均，并可减少伤害，增进效率。

各级保长于上路之前，均集中一处，由各区长、监工员、管工员等会在一起，对注意事项详细指示，以期直接指导民工，才不致有误。每日由筑路委员会派员轮番巡路，督率考核，若有侵吞、克扣伙食及违法情形，立予严处；若有纠纷，立予解决。凡犯罪较重者，除就地当同民工处罚外，并押游公路，以示惩戒。

县长于开工日，必亲自去一遍全路，既可视察实际情形，又可督促民工队长工作，若有未到齐者，一经查明，即行处罚并饬立即补送足额。科长区长均常轮番驻留路上，以便随时随地监督。筑路本属第三科主管，但一、二两科，仍不分领域，互助办理。

各区区长及管工员、各级保长等，其成绩如何，随时考核登记，除重大者立予奖惩，除通令全线知照外，等完工后再备案提请分别奖惩。无论大小纠纷，均由县府处决，不得自由行动，以免纠纷扩大。民工采石应在指定地点，严禁揭取路板、围墙、坟墓等。

加强贷工金募集和发放

川鄂路简渠段经费来源，多为变卖公庙会产款及附加粮捐。川鄂路渠万各段经费全由军事委员会委员长行营所拨的四川善后公债。国库所拨奖金虽是工役经费的主要来源，但往往低于实际所需。因民工伙食不敷，地方筹款弥补，为各县办理工役事项之通病。县府主要采取的筹款方式有征收代役（工）金、摊派款粮、借款。征收代役（工）金的征收按相关的政策规定，但具体的操作方法由各县筑路委员会决定。1936 年 8 月委员长行营颁发《川黔两省义务征工实施方案》。方案第七条规定，被征民工如有不能亲身工作者，得雇工自代，或缴代工金。其金额由县政府酌量规定，征收、保管、动支手续由省政府规定。依此规定，同年公布施行《修正义务征工收支代工金暂行规则》《四川省各县义务征工收支代工金暂行规则》，进一步详细规定了征收代工金事项。代工金的金额，每工每日征取若干，得视各县生活状况酌量规定；但最高额以 3 角为限。各县应出代工金的民工及其折取金额，由当地保甲长册报该管区署，转报筑委会或财委会，呈由县府核定，榜示周知。各县区署征取的代工金应缴由县府发交筑委会或财委会保管，按照各工段民工的需要分别配发。事后公开报销，呈由县府榜示，并汇报省府备查。征取代工金由县制发三联取据，一联给予缴款民工，余两联分存县府及区署备查。代金数目由各县筑路委员会酌量各县情形，开会决定后公布，呈公路局备案。

渠县参照生活情形规定，民工代工金每名每日 1 角 7 分、石工每名每日 2 角。为考虑民工家庭生活及避免逃亡，规定民工、石工每名各留生活费 5 分。贷工金统收于区，由区长指名点发各队，以免各联保浮派少支侵吞缺旷等弊端。

每区推举公正士绅 2 名，其一专司银钱收入保管，其一专司发放之责，区长立于监督地位，防范上下通同作弊。

民工食宿工具及工作器具照规定携带，如有特殊困难，须另制器具或增添者，即以缺旷节余之款加制，以增加工作效率，又不另筹经费。

贷工金先行收集，以免民工上路伙食不济。由筑委会制 2 联收据，分发各区长，征收贷工金进行公开榜示。

加大伙食和民工住地管制

各区按名发给各队再由民工轮番办理伙食，每日填具给缮表，分别榜示。中队长、分队长均与民工同食。出示严禁各场米商掺假，若有，即由各区统一采购。

民工伙食规定每日每人不得少于1角2分及多于1角5分，以免民工都图多分余润而吃不饱。民工每日按8小时工作，各自愿增加工作时间早期完成者，仍可将1月应得伙食照发，以资鼓励，故能先期完工不误码农时。

各镇交工经监工员验收后，即行遣散，到工务员复查如有不合格者，即于滚压工程开始时先到二日补足，再行滚压，不另调民工以省往返伙食。

为便于管理，民工所住地点在公路沿线民房内，分队驻扎，队长与民工同住。严禁骚扰居民及损毁家具什物。注意卫生及风雨侵袭，以防疾病。

落实民工医药及伤亡抚恤

《川鄂公路义务征工发给赶工奖金医药抚恤费及工具购置费办法》规定，凡被征民工因公伤亡或患病，由各县县长按标准发给抚恤费或药品。抚恤费方面：因公受伤致残者30元；因公受伤致死者50元，另给埋葬费15元；因公病亡者30元，另给埋葬费15元。此项费用由公路局按照各县征工人数，每万民工发给500元，由各县具报实销；如不足时，应由各县自行筹补。

渠县实行如下操作：一是聘公路沿线中医为义务医士，若有不愿者，将强迫之。二是聘西医数人，担任治疗，并委托医务员看护兵编组救护，巡行公路，遇病即治，既有固定之中西医，又有巡行之救护队，民工医病，极为便利。三是药费暂行垫支，后于奖金内扣除。四是配发清凉药品作烧茶饮用，亦可减少疾病。五是有残废、死亡者，照章给予恤金。

提前完工出成绩

然而，各区上报考核成绩花样别出。有的区一本正经详细记载，有的区三五两字应付了事，有的区请予取消，有的报送辖区各联保组面面俱到，有的只报优秀者，一个组好几人，有的区报送建议奖惩分开。报送的考评内容也不一而足，几无相同，不像现在有网络，天下文章一大抄，或改头换面。

第一区区长魏宣1938年11月11日向县政府呈报各联保主任筑路考核成绩为：渠江镇卢彬甫征工有方，应付适宜；东关镇胡训贵、南关镇雍道盛督率有方，征调敏捷；卷硐镇颜开宗率勤监工，督饬得力，恪尽职责；锡溪镇黄开伦调度有方，办理得力；青龙镇傅琛三颇尽职守，办理得力；北关镇涂雍睦督饬得力，征调有方。

第二区区长赵石1938年11月14日向县政府呈报各联保主任办理义壮、建修公路出力及怠惰人员加具考语，造册呈报并加报：该区区员何振权督促有方，于短期内将义壮征送足额，应予奖励。流溪镇联保主任符光裕办理义壮57名在限期前如数送足并长送数名；板桥镇张天沛办理义壮50名在限期前如数送足并长送数名；临巴镇大队长王体臣建修渠简段公路自雍家糖房起至长生桥止在限期前四日完成；流溪镇王明成建修渠简段公路自大垭口起至雍家糖房止在限期前四日完成；李馥镇张学浩建修渠简段公路自钱公桥起至大垭口止在限期前三日完成；三板镇中队长刘定国建修渠简段公路自熊家店起至钱公桥止在限期前三日完成；板桥镇大队长雷伯厚、中队长王俊如建修渠简段公路自雍家院子起至熊家店止在限期前三日完成。

第三区区长余朗如1938年11月向县政府呈报各联保主任办理义壮及勤惰时就泾渭分明：三汇镇联保主任游文邦办理义壮尚称得力，每次均能依限办竣，请予记功一次；土溪镇联保主任王昭雍办理义壮甚为有力且能额外多送，请予记大功一次；丰乐镇联保主任王文润办理义壮尚能依限办足，应请通令嘉奖；龙会镇联保主任徐嗣禄、柏林镇联保主任杨仲山、文崇镇联保主任潘崇高办理义壮疲滞怠忽迄未送足，请予以记过处分以示惩儆；土溪镇联保主任王昭雍、丰乐镇联保主任王文润、柏林镇联保主任杨仲山、水口镇主任王鸿钧修筑公路均称得力，依限完成，应请分别记功或传令嘉奖；龙会镇联保主任徐嗣禄修建公路办理不力，应予申斥（该员已去职）。

第四区呈报的勤惰考核为：贵福镇联保主任贾之儒办理义壮认真、逐月送足不欠，尚有余存，其中备考为"筑路工作系前任办理，虽有案可稽，但恐非实际，故未敢擅加考语"；涌兴镇联保主任许金坡督饬有方，力除兵役积弊，逐月送足；岩峰联保主任刘君实办事固然勤劳、推行总觉困难，以致有积欠，推进办法欠妥；大兴联保主任李北庚办理义壮总觉平常；小杨场谯维新办理义壮间有疲延；八庙场何多成办理义壮本属勤劳，疏于选择；白兔吴开俊办理义壮勤能可嘉；义和涂仲常办理义壮虽然有方性极疲软。

第五区区长王周1938年11月9日向县政府呈报各联保主任办理义壮及修路时就有看法，在呈文中提了两点：一是办理义壮，青丝、河垭、万寿最为出力，其余镇虽小有不足，但都很努力；二是关于修路，都是前任按县上统一安排，各联保主任不过负责派民工、追缴代工金而已，既无优劣之分，也无奖惩可议，勉强区分，未免画蛇添足，仍请免议。对清溪张玉清、望江舒传贤、青丝刘在栋、河垭周伯鉴、万寿黄习之、静边刘见思、龙凤陈见贵、宋家罗兆华、宝城陈有为义壮考语只点名多或欠人数，修建公路却没下考语，一片空白。

第六区区长孙绚向县政府呈报各办理义壮、建修公路出力及怠惰人员考核成绩：修理简渠段管工员李国瑞勤劳堪嘉，请奖；李渡镇联保主任王伯寅督率有方，先期完工，请奖；渠万段管工员赵毅夫多方舞弊，纠葛业主，请惩；鲜渡联保主任关泽敷办理有方，请奖；户籍员王振汉协助勤劳，请奖。其余几个乡镇没有上榜。

最终县府统筹结果。简渠段渠县境内约20公里，碎石工程以保为单位，分配担任工作地段之长度，自广安界至渠河边按六、五、四、一、二、三顺序安排；滚压工程即由县政府就原地段按五、六两区统一于第十八监工区，一、四两区统一于第十九监工区，二、三两区统一于第二十监工区，由监工员指导进行。碎石工程期，每公里碎石750方、粗砂150方；碾压工程期，第一、四、五、六区，每日补足150米；唯二、三区地段，鹅卵石最多，滚压较难，碎石做五层铺压，每大队每日只铺100米。该段于1938年四月五日开工，全县限期（五月五日）以前五日（四月底）一律完工。其中完工最早者为第五区，全区不过十九日完工，其所辖联保中之望江河垭仅十三四日完工，大部联保十五六日完工，该区区长郑中西，才长心细，实地苦干，有显著之成绩。第一区于二十日全区完工，第三区于二十四日内完工，均收方足额。第四区于二十三日内完工，其中唯涌兴一镇有少数砂石包心，另调民工补方足额。第六区各镇均在二十日完工，唯有庆二十六日完工。第二区各镇多在二十三、四日内交路，惟清河、杨家两镇，二十六日完工。所有比较迟完工各镇，均因采石较远，各级人员勤惰，现正在综核成绩，即将分别奖惩。

渠万段碎石约9117.45万方，粗砂每公里150方。以路线长度、矿石、沙石控方填方及滚压为标准，综合计算用工量为1 005 500人，按各区人数多少分配，即由渠河边至大竹界，按三、六、一、五、二、四区次序分担。碎石工程从五月十五日石工上路，二十日民工上路，各区工作由西向东开展。碎石工程1938年6月10日完工，滚压工程6月底完工。

当时，县府向省府报告成绩时还进行了原因分析。称简渠段工程迅速主要有十点：一是在裁考前一月形开工，奖励早日完工者，得先返家，于是民工踊跃，争先完工。二是工程段与县府和衷共济，会商进行，毫无成见。三是事先计划周密，临事督率，考核严厉，积弊悉除。四是民工伙食统筹，未发生断炊之事，各级人员专心督导工程。五是不违农时，逃工缺旷自然减少。六是工程分配公允，虽各区完工迟早不一，但差别并不悬殊。七是民工家庭伙食有备，无后顾之忧。八是民工医药住宿卫生力求保障，得病减少，工作持久。九是民工工作分配劳逸平均，效率增进。十是除贷工金外，并无其他派款，人民负担较低，能于供应。

同时还附带两项请求：一是渠万段仍有碎石工程，现只发铺压工程之奖金，仍请发给碎石工程奖金，验方给足。二是去年奉令整理简渠段用款三百余元，旋即奉令停工，但已有八千余人工作二、三日，仍请补发奖金归垫。

从1935年到全面抗战的几年内，"四川军民确实已做了许多建设大后方的工作"，其中实施工役，征调民工新修、整理的各段公路中，尤以川鄂公路的成效较为突出。自筹的民工口食费及筑委会办公费，无从统计，而民工劳力的消耗，"更有无量之价值，尤为四川民众对于国家交通建设之特殊贡献，实为任何人不敢淹没之事实"。川鄂公路渠县段在军事上，战时对北战场、南战场及滇缅战场发生效用之伟大，实在不可以言语形容。在社会经济上，也起了明显的作用。渠县人民做出了巨大贡献和牺牲，值得永远铭记。

温故知新

WENGU
ZHIXIN

宕渠

渠县沕江寺见证几多历史

渠县文峰山沕江寺修于何时已不可考，但在唐朝时就有此寺名，诗人郑谷因黄巢起义随难民避乱于渠，于此有诗；直至1936年时，沕江寺还为川鄂公路的修建做出过贡献，因寺庙维修入不敷出而向政府请求补助。沕江寺千年来见证了许多历史事件和文人佳作。

黄巢起义郑谷随唐僖宗避乱蜀地于渠留诗

唐乾符二年（875）正月，田令孜当上右军中尉，成为宦官首领。由于宦官专权，朝臣勾结宦官，以致科举不公，官吏贪污，全国各地义士先后举兵反唐。广明元年（880），黄巢起义攻克潼关，兵锋直指长安，唐僖宗从长安皇城西门避逃，南下"幸蜀"，逃入成都。中和元年（881），诗人郑谷（约851—910）随难民避乱于渠、通、巴、璧四州。在渠县留下了《渠江思旅》《为户部李郎中与令季端公寓止渠州沕江寺偶作寄献》《笔锋》等诗篇。

郑谷，唐朝末期著名诗人。字守愚，汉族，江西宜春市袁州区人。僖宗光启三年（887）进士，官至都官郎中，人称"郑都官"。又以《鹧鸪诗》得名，人称"郑鹧鸪"。其诗多写景咏物之作，表现士大夫的闲情逸致，风格清新通俗。与许棠、任涛、张嫔、李栖远、张乔、喻坦之、周繇、温宪、李昌符并称"芳林十哲"。后郑谷曾从僖宗登三峰，朝谒之暇，寓于云阳道舍。

郑谷三次入蜀，前后在蜀中生活了6年，创作了四十余首诗，其中于渠有诗三首，也为人们了解晚唐时期蜀地政治风貌提供了大量资料。

动荡的时代、困顿的生活，让郑谷饱尝战乱之苦。郑谷初次入蜀，大部分时间居于成都，创作了《咏水》《竹》《锦浦》《蜀中三首》《蜀中寓止夏日自贻》等诗歌。

第二次到蜀地，光启二年（886）他漫游至渠州（今渠县），写出《渠江旅思》："流落复蹉跎，交亲半逝波。谋身非不切，言命欲如何。故楚春田废，穷巴瘴雨多。引人乡泪尽，夜夜竹枝歌。"充满流落异乡的孤独与乱世不得实现抱负的悲痛。

他在渠州汧江寺写有《为户部李郎中与令季端公寓止渠州汧江寺偶作寄献》："退居潇洒寄禅关，高挂朝簪净室间。孤岛虽留双鹤歇，五云争放二龙闲。轻舟共泛花边水，野屐同登竹外山。仙署金闺虚位久，夜清应梦近天颜。"户部李郎中姓名失考，令季是对他人兄弟的美称，即李郎中的兄弟，他任职侍御史，唐人称"侍御史"为"端公"。这首诗是为李郎中和他兄弟寓居渠州汧江寺所作，表达对二公的仰慕以及对其闲适鹤居生活的赞赏。

诗中说兄弟二人退出官场，在"禅关""净室"修身养性。这两人既是人中之"龙"，朝廷能闲置这两个人，让他们在这里舒舒服服地隐居过日子吗？两人的隐居生活那样美好，泛水登山，野趣盎然。朝廷对这二人早就"虚位"以待。李郎中兄弟才情如何，咱们今天就不知道了。

光启三年（887）春，郑谷在长安进士及第，第三次匆忙入蜀搬取家小。此时郑谷的心情和前两次完全不同，"上国休夸红杏艳，深溪自照绿苔矶。一枝低带流莺睡，数片狂和舞蝶飞。堪恨路长移不得，可无人与画将归。手中已有新春桂，多谢烟香更入衣。"诗中描写杏花盛开灿烂夺目，轻快活泼，与其滞留蜀地时的惆怅烦闷形成鲜明对比。

郑谷继承了杜甫的现实主义传统，不同程度地揭露批判了唐末衰败、生灵涂炭的社会现实，表达了诗人关心与同情劳动人民疾苦的思想感情。因此，郑谷被后人称为晚唐"咸通后僖宗、昭宗时代的诗史""晚唐之巨擘"。

嘉庆《渠县志》记："汧江寺有郑谷诗碑。今已无存。"

胡濙受命暗访建文帝踪迹到祥符寺

过了五百年，汧江寺在宋真宗大中祥符三年（1010）敕赐名祥符寺。

永乐元年（1403），明成祖朱棣即位，胡濙（1375—1463）升任户科都给事中。建文帝朱允炆在大火中驾崩，有人说他从海上逃走了，还有许多旧臣随从；有人说建文帝出家当了和尚；甚至传说建文帝听说张三丰在渠县祥符寺，于是到此出家。郑和奉明成祖朱棣之命率船队到海外寻找朱允炆，人没找到，却开启了海上丝绸之路；胡濙奉朱棣之命前往内陆各地寺庙追寻建文帝朱允炆的下落，来到了祥符寺，结果既没访到张三丰，更没找到朱允炆。于是写下《祥符寺访张三丰不遇》："交情久已念离群，独向山中礼白云。龙送雨来留客住，鹿衔花至与僧分。疏星出竹昏时见，流水鸣渠静后闻。却忆故人知此隐，题诗谁似鲍参军。"

张三丰，道教思想家。初居成都鹤鸣观，后来居巴岳山昆仑洞。明成祖时尝遣尚书胡濙求之至京朝见，忽遁去，惟笠蓑于丹陛地寓昆仑洞。

胡濙，字源洁，号洁庵，江苏武进人，明代重臣、文学家、医学家。胡濙为建文二年（1400）进士，历授兵科、户科都给事中。胡濙自永乐五年（1407）起连续14年在外暗访建文帝踪迹，足迹遍布大江南北。胡濙历仕六朝，前后近六十年，他为人节俭宽厚，喜怒不形于色，被比作文彦博，是宣宗的"托孤五大臣"之一。任礼部尚书三十二年，累加至太子太师。天顺七年（1463），胡濙去世，年八十九。获赠太保，谥号"忠安"。胡濙留心于医学，曾与戴思恭讲《内》《难》诸经，推张仲景为医学正宗。著有《卫生易简方》《芝轩集》《律身规鉴》等。

张三丰隐于渠县，胡濙找到渠县祥符寺时写下此诗。意思是说他在与张三丰的交往中与张三丰建立起了深厚的感情，但张三丰却离开众人，独自向山中去白云。鲍照字明远，曾经任过临海王刘子顼前军刑狱参军，故世称他"鲍参军"，是南北朝时期成就很高的诗人，与颜延之、谢灵运合称"元嘉三大家"。李白曾把鲍照比作"凤与麟"，杜甫形容李白的诗歌是"清新庾开府，俊逸鲍参军"。

清代文人对祥符寺多有唱和

清代渠县文人写有关祥符寺的诗，除了对寺庙环境的描画外，还都会提到郑谷和他的诗，或用郑谷的诗韵唱和，对其大加赞赏。

能诗善书，郁郁不得志的清代落魄渠县文人阎检《题祥符寺》："中原正多故，逸客此留题。水落沙添阔，山高塔压低。短桥归老衲，凉夜听荒鸡。布鼓嗤余子，诗名孰可跻。"诗中写到了黄巢起义时郑谷避难渠县及其题诗，称赞无人与之齐名。

同时阎检还用郑谷沔江寺韵题写《祥符寺》一诗："寂寞禅扉夜不关，龙鳞回首五云间。碑阴细认诗人迹，天下无如佛地闲。钓舍成村皆房水，僧寮无壁怕遮山。往来多少簪缨客，恐对先生一汗颜。"

湖南祁阳举人，乾隆二十四年任渠县邑候的邓献璋用郑谷沔江寺韵题《祥符寺》一首："僧扉阴色启仍关，声枕幽溪转折间。龙象何年相对寂，风光出世此偷闲。来逢奇石苔中径，坐数苍松酒后山。万古诗人空笔迹，导师无处叹尘颜。"

以生员身份候选教谕的清代秦安人李从范《游祥符寺》亦提到郑谷："远望分明古寺存，至门翻又不知门。新秧一带迷荒径，修竹千竿护短垣。传授番经僧有课，寒暄游客鸟能言。曾闻郑谷诗碑在，几度摩挲子细论。"

民国时期祥符寺住持因修川鄂公路向政府请求补助

据渠县民国时期档案记载，民国二十五年（1936）八月二十七日，祥符寺住持汤真修向渠县县长肖杰三（涪陵人）呈报该庙建修置产入不敷出，请求查核补助：

> 呈为报恳存查事，窃真修接管东关所属祥符寺庙业无多，佃当过重，收入甚微，兼之年久，庙宇倾颓，本年因修筑公路复经折毁。真修始于原庙另侧建太清宫寺庙一座，塑老君神像三尊，置买祥符寺庙产田毂四十挑，退还蚕桑社及各佃户原安押金，并给顶僧照成即明空下庙银洋安葬杨真常费用，以及完粮杂支各项共去洋壹千陆百柒拾六元九角三仙三星，钱三千七百三十三千九百文。共入洋壹千三百六十四元，钱三千四百九十七千六百文。品迭不敷洋三百一十二元九角三仙三星，钱二百三十六千三百文，此外兑项洋九百三十元应负偿还责任。兹因庙宇落成，理合将接管。该庙建修置产连年入付各账逐一缮具清册随文赍呈。钧府俯予存查，神道均沾。

关岳庙住持汤真修造呈祥符寺连年入付各账清册十分详细：

一入谢光照项首洋二百元正，一入王天文项首洋壹百元正，一入成都二仙菴王方丈兑项洋三百元正，一入王天文三年佃赏共洋八拾伍元正，一入冉诚祥兑项二百三拾元正，一入黄守中连年共兑来洋四百元正，一入张映忠项首洋贰拾元正，一入吴昌洪项首洋壹拾元正，一入卖大粪洋壹拾九元正，一入请会钱壹仟钏正，一入换洋肆拾三元来钱壹仟额二百四拾柒吊六百文，一入刘时中连年兑来钱壹仟二百钏正，一入卖大粪来钱五十吊文正。

一付买祥符寺田谷肆拾挑去洋四佰八拾元正，一付写字费去洋九元四角正，一付印花九十六分去洋九元六角正，一付印红去洋二元正，一付李委员上界轿洋四元正，一付上界席桌共洋二元六角正，一付顶祥符寺僧照臣下庙洋一百元正，一付顶蚕桑社退还项首银二百四十两合洋二百九拾柒元正，一付祥佛寺二次税契洋肆拾壹元四角二仙柒星正，一付杨真常上省路费洋二拾元正，一完粮共去洋肆拾元零二角柒仙六星，一付张元书〇石工洋三拾三元正，一付王登富〇木工洋六拾三元正，一付周益元〇泥工洋四拾二元正，一付大方连纸二十一捆洋壹拾壹元柒角六仙正，一付买谷子七石六斗洋柒拾六元正，一付买菜油二元六角正一贯洋，一付买板仓一架洋五元正，一付买桷子二百三十八丈洋壹拾四元四角八仙正，一付买条料三十件洋九元三角正，一付买落檐九匹、长方二十六匹共洋壹拾壹元九角正，一付桷钉五拾一斤洋九元正，一付石灰〇洋壹拾二元一角四仙正，一付纸筋三十斤洋壹元正，一付谷草一百二拾个洋壹元正，一付竹子一千〇二斤洋六元五角五仙正，一付烧酒一百斤洋十元正，一付荘〇子一乘洋壹元正，一付河盐八斤洋壹元正，一付买瓦三千四百匹洋八元五角正，一付换去洋肆拾三元正，一付楼板四团柒洋壹拾壹元九角正，一付塑老君神像三尊洋八元正，一付买佛金四千洋二拾二元正，一付老君荘肚腹开光利食共洋壹元五角正，一付做匾三道共洋壹拾五元正，一付谢光照退佃项首洋二百元正，一付王天文退项首洋五拾元正，一付河盐十斤共去钱二百二拾四千四百文，一付挂面十斤共去钱二百肆拾千零八百文，一付土工十天去钱八拾五千文，一付水烟十八两、叶子烟九斤共去钱六拾三千文，一付木工33天去钱一百一拾一千文，一付解匠三十天去钱一百三拾二千文，一付石工三旬十天去钱三百一拾六千文，一付泥工 34 天去钱一百零二千文，一付石灰千二斤去钱一百零一千四百文，一付石木泥解工犒劳肉十斤去钱二百四拾五千文，一付完粮尾数学粮共去钱柒拾九千一百文，一付小菜共去钱一百六十一千五百文，一付桷钉三斤、洋钉四两共去钱二十二千文，一付桷子、条料、落詹、方、船资共去钱一百零九千捌佰文，一付竹子千二十斤去钱一百柒拾六千二〇文，一付烧酒六斤去钱二十七千文，一付条料十二件去钱一拾二千三百文，一付辣、茄秧去钱一拾三千四百文，一付大米筛一个钱九千六百文，一付条粉十斤去钱四拾二千文，一付洋芋种去钱九千六百文，一付代修公路请移左侧代书状子钱二拾四千文，一付酒米二升去钱二拾千零八百文，一付历书共去钱三千六百文，一付背斧子去钱九千文，一付土大碗一副去钱四千文，一付瓜子一斤半去钱一拾三千二百文 ，一付茶食点心共去钱二拾四千文，一付牛鼻索 14 根去钱四千文，一付谷草一百把去钱贰拾五千三百文，一付桷子尾数去钱九千三百文，一付纸筋 30 斤去钱四十二千三百文，一付竹席四根去钱一拾五千文，一付铜罐一个去钱一拾五千文，一付扫把 20 把去钱八千文，一付篾席 11 根去钱一拾五千文，一付金箔黄蜡去钱一拾一千六百文。杨真常羽化安葬念经九天用费列于后：一付小菜共去钱壹佰壹拾三千七百文，一付割肉 30 斤去钱壹百五十千文，一付烧酒二十斤去钱壹百柒拾壹千文，一付苡仁、杏仁、莲米、芡实共去钱壹拾三千文，一付鸡三只去钱三拾八钱柒百文，一付鸡蛋一百个钱贰拾五千文，一付条粉 0 斤去钱贰拾贰千文，一付挂面 18 斤钱四十五千文，一付豆子 0 升去钱贰拾千零八百文，一付铅粉伏清共去钱壹拾壹千四百文，一付叶子烟 1 斤去钱五千文，一付干鱼半斤去钱贰拾三千六百文，一付酒米 11 升去钱壹拾八千文，一付灵屋一座钱壹拾四千文，一付肚子、腰子三套脚油贰斤共去钱三十六千文，一付河盐十二斤去钱四十六千六百文，一付白糖一斤半去钱一十六千文，一付豆油、香油、折皮共去钱一拾五千文，一付瓜子冰糖各一斤钱贰拾四千文，一付唐茂宣、金道奎经资钱四十八千文，一付徐本善、熊仑山经资钱九十六千文，一付胡正位、熊泽明经资钱八十四千文，一付余家发、熊泽寿经资钱七十二千文，一付熊直三、熊泽义经资钱八十四千文，一付张月恒厨资钱三十千文，一付陈长生请客薪资钱十二千文，一付刘海峯挑水打杂薪力钱二十文，一付小菜去钱一拾千零四百文，总共入洋壹千三百六十四元正、钱三千六百九十七千六百文。总共付洋壹千六百柒十六元九角三仙三星正、钱三千柒百三十三吊九百文正。入付品迭下不敷洋三百一拾二元九角三仙三星正、钱二百二十六吊三百文正。

连年入、付各账清册确实记录详尽，其中收入共 13 项，支出 105 项。收入除了本地人项首洋、请会钱外，还包括成都二仙庵王方丈捐助兑项洋三百元，甚至还有两次卖大粪的钱洋壹拾九元和五十吊文。支出中更是算得细致，洋洋洒洒好几页，包括建庙用的石料、木料、桷子、棱子、竹子、石灰、钉子等，伙食用的锅碗瓢盆筷、柴米油盐烟酒茶，还有各种匠人工钱、打杂钱、代修

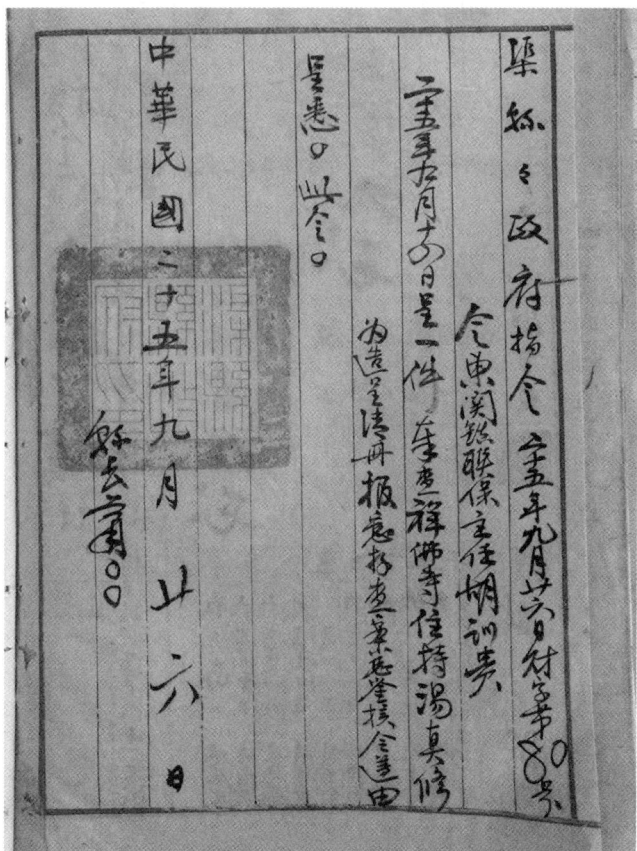

1936 年 9 月渠县政府向东关联保主任下达关于祥符寺主持呈报的清册鉴核指令

川鄂公路请移左侧代书状子钱，乃至牛鼻索多少根、谷草多少把都算干算尽。

渠县县政府第二科 1936 年 9 月 2 日财字第 18 号向东关镇联保办公处发出训令，要求核查祥符寺住持汤真修为造呈清册报恳核查一案，具呈到府。后东关镇联保办公处查核回复："查该住持接收祥符寺产业，并未呈报有案，

故该寺业产属公属私，无法查考。"

　　1936 年 9 月 26 日，渠县县政府再次令东关镇联保办公处联保主任胡训贵，切查祥符寺住持汤真修为造呈清册报恳存查事。东关镇联保办公处查核回复：

　　　　遵查该寺产业，于民国廿年七月出卖与杨易三田地一股，卖价洋四百八十元，又同年同月道教会长杨易三接顶僧明辉，僧明辉空等田业一股，去价银三百八十两，又洋壹百元。据该寺住持汤真修称：杨易三为串名，前由杨真常主持该寺，今真常物故，直由真修接管，故录列事实，呈请备查，奉查前因，理合具文复请。

　　汤住持将修筑川鄂公路造成的损失作为了一个重要理由。

　　再后来，见证几多历史的汧江寺（祥符寺）却被历史淹没了，只留在了档案里和部分文字中。

民国时期渠县文庙的春秋二祭

祭孔最初是民间的一种对"先贤"的尊敬仰慕和追思的纪念活动。祭祀大成至圣先师孔子的典礼，称为"释奠礼"。释、奠指在祭典中陈设音乐、舞蹈，呈献牲、酒等祭品，对孔子表示崇敬。2006 年 5 月 20 日，山东省曲阜市申报的祭孔大典经国务院批准列入第一批国家级非物质文化遗产名录。1984 年，曲阜孔庙恢复了民间祭孔，之后全国各地陆续恢复祭孔活动。从2004 年起，曲阜孔庙祭孔先后有杨佐仁撰写《甲申年祭文》《乙酉年祭文》《丙戌年祭文》《丁亥年祭文》，金庸撰写《戊子年祭文》，范曾撰写《己丑年祭文》，许嘉璐撰写《庚寅年祭文》，杨朝明撰写《辛卯年祭文》，董金裕撰写《壬辰年祭文》，彭林撰写《癸巳年祭文》，张立文撰写《甲午年祭文》，钱逊撰写《乙未年祭文》，颜炳罡撰写《丙申年祭文》，潘鲁生撰写《丁酉年祭文》，王志民撰写《戊戌年祭文》，郭齐勇撰写《己亥年祭文》，王学典撰写《庚子年祭文》，王钧林撰写《辛丑年祭文》。中央电视台从 2005 年开始直播曲阜祭孔活动。

据《礼记·文王世子》载，周朝时，学堂每年都要按四季释奠于先师，以示尊师重道。后来，由于孔子非常注重教育且成就很高，影响深远，释奠的对象逐渐以孔子为主。

孔子生于周灵王二十一年（鲁襄公二十二年，前551），卒于周敦王四十年（鲁哀公十六年，公元前479年），享年七十三岁。孔子逝后第二年（前478），鲁哀公下令在曲阜阙里孔子的旧宅即曲阜孔庙立庙。将孔子生前所住的三间房屋改成寿堂，将孔子生前使用的衣、冠、车、琴、书册等保存起来，并且按岁时祭祀。这是诸侯祭孔的开始。到了隋朝，孔子被尊称为"先师"以后，释奠便成为祭孔典礼的专有名称了。

从汉朝开始，全国都已普遍祭祀孔子，也定有礼仪。乐舞身着传统汉服，着红色圆领公服，头顶黑色金边三梁冠，举手投足尽显华夏衣冠风范。乐生展示正统的中华雅乐，柷、敔、琴、瑟、埙、箫、鼓、笙、钟、磬等多种乐器合奏；舞生则左手执龠，右手执翟，排列整齐地跳起了释奠礼专用的"六佾舞"。执士们则身穿白色深衣，头顶"四方平定巾"，与献官共同完成读祝、三献等祭祀主体活动。再后来又加入孔子弟子及其他儒者配享。祭祀孔子的礼仪称正献礼，祭祀配享者的礼仪称分献礼。

祭孔大典主要包括乐、歌、舞、礼四种形式，乐、歌、舞都是紧紧围绕礼仪而进行的，所有礼仪要求"必丰、必洁、必诚、必敬"。大典用音乐、舞蹈等集中表现儒家思想文化，体现艺术形式与政治内容要高度统一，形象地阐释孔子学说中"礼"的涵义，表达"仁者爱人""以礼立人"的思想，具有较强的思想亲和力、精神凝聚力和艺术感染力，对于弘扬优秀传统文化、营造和乐氛围、构建和谐社会、凝聚民族精神具有不可替代的社会作用。

祭孔的最重要议程是三献礼，主祭人要先整衣冠、洗手后才能到孔子香案前上香鞠躬，鞠躬作揖时男的要左手在前右手在后，女的要右手在前左手在后。所谓三献，分初献、亚献和终献。初献帛爵，帛指黄色丝绸，爵指仿古酒杯，由正献官将帛爵供奉到香案后，主祭人宣读并供奉祭文，而后全体参祭人员对孔子像五鞠躬，齐诵《孔子赞》。亚献和终献都是献香献酒，分别由亚献官和终献官将香和酒供奉在香案上，程序和初献相同。

旧时每年农历二月、八月上旬丁日，为祭孔日，称为"丁祭"。每当春秋此日，府县官吏、举人秀才、府学教谕，齐集大成殿祭孔，仪式隆重，庄严肃穆。

1935 年渠县秋祭

据渠县档案馆馆藏档案记载，民国时期祭孔是从传唱《孔子纪念歌》开始的。

1935 年 3 月 26 日，省政府发文要求传唱《孔子纪念歌》，并下发歌单。其歌词为：

> 大道之行也，天下为公，选贤与能，讲信修睦。故人不独亲其亲，不独子其子，使老有所终，壮有所用，幼有所长，鳏、寡、孤、独、废疾者皆有所养，男有分，女有归。货恶其弃于地也，不必藏于己；力恶其不出于身也，不必为己。是故谋闭而不兴，盗窃乱贼而不作，故外户而不闭，是谓大同。

县政府于同年 5 月 11 日向全县学校发出通知，要求学校学生传唱《孔子纪念歌》。

8 月 27 日，县政府右票仰差队向渠县黄功隆县长报告秋祭孔子祭品及现场安排：

> 为秋祭票仰该吏前往即催屠户李某等五人，买备祭品三只羊三头牛于八月二十九日赴文庙，献毛血并催客头江某，于祭祀处安设方桌三张，盥洗一架，铜盘一个，手巾一幅，椅子八把，并饬渔户杨开伦上纳祭祀鱼二尾，及吹手蔡先益、张明安随带鼓乐同候祭祀，毋得临期有误，慎速须票。

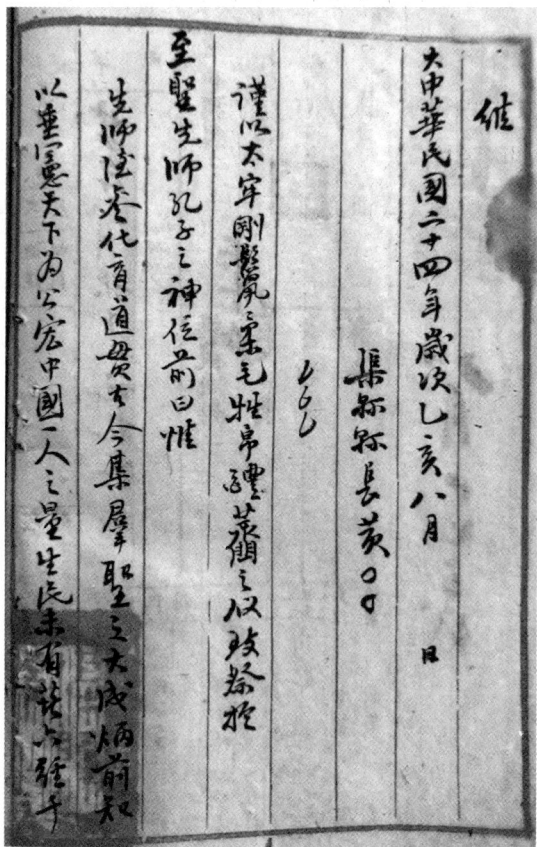

秋祭祭文

8 月 28 日县政府发出秋祭孔子日期通知，并要求各官员先行熟悉礼仪，以免出差错：

> 为秋祭 8 月 29 日，即农历八月初一日，致祭至圣先师孔子之期，合

行出示晓谕，为此示仰县属官吏，并奉祀各员生一体知悉，务各先习礼仪，届期行礼毋稍贻误，切切特示。右谕通知。

同日发出秋祭祀孔榜示：

伏以道贯古今永垂万世之师表，德配天地长享千秋之礼仪。是以乡学国学，大典攸存，春丁秋丁，文明有象，辟雍钟鼓，咸思对越，维严泮水，胶庠用敢，馨香上奏，兹当仲秋，渠县县长率领县属各官员，及奉祀舞乐礼生等，务于前三日虔诚斋戒，不饮酒不茹荤，内尽其诚，外尽其礼，临期各依执事序次致恭致恪，毋得衰越，自干发庆，凛之慎之，须至榜者。

明确参加人员有主祭官县长，代理主祭官，陪祭官县征收局长、第一至第四区区长、县政府第一科及第三科科长、县政府督学、党务指导员、县立中学校长、保安大队副、县立女中校长、典狱员、县立第一小学校长、县财务委员、红十字会会长、商会主席、救济院长、农会干事长、工会理事长、禁烟委员。

配备一正赞、一通赞、一引赞、一司烛、一捧帛、一执帛、一读祝、一歌诗、一司尊、一瘗毛血。

为示隆重，同时开出 8 月 29 日即农历八月初一日祭先师孔子号炮单：要求四更一点头炮、四更三点二炮、五更一点三炮。并通知当地驻军知晓，怕引起误会。

8 月 29 日，当日开祭，祭文说：

维民国二十四年岁次己亥八月，渠县县长谨以太牢刚鬣柔毛牲帛体荐之仪，致祭于至圣先师孔子之神位前，曰：惟先师德参化育，道贯古今，集群圣之大成，炳前知以垂宪，天下为公，宏中国一人之量，生民未有着六经，千载之心循，宫墙而瞻富美，入室升堂，隆俎豆以荐声香，先明后德，兹当上丁，纸率彝章，肃展维忱，聿将祀典，以复圣颜子、宗圣曾子、述圣子思子、亚圣孟子配飨，呜呼，声名所属，血气莫不尊亲，气象常新礼乐，明其禋祀。尚飨！

谨以香帛牲体之仪致祭于肇圣王木金父公、裕圣王祈父公、贻圣王防叔公、昌圣王伯夏公、启圣王叔梁公，曰：惟王垂裕后，昆光开圣绪，为层冰之积水，作大辂之椎轮，既祖功而宗德，必有达人亦木本而水源，不忘数典，兹当仲丁聿修祀事配以先贤孔氏、先贤颜氏、先贤曾氏、先贤孔氏、先贤孟孙氏。尚飨！

这就是秋祭。

冬春之际的渠县文庙维修

秋祭孔子时，发现文庙殿宇坍塌严重，有碍观瞻，于是县政府准备拨款五百元对文庙进行维修。

1935年11月1日，县政府向县财务委员会发出建字第113号指令：

> 令财务委员会，为令遵事。查文庙殿宇卒多倾塌，不堪目视，亟应鸠工补修，以壮观瞻，兹除由本府第三科雇工修理外，合行令饬，仰该会即便遵照。在追收旧欠项下，陆续拨付洋五百元，以资补修。此补修工程由第三科经手，支付账目纯由该会负责。合并饬知。此令。县长黄。

经过两个多月，文庙修补完工，费用跟预算差不多。

1936年2月9日，县民众教育馆主任唐某、经手收支账目登记员谢某向县政府呈报修补文庙情况并请查核备案：

> 呈为报缴修补文庙收支账目表及余款，恳予查核备案事。穷职于二十四年十一月，奉黄前县长条令，派职经手修补文庙，规定修补费洋五百元，并经分别指示修补办法。职即鸠工修葺，已于本年一月二十九日修葺完成。计实收入财务委员会洋五百元，实支洋四百九十九元九角五仙四星，下余洋四仙六星。所有此次修补收支账目计算表及余款，理合随文报缴。钧府俯赐查核，准予备案，实为公便。附支出计算表一份，粘据十五号。

表上记载收支明细为：收入五百元，支出499.954元，其中：第一项包工临工300.3元，其中砌围墙100元，油红136元，木工37.7元，土工2.2元，泥工20.9元，石工3.5元；第二项材料162.428元，其中砖瓦26.152元，木料79.677元，石灰纸筋43.26元，钉子窗扣3.32元，洋钉5.32元，铁环铁滚4.7元；第三项购置32.3元，其中陈列柜30元，刀架子2.3元，杂支4.926元。

县政府第三科2月10日收文，县长批示：

民教馆主任唐某为报缴修补文庙收支账目及余款由，呈暨附件均悉，交财委会审核签呈后，另令饬遵，此令。附支出计算表一份，粘件十五号，存。

财务委员会委员 2 月 19 日收到县长便条指示，做出结论：

民教馆主任唐某为报缴修补文庙收支账目及余款由，查修补文庙收支计算表及粘件数目，尚属相符，应请备查引签。

秘书科收到财务委员会委员呈报，县长 6 月 5 日批示：

民教馆主任为报缴修补文庙收支账目及余款一案，查该馆修补文庙收支表及粘件数目，尚属相符，准予核销。计算表一份、粘件一束，存。

维修事项就挽了个圈。

1936 年渠县春祭

民国渠县政府定于 1936 年 2 月 25 日，即农历二月初三春祭至圣先师孔子。

2 月 22 日，县长发出右谕：

民国二十五年 2 月 25 日，即农历二月初三日，致祭至圣先师孔子之期，合行出示晓谕，为此示仰县属官吏，并奉祀各员生一体知悉，务各先习礼仪，届期行礼毋稍贻误，切切特示。

同日发出二月春祭祀孔榜示：

伏以道贯古今永垂万世之师表，德配天地长享千秋之礼仪。是以乡学国学，大典攸存，春丁秋丁，文明有象，辟雍钟鼓，咸思对越，维严泮水，胶庠用敢，馨香上奏，兹当仲春，渠县县长率领县属各官员，及奉祀舞乐礼生等，务于前三日虔诚斋戒，不饮酒不茹荤，内尽其诚，外尽其礼，临期各依执序次致恭致恪，毋得亵越，自干发戾，凛之慎之，须至榜者。

参加人员有主祭官县长，分祭官县政府秘书长，陪祭官县征收局长、第一至第四区区长、县政府第一科及第三科科长、县政府督学、县立中学校长、保安大队副、县立女中校长、典狱员、县立第一小学校长、财务委员、红十字会会长、商会主席、救济院长、农会干事长、工会理事长。

配备一正赞、一通赞、一引赞、一司烛、一捧帛、一执帛、一读祝、一歌诗、一司尊、一瘗毛血。

也按上年秋祭模式，也在2月25日即农历二月初三日开出祭先师孔子号炮单：四更一点头炮、四更三点二炮、五更一点三炮。

当日举行祭孔典礼，县长主祭。祭文说：

> 维民国二十五年岁次丙子二月三日，谨以太牢刚鬣柔毛牲帛体荐之仪，致祭于至圣先师孔子之神位前，曰：惟先师德参化育，道贯古今，集群圣之大成，炳前知以垂宪，天下为公，宏中国一人之量，生民未有苈六经，千载之心循，宫墙而瞻富美，入室升堂，俎豆以荐声香，先明后德，兹当上丁，纸率粢亲，肃展维忱，聿将礼典，以复圣颜子、宗圣曾子、述圣子思子、亚圣孟子配飨，呜呼，声名所属，莫不尊亲，气象常新，礼乐明其禋祀。尚飨！

> 谨以香帛牲体之仪致祭于肇圣王木金父公、裕圣王祈父公、贻圣王防叔公、昌圣王伯夏公、启圣王叔梁公，曰：惟王垂裕后，昆光开圣绪，为层冰之积水，作大辂之椎轮，既祖功而宗德，必有达人亦木本而水源，不忘数典，兹当仲丁聿修祀事配以先贤孔氏、先贤颜氏、先贤曾氏、先贤孔氏、先贤孟孙氏。尚飨！

为这次祭孔典礼，经手人郑某还开了一个详细的费用报销清单。此次用去大洋四拾五元整。其中买牛一头十七元、付中人半元、买羊一只二元、买蜡烛火炮三元六角、六桌席十二元、席桌小事半元、纸烟一元、传事一元、刘毳师一元、付中人一吊钱、买牛羊三天用费七吊钱、供鸡一只十三吊钱、茶果各八样用钱七吊二百文、供肉二斤用钱十吊、焚燎柴十把用钱三吊、供黄花四百文、供笋子十八吊钱、供韭菜四百文、供芹菜四百文、供洋红八百文、供神灯清油三吊五百文、供鸡蛋皮三吊五百文、供羊角菜一吊、供葱子五百文、供生姜六百文、买蒜苗八百文、供水果一吊二百文、供五谷煮饭三吊、供酒一吊六百文、付三尺白绫九吊、供耳子五吊六百文、办差费用十二吊、祭肉麻绳三百文、九斤酒钱二十八吊八百文、纸钱十吊、瓜子钱十吊、杂糖钱十吊、炮手钱四吊、茶叶二两二吊，共付钱一百六十八千六百文，合洋五元七角二仙，共付洋三十八元六角整。

浓墨重彩的渠县抗日救亡运动

　　1931 年 9 月 18 日，驻扎在东北的日军炸毁沈阳北郊柳条湖段"南满铁路"，反诬是中国军人所为，并以此为借口悍然发动了对中国的侵略战争，这就是日本帝国主义制造的"九一八"事变。次日，日军侵占沈阳；几天之后，东北三省沦陷。1932 年 1 月 28 日，日本海军陆战队在上海占领淞沪铁路防线，在天通庵车站遇到国民党第十九路军的坚决抵抗，"一·二八"事变爆发。

　　"九一八"事变后，中国的抗日战争进入局部抗战阶段，渠县人民也加入抗战行列；"七七"事变后，中国进入全面抗战阶段，渠县人民同仇敌忾，为击败日本帝国主义，在人力、物力和财力上不遗余力支援抗战。渠县人民在抗日战争中做出了巨大贡献。

声势浩大的抗战宣传

　　"九一八"事变后，渠县各界人士于 9 月 23 日在渠城召开了反日运动大会，并举行了声势浩大的示威游行。学校停课一天，组织宣传队向群众揭露日本帝国主义的侵略行径，奔赴各乡镇宣传抗日。

　　渠县政府发出布告："男子一律改作短服，即以中国所制质量，用中国式缝纫，以示反对日本帝国主义之决心及抵制仇（日）货之纪念。"11 月起，男人服装焕然一新，妇女齐发于衣领，一改旧观。同时组建了反日救国会，举行为期一周的"援马（占山）反日游艺会"。通过游艺节目义演募捐，援助东北抗日军马占山部队。各学校按《二十军戍区学生义勇军训练条例》和《教育纲领》组建义勇军组织，开展军训和政训，培养青少年战略观念，使其掌握普通军事知识和技能。12月11日，《四川各界民众反日救国大会经济绝交委员会调查工作方案》颁布，提出禁绝仇货来源、肃清市面仇货、履行不给日本人原料、不与日本人合作四款16条。

1932年1月28日，当日寇进攻上海发生"上海事件"之后，渠县政府更是通过多种方式揭露日寇罪行。1月29日，国民渠县政府接重庆来电，向全县发出知事：上海民众因东北事件召开市民大会；北宁、海宁激战正酣；日三路大军攻热河，义军20万人拼死抵抗。2月10日起，渠县政府分别于10日、11日、13日、19日多次向全县人民知事上海抗战情形；尤其在3月8日，两次发出知事文，长达10页：2月7日，日军侵沪屡败，司令官监泽幸一被撤职，野村吉三继任；2月10日，日舰炮轰吴淞要塞被击退；2月12日，战事又起，我军大胜；2月14日，日军新任司令植田谦吉率援军3万多人到沪；2月16、17日江湾激战；2月18日，国军第五军87师、88师增援，归十九路军蒋光鼐、蔡廷锴指挥；2月22日，日军重心移至庙行、江湾一带，战况惨烈；2月25日起，日军第九师团攻麦家宅阵地；2月29日，日上海派遣军第四任司令官白川义率援军到沪接替植田谦吉指挥，此时日军10万人，国民政府军5万人；3月3日，日军占领委塘，国军接令撤退，十九路军阵亡2449人，伤6343人。接着，四川各界民众反日救国大会渠县分会于3月14日正式成立，当天，新上任的渠县县长任炜章（中共党员）发表抗战宣言书：

凡我后方赖以安全者，宜当省食缩衣，抽出金钱，输送前方，聊作犒慰，拟凡属本县在职人员其月薪二拾元以上者，捐纳百分之五，月终收齐由中国银行汇交十九路军，以资接济。各机关现任职员景明大义，同表热忱，共解国难。

当场组织共捐大洋200元，汇至十九路军慰劳。

1933年9月22日，中国工农红军第四方面军发动营渠战役，于29日攻占佛楼寺，进入渠县境内，随后解放了渠县县城以北大部分地方。10月2日，中国工农红军第四方面军在渠县建立县级苏维埃政权，辖10个区苏维埃政权、70个乡苏维埃政权、120多个村苏维埃政权。苏维埃红色政权大力宣传中国共产党团结抗日的主张，在"要解除劳工痛苦，只有打倒日本军阀""扩大民族革命战争"口号的感召下，2100多名热血青年参加红军，成为后来抗日的坚强队伍，后牺牲1478人，占参军人数的70.4%。

汹涌澎湃的抗战激情

全民抗日战争开始后，渠江两岸掀起了抗日怒潮，抗日救亡运动前所未有地向前发展。1937年11月，渠县县政府将《人民团体战时宣传信约》和《非常时期宣传工作纲要》转发各区署抗敌后援会及中小学。渠县妇女会于11月7日正式成立并参加抗日，她们提出：倭寇横行，举国痛心，懦夫奋臂，壮士请缨，所谓"最后关头已达"，吾人惟有抗战到底！ 1938年上半年，中共渠县县委书记唐毅（即红岩英烈唐虚谷）等组织临巴小学剧团，深入附近7个场镇进行抗日宣传演出。1938年夏，渠县爱国进步青年成立"爱知读书会"，会员100多人，以抗日爱国积极分子为核心，组成各式各样的群众宣传组织，公开开展抗日宣传活动。临巴小学青年进步教师筹办《了望》半月刊，刊登抗日文章，每期印刷100份。1939年4月13日，《国民抗敌公约》《宣誓实行公约办法暨省政府规定举行誓约办法》颁发，县财委会解决经费印制《国民抗敌公约》；18日，县动委会先期举行宣传；30日，集体宣誓。县立南关镇第一初级小学于4月30日上午8点举行《国民抗敌公约》宣誓。同时，"渠县妇女抗日救亡会"成立，共产党员江东琼（即红岩英烈张静芳）利用担任常务理事一职，在临巴组织200余人成立宣传队，宣传抗日救亡道理，排演抗日救亡戏曲，教唱抗日歌曲。1940年3月1日，开展纪念国民精神总动员周年活动。5月13日起，政府明令保障妇女权益、注意提高妇女文化教育水平、奖励妇女参加城市农村抗运工作、发动妇女参加兵役禁政工作等四项。1938年至1940年，全县有宣传讲习所48个，并成立了"抗日新剧团"。仅1940年上半年，全县接受讲演人数竟达465340人，占全县人口的60%。1942年春，共产党员杨景凡发起组建"八蒙书店"的号召，云集县内外有志青年、知识界知名人士和文艺名流，组织一年一度的"少愚杯"球赛、开办画展、举行音乐会，书店成为青年聚会的中心，邀请重庆、达县、南充的文艺工作者进行革命演出，书店也成了抗日统一战线的重要阵地。很多共产党员以学校为阵地，以教师职业为掩护，对学生进行革命宣传和抗日宣传，共产党人创办的来仪中学成了抗日宣传阵地和革命活动据点。

为挽救民族危亡，渠县人民节食度日，献出粮食，源源不断地运送前方。1938年，渠县赋额每斗应征17.23元，与民国初年田赋额每斗征收数比，增加七倍多，共征收田赋额为147000元。1939年，抗日战争进入高潮，渠县设军粮采购处，以"抗战建国，有钱出钱，有力出力"为口号，号召大户捐献军粮，当年就送缴军粮20155石。

全县各地开展了献金、劳军活动。1939年寒假，清溪小学师生出动三百余人募寒衣捐，师生募得530元（银币），并及时转送给前线将士添作寒衣之用。1943年，渠县人民群众怀着极大的爱国热情，在七七事变七周年举行献金会上共献金35000元。1945年7月，渠县成立"改善士兵待遇献金会"，共"献金5058万元（国币）"。为了鼓励出征将士忠心报国，解除后顾之忧，对抗日烈军属给予了各种优待、抚恤和救济，纷纷开出渠县出征军人家属证明书和阵亡将士抚恤令。1942年3月，担任盟军中国战区参谋长兼中缅印战区美军司令，随后赴缅甸指挥中国远征军作战，并出任中国驻印军总指挥的史迪威将军及接替他职位的萨尔登将军，为渠县的200多名远征军将士开出出征抗敌军人家属证明书。1938年至1941年，渠县县政府共发放优待谷531920石，有46490户抗日军属领取了优待谷，最高户额2市石。1941年，有13912户征属享受救济款347800元，最高户额25元。自全面抗战爆发到1940年，渠县县政府为参战牺牲、伤残人员及家属发放抚恤金达36540元。何云太等负伤抗日战士在资遣返乡时，八路军总司令部司令员朱德、副司令员彭德怀在训令中称："因抗战负伤残废，由本军照例抚恤，并予优待，俾使为民族解放事业而光荣流血之忠勇战士，获得生活上的安慰，以坚前线抗敌将士杀敌卫国之决心。"

渠县还开展捐献飞机运动。1936年，为支持刚兴起的航空事业，县政府发动机关法团、公职人员和学校教职员捐献飞机款113777元。1942年，渠县献滑翔机一架，捐款3万元。1944年，为庆祝"八一四"空军节，发动"一县一机"运动，渠县捐献20万元。

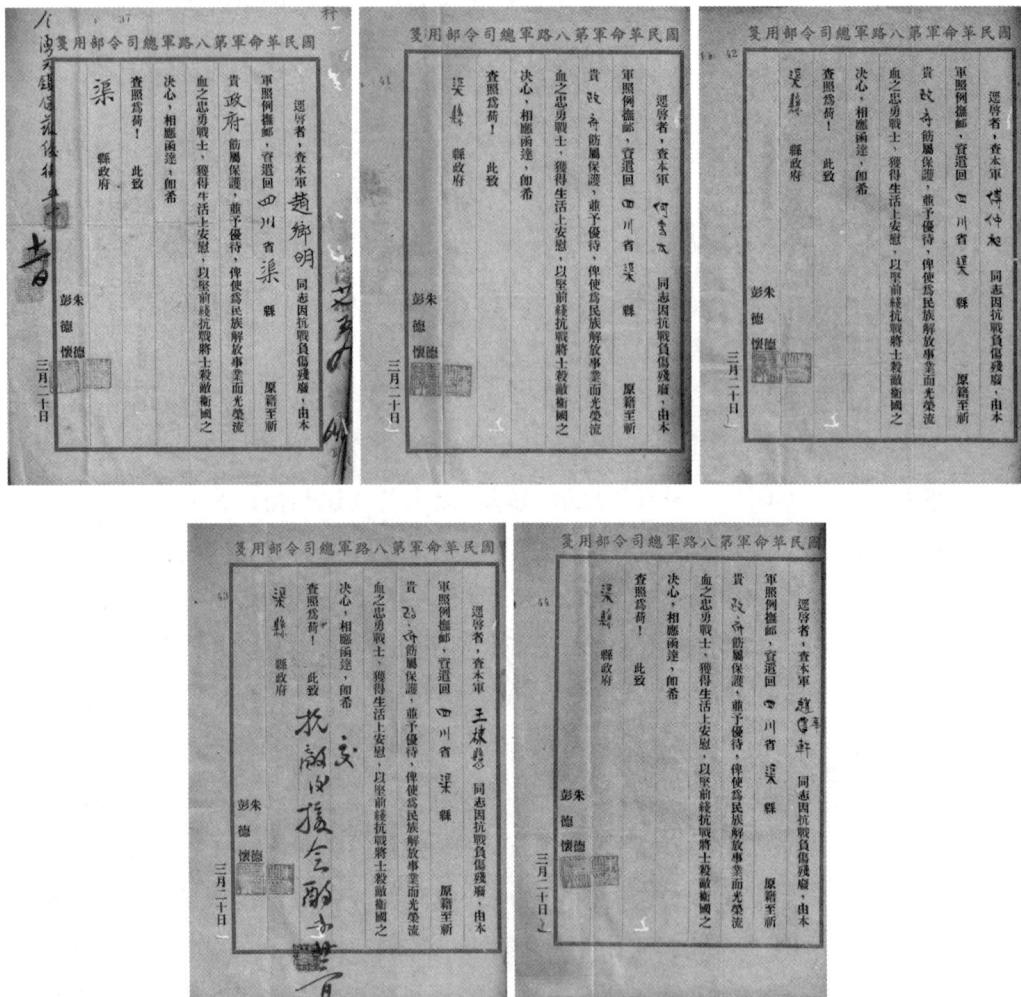

八路军总司令朱德、副总司令彭德怀签署的优抚令

英勇顽强的抗日战争

卢沟桥事变后，川军出川抗日。渠县人民以共赴国难为己任，提出了"有力出力，有钱出钱，好男要当兵，好儿杀倭寇""政府与军队团结起来，筑成民族统一战线的坚固长城"的响亮口号，充分表达了抗日的决心。

1940年8月21日，渠县首次被日机轰炸。36架日机向渠城投弹40余枚

（内有燃烧弹），继而俯冲扫射，大部房屋被焚毁，居民尸横血流，死伤400余人。北门裴松山十口之家无辜丧命，后溪沟枯井旁横尸数十。有一妇女抱着娃娃逃命，结果被弹片削掉了孩子的脑袋。1941年7月28日，渠城二次遭炸，日机26架，凌空向渠城投弹7枚，破坏了大量财物。日机27架于7月30日又向城内投下54枚炸弹，毁房13座，13人死亡。日寇的滔天罪行，更激起了全县人民的英勇斗志，青年人掀起了从军热潮。渠县人民素以"渠汇百川、崇文尚义、睿智坚韧、奋勇争先"著称，具有英勇善战、不屈不挠的革命斗争精神。渠县有志男儿与各地出征健儿一样，奔赴抗日民族战争的第一线。他们出夔门，下三峡，入洞庭，战上海，纵横大江南北；翻巴山，越秦岭，过关中，赴印缅，驰骋千山万水，以血肉之躯，卫国之精神，投入上千次大小战役。仅1942年，全县52个乡镇征新兵8760名。十四年抗战，达州共征兵173391名，渠县共征53375人，为四川征募之首位。

1938年6月18日，空军第四大队二十二队公函渠县政府，要求照顾副队长郑少愚之兄迪光，给予抗战军人家属优待。郑少愚，著名抗日英雄，渠县鲜渡人。1927年考入南京中央军校第八期，1932年再入杭州觅桥航空学校。抗日战争爆发后，郑少愚被编入飞行大队任分队长，是中国空军五大王牌飞行员之一，更是国民党空军中第一位中共党员，先后参加了上海、广州、南京、武汉、资阳、柳州、重庆、成都等空战，屡建功勋。1941年调空军参谋部任职，后出任"中美空军联合指挥部"中方代表，任副总指挥，与总指挥陈纳德的飞虎队并肩作战。1942年春率中国空军飞行员前往印度接收美国援助飞机，途经驼峰航线时飞机失事殉难，时年30岁。国际友人惊闻郑少愚牺牲，亦自动举哀；周恩来、董必武等领导人得悉噩耗，沉痛默哀良久；曾经在1935年介绍郑少愚加入中国共产党的胡春浦更是因悲痛而卧床不起。政府当局为了形势的需要隐瞒真相而没有举行追悼大会，胡春浦便于1942年6月回到渠县。他依靠渠县共产党员、进步青年和抗日爱国进步人士，推动各界举办了隆重的追悼会，建立少愚碑，后经国民省政府批准改郑少愚的家乡鲜渡乡为少愚乡。1981年11月27日，四川渠县人民政府追认郑少愚为革命烈士。

出征军人利用空闲时间书写家信，一方面表达对父母长辈及家乡的思念，另一方面也述说自己在战场上的战斗历程。杨正品给弟弟杨正学的信中写道：9月1日到达叶家集与日寇对抗，我营伤亡200余名。3日移往富金山与88师共同防守，每日大炮声如雷震。6日兄带伙夫送饭，险被敌人所俘虏，打死我伙夫3人。那炮弹像雨样飞腾，尤以毒瓦斯弹为最甚，整个师伤亡十之八九，每一连剩几个人。本来伤亡三万余人，我军撤退时日寇跟踪追击，负重伤之官兵还是被敌人所杀，简直惨无人道。1938年6月，郭明远向父亲写信，告诉他自己已从四川到达江西武宁县，与敌人激战数日后撤退，休整期间捡到哥哥郭钧铭所在部队番号，不知出川否，希望父亲告诉哥哥现在的情况。1939年10月29日，郭钧铭在福建崇安县（现武夷山市）向父亲写信，寄回出征军人证明书，此时他已由江西省铅山县汪二渡出发到福建建瓯县接收新兵，随后将返回江西，知道弟弟郭明远去年已到江西边境地区，距离自己驻地有六七百里路，虽然同在一省，却不能相见。可见战争的残酷，抗战的艰辛。

城东乡王家让，青年时代在上海浦东中学读书。毕业后，于1932年考入日本陆军士官学校就读。1935年毕业回国，在成都国民党中央军校任教官。1938年考入国民党陆军大学第十六期学习。1940年毕业后，被分配到汤恩伯部十三军供职。历任十三军第四师少将参谋长、少将课长和十三军辎重兵团少将团长。1944年5月，参加抗日战争中原会战，于河南省临汝县凤穴寺附近指挥作战时，在马背上中弹牺牲。1946年抗日战争胜利后，成都党政军学商各界人士，在成都忠烈祠为他举行了追悼大会，灵位安放在忠烈祠。1949年10月19日，渠县政府审议筹建王家让烈士纪念碑办法。1986年5月，王家让被四川省人民政府追认为革命烈士。

据统计，1938年到1940年出征将士阵亡422人（官长33人，士兵389人），到抗日战争胜利，共958人阵亡。

中国人民与日本侵略者经过长期而艰苦的浴血奋战，终于在1945年8月15日，取得抗战的全面胜利。渠县人民在抗日战争中做出的巨大贡献，将永垂青史！

档案文化的资政育人正风功效探索

——以渠县档案文化建设为例

戴连渠　戴馥霜

摘　要： 渠县作为中国建县较早的代表，历史文化十分厚重，档案文化也很丰富。主要体现在档案资源的基础条件好，收录的档案资料多；历史文化的挖掘深，具有优良品质的历史人物多，具有厚重历史的遗址遗迹多；近年来档案编研的成果多，且内容丰富、成效明显。有的档案成果进入党委政府决策内容，编入学校教育的校本教材，成为廉政教育的必备资料，在资政、育人、正风方面发挥了重要作用，取得了明显成效。

关键词： 档案文化；资政育人正风；渠县档案

档案文化是人类社会文化的重要组成部分。渠县的政治经济、自然环境、山水风物、民俗风情，孕育了独具特色的巴文化、賨文化，既包括衣食住行、婚丧嫁娶、歌舞戏曲等方面，也包括历史遗址遗迹、非物质文化传承以及各地的特产和独特的工艺，因此渠县档案文化十分丰富。

近年来，渠县档案馆以地域文化为突破口，不断强化档案编研工作，形成了具有渠县地方特色的档案编研品牌，实现了档案编研工作的历史性跨越，为梳理宕渠文脉、展示巴文化、提升渠县品位形象做出了贡献。

温故知新

一、渠县档案文化建设概况

渠县历史悠久，文化资源十分丰富，文化名人辈出。有编撰《鹖冠子》的賨人隐士鹖冠子，东汉时期不畏权贵、执法不阿的刺史冯焕、冯绲父子，北宋经学家黎錞，著名学者、作家王小波，边塞诗人杨牧，知名邓小平理论研究专家李学明，鲁迅文学奖历史上第一个传统诗词获奖者周啸天，著名乡土作家贺享雍等。遗址遗迹有古賨国都城坝遗址、立地经天汉阙群等地面不动产文物976处，其中国家级保护文物3处8个点，省级保护文物9处，市县级保护文物55处。有列入国家级"非遗"保护名录2项、省级"非遗"保护名录4项、市县级"非遗"保护名录28项。自然景观幽静优美，民间艺术多姿多彩，有巴渝舞、竹枝歌，有彩亭艺术、耍锣艺术、渠江号子，有竹编艺术。

目前，渠县档案馆保存有民国时期渠县汉阙保护的档案，从清朝嘉庆十年（1805）到民国时期的房屋和土地买卖契约档案，陈独秀与杨鹏升交往的40封书信，渠县部分历史遗址遗迹资料，总计清代档案100多件、民国档案近7000卷；以及乾隆《渠县志》、嘉庆《渠县志》、同治《渠县志》、民国《渠县志》等志书，还有《川陕革命根据地历史歌谣》、民国渠县《地理志》、民国《渠县地理概要》《巴渠民间语言》《渠县故事》《渠县民间歌谣集成》《渠县民间耍锣基础曲牌》《渠县民间文化》《渠县民间谚语资料》《渠县民间资料故事集》《渠县民俗》《渠县文化志》等。

近年来，渠县档案馆还注意收集特色行业档案，如渠县民俗、渠县遗迹、渠县饮食、渠县名优产品等特色档案。例如渠县国家级文物保护单位渠县汉阙，古賨国都的渠县城坝遗址、蜀中第一牌坊棂星门的渠县文庙资料图片，渠县国家级非物质文化遗产渠县刘氏竹编、三汇彩亭资料，省级非物质文化遗产渠县呷酒、渠县耍锣等方面的资料，以及达州市十大名菜的古今香萝卜丝丸子、涌兴卢板鸭、三汇鸡八块等地域文化档案。

二、渠县档案文化的属性体现

（一）再现历史遗址遗迹，呈现历史的厚重

为传播档案文化，渠县档案馆以"宕渠"为主题编研了系列作品。2012年，戴连渠出版了20万字的《宕渠遗存寻觅》，以馆藏的历史遗址遗迹资料为原本，在渠县寻找到90处自然历史古迹，以游记的形式形成65篇历史风物散文，全面集中记述宕渠大地的风土人情和文物遗迹，辅以三百幅珍贵的人文、地理彩色插图，真情讴歌了宕渠大地深厚的历史文化底蕴。

2014年至2016年，渠县档案馆馆长戴连渠一边翻阅历史画卷，一边走进历史遗迹，将宕渠大地再次走了个遍。利用节假日收集了大量的史实资料，像徐霞客一样专程实地了解、拍片，再现宕渠古朴特色，编撰了厚重的《宕渠流韵》一书。

2016年8月，40万字的《宕渠流韵》由中国文联出版社出版发行。全书收录了全县60个乡镇的60篇历史风物散文，全面记述了宕渠大地的历史文化、自然资源、遗址遗迹、风土人情、民俗文化、姓氏文化和祠堂文化，以及现有60个乡镇的历史沿革，辅以600幅珍贵的人文、地理彩色插图。

2017年1月，由戴连渠摄影、著述，反映渠县厚重历史的古迹图册《宕渠记忆——遗址遗迹篇》由中国文联出版社出版。该书按照国家级文物保护单位、四川省级文物保护单位、达州市级文物保护单位、县级文物保护单位及部分县级以下文物保护点五部分进行编排。主要包括国家级保护文物3处8个点，省级保护文物7处8个点，市级保护文物8处，县级保护文物45处，县以下文物保护点35处。全书以图片为主、文字说明为辅。其中县内报恩乡出土的"陶网坠和骨锥"，证明在渠县这块古老的土地上一万年前就有了人类活动。"古賨国都"城坝遗址展示了賨民族和古賨国厚重的历史风貌；被誉为"石质汉书"的汉阙群不仅证明了宕渠这个地方的人杰地灵，而且全景式地呈现了汉代石刻、建筑、书法的高超艺术。梭罗碥的唐代石窟、陡梯子的三国故道展现了米仓道的繁忙与兴旺，南宋礼义城、守台副将王万帮墓书写了渠县人民抗敌斗争的英勇气概。赵氏宗祠、蒲氏宗祠、曾家祠堂、贾氏节

孝坊、燕氏节孝坊反映了一脉相承的祠堂、姓氏及民俗文化，渠县文庙、三汇白塔、河东云峰塔、文昌宫、李家桅杆、文峰山石马告诉我们宕渠大地人文荟萃、才俊辈出。镌刻有"扩大民族革命战争"字样的红军石刻、红色纪念园让我们铭记历史、珍惜现在，激发出渠县人民"打赢脱贫奔康攻坚战、建设幸福美丽新渠县"的豪迈激情。时任中共渠县县委书记拨冗作序，强调：我们一定要站在战略和全局的高度，站在保存历史记忆和推动文化繁荣的高度，开发利用和保护传承渠县的遗址遗迹，为建设"四川经济强县、四川生态强县、四川文化强县"做出新的贡献。出版《宕渠记忆——遗址遗迹篇》是渠县"繁荣大文化、增强软实力"的一个良好开端。

《宕渠遗存寻觅》《宕渠流韵》《宕渠记忆——遗址遗迹篇》"宕渠"系列编研成果，既是对渠县历史文化的收集归纳，更是对渠县历史文化、自然资源、遗址遗迹、风土人情、民俗文化、姓氏文化、饮食文化和祠堂文化深层次的研究、探讨、展现，是再加工、再创造，成为渠县人、研究渠县文化或巴赍文化的案头工具书、参考书。

《达州日报》先后刊登了戴连渠撰写的《城坝遗址：黄土之下的文明密码》《探访渠县赵氏宗祠》《礼仪城拉锯战抗元 40 年》《汉阙背后的历史烟云》《渠县文庙：康熙皇帝御书"宫墙万仞"》《张飞威震宕渠》等历史文章。《渠县汉阙：汉代文化实物见证》被《四川日报》刊载。

（二）解码档案，让历史照亮现实

2015 年，在中国人民抗日战争暨世界反法西斯战争胜利 70 周年之际，戴连渠筛选了渠县档案馆近 1000 件与抗日有关的档案，并影印、组合、编排之后，由光明日报出版社正式出版发行了《档案见证——渠县的抗日救亡运动》一书。该书由三大部分组成，即日寇罪恶滔天的侵略行径、渠县人民积极主动的抗战支持、前方将士英勇顽强的抗日战斗。该书以图片为主，文字介绍、说明为辅。时间上自 1931 年"九一八"事变起，下迄 1945 年日寇投降为止。这本图册中的绝大部分档案是首次解密，从不同视角展现抗战中渠县人民的同仇敌忾。书中不仅勾勒了"九一八"事变、"一·二八"事变、"七七"事变的过程，也描述了抗日烽火中八路军的热血铁骨，还刻画了辗转外域丛林顽强搏击日寇等法西斯的远征军英姿；不仅展现了渠县社会各界积极踊跃的捐献活动，也反映了渠县人民自发组织的劳军慰问活动，还披露了著名的抗战英雄郑少愚、王家让等将士疆场杀敌的档案史料。

2021年6月，由戴连渠、戴馥霜父女新著的《中国汉阙之乡——渠县汉阙全集》由哈尔滨出版社出版。该书31.3万字，全方位、多角度、鲜活系统地解读了渠县汉阙的前世今生，图文并茂地运用档案，是渠县汉阙研究最详尽、梳理最清晰、叙述最完整、资料最珍贵的文史专集，具有重要的收藏价值。全书分为三部分：第一部分"渠县汉阙全解"，翔实准确地描述了渠县六处七尊汉阙的位置、现状、结构、装饰图案及象征意义；第二部分"渠县汉阙日历"，以时间为序记述了档案记载自汉代以来各个时期研究与保护汉阙的相关举措与文件；第三部分"渠县汉阙魅力"，在简单梳理全国汉阙现状的基础上，重点展示了渠县汉阙的独特魅力，即渠县汉阙的集中性、独特性、艺术性、经典性。这是一部研究渠县汉阙历史文化、深度了解渠县不可或缺的精品工具书。

除此之外，戴连渠撰写的《浓墨重彩的渠县抗日救亡运动》《追寻红色记忆——探访营渠战役遗址》《走进龙潭起义主战场》等文章先后刊登在《四川档案》杂志，有的入选四川省档案局汇编的《红军长征在四川——档案宣传文集》一书。

同时加强档案中红色文化的解读，宣传渠县红色文化，继承革命传统。如戴连渠先后在《四川档案》《达州日报》《达州晚报》等发表了《渠县档案馆里的〈中华苏维埃第一次全国代表大会删电〉》《走进"营渠战役"旧址》《红四方面军在渠县》《渠县苏维埃建立》《义和石刻红色游》《渠县苏区部分战斗记略》《渠县反六路围攻》《肝胆照日月——记文必达烈士》《永远的丰碑：渠县革命烈士诗文》《曾给元帅当过警卫的任章义》《一位西路红军战士的传奇人生》《在渠县两次被捕的杨汉秀烈士轶闻》《龙潭起义助解放》《走进"龙潭起义"主战场》《李长林：让上甘岭成美军的"伤心岭"》等文章。

同时还对清代、民国契约及案件档案进行解读，充分发挥档案文化增长知识的功能。如《距今203年！渠县保存最早的一份土地契约》《最标准的官方地契》《契约里的学问》《一场房产纠纷牵出的清同治禁碑》《民国时期横征暴敛：范绍增的一份报告可管中窥豹》《川鄂公路渠县段 1938 年整修记忆》《郑少愚与"少愚乡"轶事》《渠县汭江寺见证几多历史》《民国时期渠县文庙的春秋二祭》等文章。

戴连渠还编研了馆藏档案 10 万字的《情深万里——陈独秀和杨鹏升的 40 封书信》、20 万字的抗战档案之《渠县抗战档案汇编（一）》等。

三、渠县档案文化的功能作用

（一）资政作用

对档案资料中关于渠县历史文化的解读和推介，为渠县县委、县政府决策起到了基础作用，县第十四次党代会提出"构'三地'，兴'三城'，建'强县'，加快建设'强富美高'社会主义现代化渠县"的奋斗目标，其中"三地"之一就是建设"全国巴文化传承创新融合发展高地"，打造"阙里宾都，忘忧渠县"文旅品牌。

参观所有的渠县汉阙要从不同的乡镇去，十分不便，如从土溪镇看赵家村东无铭阙、赵家村西无铭阙和冯焕阙，从青神乡看王家坪无铭阙，从水口乡看沈府君阙和蒲家湾无铭阙，每去一个地方看完后要走回头路，十分不便。戴连渠在 2012 年出版的《宕渠遗存寻觅》一书中就建议修一条道路将六处七尊汉阙串联起来。后来，县上采纳建议修建览阙路，2013 年底竣工通车。2019 年乡镇改革，将青神乡、水口乡并入土溪镇，渠县六处七尊汉阙进入一并管理一并规划发展新阶段。

从南大梁高速公路賨人谷出口进入賨人谷和賨人谷 AAAA 景区，以前要绕很长一段路，戴连渠在 2016 年出版的《宕渠流韵》一书中给时任临巴镇党委书记建议，为了发展旅游经济，从这高速出口可修建一条道路直达景区。后来，县上采纳建议修建临賨快速通道，2021 年春节前，这条快速通道通车了，从高速出口到景区只有几分钟的车程。

（二）育人作用

渠县档案文化的挖掘利用，对渠县社会大众起到了积极的教育、引导作用。这些文章先后被渠县一些学校选作校本人文教材，渠县各学校先后建起了国学堂，尤以渠县第三小学的孔子学堂最为优秀，让全县近 20 万中小学生从小就接受了本土传统文化的教育和熏陶。

一些文章通过报刊或书籍更是影响着 100 万宕渠儿女接受传统文化的洗礼。如《古賨国都耀巴蜀》《渠县"賨人"独特的历史与文化》让人们了解了古賨国及古代賨人的历史；《城坝遗址：黄土之下的文明密码》告诉人们古老的宕渠城址及历史文化；《渠县汉阙——古建筑"活化石"》《汉阙背后的历史烟云》《渠县汉阙：一部凝固的"汉代史"》《渠县汉阙的独特魅力》让人们知道渠县称为"中国汉阙之乡"的由来。《张飞扬威宕渠》《王平故里西阳洞》《李白留诗南阳寺》《渠县梭罗碥石窟：巴中南龛造像的"姊妹窟"》《前人尽赞"静边寺"》使人们回望三国文化的留存和唐代文化的繁荣；《游南宋礼义城》《屡挫蒙军兵锋，礼义城拉锯战抗元 40 年》《钓鱼城的卫星城——礼义城》告诉人们抗击元军入侵的悲壮；《渠县文庙：康熙皇帝御书"宫墙万仞"》《蜀中第一牌坊——渠县文庙棂星门》宣传了渠县文化的兴盛；《经学大师黎錞》介绍了与三苏交往甚密、作为眉州知州而被欧阳修向皇帝称赞蜀中名士"文学苏洵经术黎錞"的大家。

（三）正风作用

档案里面的历史故事或人物故事或家风故事或红色故事，从侧面起着正风气严纪律的作用。

《追寻红色记忆——探访"营渠战役"遗址》《渠县苏维埃政权的建立》这些渠县苏维埃的相关故事，无不警醒着人们发扬红军精神、廉洁奉公、艰苦奋斗、敢于斗争。《浓墨重彩的渠县抗日救亡运动》《档案见证——渠县的抗日救亡运动》《抗日英烈长啸天宇——中国空军王牌飞行员之民族英雄郑少愚》体现了伟大的抗战精神，是弥足珍贵的精神财富，是激励人民克服一切艰难险阻、为实现中华民族伟大复兴而奋斗的强大精神动力。《几落几起车骑将军冯绲》《守台功臣王万邦》《"铁面御史"李漱芳》《渠县贾氏"一门七进士"》《渠县家风家教传承与廉洁文化建设探索》等体现了中国传统的优良家风，行孝善、守气节、重操守、做学问、讲清廉，督促领导干部切实加强家庭家教家风建设，把家风建设与干部队伍建设、作风建设结合起来，挖掘地方家规家训中的廉洁文化因子，发挥家风助廉的积极作用，以良好的家风涵养党风政风，持续推动全面从严治党在基层落地生根，以好家风促党风政风带社风民风。

（此文荣获 2022 年中国档案学会年会征文优秀奖）

后　记

2021年7月6日，习近平总书记对档案工作做出重要批示："档案工作存史资政育人，是一项利国利民、惠及千秋万代的崇高事业"，并提出了"四个好""两个服务"的目标要求，为做好新时代档案工作指明了方向。

我从事档案工作近十年，其间认真拜读了渠县档案馆馆藏的一百多件清代档案，翻阅了六千多卷民国时期档案，对其中内容有了些许认识。馆藏清代档案主要是契约档案，买卖房屋、田地、家产等约据，让我们对契据最初形成，到文本规范有了初步了解；还有清末新政期间，新式学堂开始大量建立，由于是新生事物，起步阶段都出现了经费不足、校产纷争等问题，后来逐步走上正轨。馆藏民国时期档案主要是文书档案和部分案件档案，包括抗战、学校教育等呈报的文件或批复、案件审理等。对于抗战档案，我已编纂出版两册：《档案见证——渠县的抗日救亡运动》《渠县抗战档案选编（一）》。现在，我从清代和民国时期档案中选取了部分人物、事件档案进行解读、阐释，以期原汁原味地介绍当时的历史背景和社会风貌，用散文的笔法来复原这个时期点滴宕渠历史文化，所以取名《宕渠印痕》。如《中共党员任炜章：民国廿一年的渠县县长》《陈独秀与杨鹏升的四十封书信始末》《1939年梁思成刘敦桢考察渠县汉阙记》《"少愚乡"来历》《从渠县走出来的清末外交达人杨宜治》等人物故事，如《渠县保存最早的土地契约》《光绪末年渠县文重场办学的那些事儿》《光绪末年渠县清河场办学的那些事儿》《民国二年筹款维修渠县南阳寺始末》《民国四年大竹县离任知事曾先午失踪案》《民国时修建沈公阙亭、冯公碑亭始末》《川鄂公路渠县段 1938 年整修记》《渠县汧江寺见证几多历史》《民国时期渠县文庙的春秋二祭》《浓墨重彩的渠县抗日救亡运动》等历史事件，以期能发挥"死档案"的"活功能"，为巴賨文化研究做点基础工作。

感谢渠县县委、县政府的关心和支持，感谢 2023 年 5 月才拜师受课的西南大学历史文化学院教授、博士生导师、四川文理学院巴文化研究院学术委员会主任、国家社科基金重大项目"蜀道文献整理与研究"首席专家马强先生的厚爱，不吝拨冗作序给予提携。感谢杨牧老师题写书名。

由于理解能力和知识水平的局限，以及表达能力的不足，书中不当之处恳请读者批评指正。

作者

2023 年 9 月